Wolfgang Fritz

Finanzminister Emil Steinbach – Der Sohn des Goldarbeiters

Austria: Forschung und Wissenschaft

SOZIOLOGIE

Band 5

LIT

Wolfgang Fritz

Finanzminister Emil Steinbach – Der Sohn des Goldarbeiters

Biographie

LIT

Bibliografische Information der Deutschen Nationalbibliothek
Die Deutsche Nationalbibliothek verzeichnet diese Publikation in der Deutschen Nationalbibliografie; detaillierte bibliografische Daten sind im Internet über http://dnb.d-nb.de abrufbar.

ISBN 978-3-7000-0711-1 (Österreich)
ISBN 978-3-8258-0515-9 (Deutschland)

Krotenthallergasse 10/8
A-1080 Wien
Tel. +43 (0) 1 / 409 56 61
Fax +43 (0) 1 / 409 56 97
e-Mail: wien@lit-verlag.at
http://www.lit-verlag.at

LIT VERLAG Dr. W. Hopf
Berlin
Chausseestr. 128 – 29
D-10115 Berlin

Auslieferung:
Österreich: Medienlogistik Pichler-ÖBZ GmbH & Co KG
IZ-NÖ, Süd, Straße 1, Objekt 34, A-2355 Wiener Neudorf
Tel. +43 (0) 2236/63 535 - 290, Fax +43 (0) 2236/63 535 - 243, e-Mail: mlo@medien-logistik.at
Deutschland: LIT Verlag Fresnostr. 2, D-48159 Münster
Tel. +49 (0) 2 51/620 32 - 22, Fax +49 (0) 2 51/922 60 99, e-Mail: lit@lit-verlag.de

Inhalt

Die Konservativen irren sich

Es ist der 21. Dezember 1907. Ein Herr schleppt sich, im Parlamentsgebäude am Ring in Wien, mühsam die Stiegen zum Sitzungssaal des Herrenhauses hinauf; ein großer, massiger Mann im Frack, das weiße, fleischige Gesicht von einem Wirrnis grauen Lockenhaares umstanden, die breite Stirn voll Schweißperlen, ein zerzaustes Bärtchen auf Kinn, Wangen und über dem breiten, sinnlichen Mund, der offen ist und schmerzverzerrt, die kleinen Äuglein hinter dicken Brillen, die Augenbrauen schweben darüber, als hätten sie ein eigenes Leben.

Vor einigen Monaten, am 30. Oktober 1906, hat er wieder einmal einen Hirnschlag erlitten, im Büro, hat gerade noch seinem Diener schellen können, der ihn vorgefunden hat, den Kopf auf der Schreibtischplatte liegend, wie tot. Aber er hat sich erholt, und ist in der Lage, allein und ohne fremde Hilfe, wenn auch qualvoll und mit Stock, den Sitzungssaal des Herrenhauses aufzusuchen.

Jeder von den vielen Herren, die ihn überholen, mit Respektabstand, einem scheuen Gruß, weiß, wer er ist: Seine Exzellenz, Dr. Emil Steinbach, Mitglied des Herrenhauses, Präsident des Obersten Gerichtshofes, gewesener Finanzminister; Genie, kühner Geist und für manche auch ein Abenteurer, daher hoch gestiegen und tief gefallen; ein Anarchist, wie es Kollege Freiherr von Pino auszudrücken beliebte, Sozialist und einst bestes Pferd im Stall der Konservativen, jüdischer Abstammung und frommer Katholik.

Er war es, der Österreichs vorbildliche Arbeiterschutzgesetzgebung konzipiert hat, von ihm stammt der Parlamentsentwurf für die progressive Einkommensteuer und auch die Valutareform vom hinkenden Silbergulden zur Goldkrone war sein Werk. Dann aber ist er über seinen Versuch gestürzt, das Wahlrecht zum Abgeordnetenhaus zu demokratisieren und als Senatspräsident am Obersten Gerichtshof ins zweite Glied getreten.

Nur selten hat er dem Herrenhaus die Ehre erwiesen, an seinen Sitzungen teilzunehmen, seit ihn der Kaiser, der nach wie vor ein Faible für ihn hat, 1899 unter die Lords berief. Er hat sich auch geweigert, dem Klub der Konservativen beizutreten, dem er so lange nahe gestanden war.

Grund für das Zerwürfnis war jener kühne Wahlrechtsversuch im Jahre 1893, an dem die Regierung des Grafen Taaffe samt ihrem Finanzminister Steinbach unterging. Konservative und Polen hatten sich mit ihren schlimmsten Feinden, den Deutschliberalen, zum Zweck ihres Sturzes verbündet.

Steinbach hatte wohl im Stillen gehofft, dass ihn der Kaiser eines Tages wieder heranziehen würde, um das Wahlrecht doch noch einzuführen, aber das war nicht der Fall. Nun, da es so weit ist, ist er, mit seinen erst 60 Jahren, ein dem Tod geweihter Greis.

Die Ereignisse in Ungarn, wo der Kaiser seiner dortigen Regierung mit dem Allgemeinen Wahlrecht drohte, und in Russland, wo die erste russische Revolution eine Volksvertretung, die Duma, schuf, führten dazu, dass auch Österreich nicht mehr ohne Wahlrecht bleiben konnte. Eine Reichskonferenz der Sozialdemokratie, am 22. September 1905 in Wien, beschloss, die Forderung nach dem Wahlrecht als Grund- und Hauptforderung des Proletariats nun ohne Unterlass zu vertreten. Daraufhin gingen in Prag 100.000, in Wien 250.000 Menschen auf die Straße. Die Drohung eines Generalstreiks stand im Raum.

Zwei Regierungen scheiterten an der harten Nuss, ehe am 1. Dezember 1906 der neue Ministerpräsident, Max Vladimir Beck, dem Kaiser berichten konnte, dass die Wahlreform im Parlament angenommen worden sei.

Max Vladimir Beck ist der neue, der leuchtende Stern auf Österreichs sich mählich verdüsterndem politischen Himmel; ihm ist das gegeben, was Steinbach versagt war; alles ist ihm zugefallen: leicht und binnen wenigen Wochen hat er, nach langer Zeit der Beamtenkabinette, eine Parteienkoalition zustande gebracht, die ihn im Parlament unterstützt, und auch die Wahlreform, an der sein Vorgänger sich aufgerieben hat, ist nun unter Dach und Fach.

Steinbach indessen ist von resignierender Wehmut erfüllt. Sein Glaube an die Zukunft der Monarchie, der er so viele Jahre so kraftvoll gedient hatte, ist geschwunden. Es hat der vollen Überredungskunst der Sektionschefs Sieghart und Solvis bedurft, ihn überhaupt zu einer Äußerung über die Becksche Wahlrechtsreformvorlage zu bewegen. [1]

Ein Vertrauter, dessen Identität nicht bekannt ist, besuchte ihn zu diesem Zwecke im Sanatorium in Purkersdorf, wohin er sich in der Rekonvaleszenz zurückgezogen hatte. Die Gegner der Wahlreform hatten damals verbreitet, dass die Krone nicht mehr an der Wahlreform festhalte.

Steinbach sagte seinem Besucher, dass der Kaiser einer Wahlreform nie abgeneigt gewesen sei. Er habe immer ein Volkskaiser sein wollen. Auch beruhe die monarchische Idee in Österreich auf dem kaiserlichen Gefühl der Massen, so sei das seit dem Kaiser Josef II. gewesen. Durch das allgemeine Wahlrecht werde die dynastische Idee im Volk festen Fuß fassen. Die bürgerlichen Parteien könnten wieder Bedeutung erlangen, wenn sie etwas Positives anböten.

---

1 König, Wilhelm: Skizzen zu einem Charakterbild Emil Steinbachs. (Separatabdruck aus dem Jahrbuch der Österreichischen Leo-Gesellschaft.) Wien 1931. S. 212.

„Es ist kein Zweifel", sagte er, *„dass die Wahlreform endlich gemacht werden muss. Weite Kreise der Bevölkerung, ja man kann ruhig sagen, die Mehrheit derer, die an der Produktion beteiligt sind, waren bisher vom Wahlrecht und mithin von der Regierung ausgeschlossen. Diese Kreise müssen den ihnen zustehenden vollberechtigten Einfluss auf die Leitung der öffentlichen Angelegenheiten erhalten. Ich habe es immer als einen der größten Gedanken Bismarcks angesehen, dass die notwendige Ergänzung der allgemeinen Wehrpflicht das allgemeine Wahlrecht ist. Ich bin der Ansicht, dass jedermann nicht nur berechtigt, sondern vielmehr verpflichtet ist, an der Regierung teilzunehmen. Es ist das Wesen des Staates, dass er kein Recht gibt, ohne gleichzeitig eine Pflicht aufzurichten. In der Teilnahme aller an der Leitung des Staates liegt das Wesen der Verfassungsmäßigkeit."* Schließlich bemerkte Dr. Steinbach: *„Die Konservativen irren sich, wenn sie glauben, dass ich ihr Mann bin, sie müssen demokratisch werden, wie die Konservativen in England unter Disraeli es waren, dann wären sie regierungsfähig."* [2]

2 *Neues Wiener Tagblatt* v. 27.5.1907, S. 2.

So kam es, wie es kommen musste: Herkunft und Kindheit

Emil Steinbach wurde am 11. Juni 1846 in Wien, im Haus Mariahilf Nr. 76, geboren. Er war das erste Kind von drei Kindern des selbstständigen Goldschmiedes Wilhelm Steinbach und seiner Ehefrau Emilie, geborene Ofner. Der Vater stammte aus Ungarn, war anlässlich seiner Verehelichung vom Judentum zum Katholizismus übergetreten. Die Eltern hatten spät zueinander gefunden, Wilhelm war 38, Emilie 31 gewesen, als sie sich am 18. Mai 1845, in der Nepomukkirche in der Jägerzeile das Jawort gaben.

Den kleinen Emil taufte am Tag nach seiner Geburt der Kooperator Don Vincentino Skarta in der Mariahilfer Pfarrkirche auf den Namen Emil Robert Wilhelm.[1] Am 13. Jänner 1848 bekam Emil einen kleinen Bruder, der, wie der Vater, den Namen Wilhelm erhielt und, achtzehnjährig, am 26. Mai 1864, an einer Nierenkolik verstarb, ein Schlag, von dem seine Mutter sich, wie Steinbach schreibt, nie ganz erholen sollte.[2] Am 14. Jänner 1855 kam schließlich Bruder Robert, enger Gefährte Emils auf seinem Lebensweg, hinzu.[3]

„*Mein Vater*", schreibt Steinbach, „*war ein ‚kleiner' Goldarbeiter, der fleißig in seinem Geschäfte hantirte und für seine Familie eifrigst sorgte. Daheim sah ich die Wirtschaft eines Kleingewerbetreibenden, der alle Kräfte anspannt, um den Kampf mit dem Leben bestehen zu können.*"[4]

Die Geschäfte liefen zunächst nicht schlecht. 500 Gold- Silber- und Juwelenarbeiter zählte man in Wien im Revolutionsjahr 1848, die Wiener Goldketten- und Bijouteriewaren-Erzeugung stand in hohem Ansehen."[5] Die Revolutionszeit, von

---

1 Taufschein Pfarre Mariahilf in Wien vom 1. September 1847. (im Nachlass Emil Steinbach, welcher sich bei seiner Großnichte, Frau Christa Esterházy befindet. In der Folge als NSt bezeichnet). Es ist also nicht richtig, dass Steinbach, wie es zum Beispiel in Winingers *Großer Jüdischer Nationalbiographie* heißt, sich erst im Erwachsenenalter habe taufen lassen ...

2 Aus der Jugendzeit hervorragender Männer. Finanzminister a.D. und Vicepräsident des Obersten Gerichtshofes Dr. Emil Steinbach erzählt." *Illustriertes Wiener Extrablatt* 1. Jänner 1903 (In der Folge: Steinbach erzählt.)

3 Geburts- und Tauf-Schein v.4. April 1938, Pfarre Mariahilf. (NSt)

4 Steinbach erzählt.

5 Zapf, Johann: Die Wirtschaftsgeschichte Wiens unter der Regierung ... Kaiser Franz Joseph I: Wien 1888. S. 14.

März bis in den November hinein, brachte wohl einige Zäsur. Aber nachher gab es wieder gute Umsätze, weil ja während dieser wilden Monate vieles an Goldwaren und dergleichen verloren gegangen war.

Der kleine Emil hatte eine behütete Kindheit. Emilie Steinbach setzte alles daran, ihre Kinder in der bürgerlichen Welt vorwärts zu bringen. So erhielt Emil den Elementarunterricht – ab 1852 – von einem Hauslehrer. Er hatte sich über das so Erlernte alljährlich an der k.k. Normalhaupt- und Unterrealschule bei St. Anna auszuweisen, wobei ihm keine anderen Noten als *„sehr gut"* unterkamen. [6]

Emilie sorgte auch dafür, dass die Buben neben der Schule Sprachen lernten, [7] sie bekamen Klavierunterricht und Emil spielte zudem Geige und Harmonium, obwohl er, wie Großnichte Christa Esterhazy aus der familiären Überlieferung releviert, nicht musikalisch gewesen sein, „*Schweinsohren*" gehabt haben soll.

Nach Beendigung der Elementarschule besuchte Emil die „K.k. Oberrealschule am Schottenfelde" in Wien, eine im Zuge der Thun'schen Schulreform entstandene, ganz ausgezeichnete Lehranstalt, die so bedeutende Kräfte wie den Physiker Jakob Schabus in ihren Reihen wusste. Sechs Jahre lang besuchte er diese Anstalt. Seine Zeugnisse weisen ihn als einen Vorzugsschüler aus, dessen sittliches Betragen stets musterhaft, dessen Aufmerksamkeit gespannt und dessen Fleiß ausdauernd war. Nicht ganz so glänzend waren seine Leistungen in Geometrie und freiem Handzeichnen. [8] Hier war er, wie wir von Wilhelm König wissen, wegen seiner Sehschwäche und Farbenblindheit gehandikapt. [9]

Emil liebte und bewunderte seine Mutter sehr. *„Weit und breit in der Nachbarschaft"*, so schreibt er,*brachte ihr Jedermann Verehrung entgegen und manche vornehme Dame in der Umgebung kam gerne in den kleinen Goldarbeiterladen, um den Rat der einfachen Geschäftsfrau zu hören, die stets das richtige Wort fand. Und erst die armen Weiber! Sie schwärmten förmlich für die ‚Steinbachin' und priesen sie als Ausbund der Tugenden. Sie war in ihrer Ruhe und in ihrer gleich bleibenden Güte bewundernswürdig, dann von einer Sicherheit im Benehmen und von einem Takt, die ihren Eindruck nicht verfehlten."* [10]

Von seiner Mutter her kam auch die Religiosität. *„Von seiner von ihm abgöttisch verehrten Mutter"*, schreibt Wilhelm König, *„zur tiefsten Frömmigkeit erzogen, fußte Steinbachs katholische Überzeugung auf kindlich reinem Glauben."*

---

6 Zeugnisse der k.k. Normalhaupt- und Unterrealschule bei St. Anna vom 27. September 1853 und 10. August 1854. (NSt).

7 Es ist ein Zeugnis des Lehrers der französischen Sprache Eduard Dupuis vom 2.10.1859 erhalten geblieben, in dem dieser bestätigt, dass sein kleiner Schüler sich mit unverdrossenem Eifer und besonders glücklichem Erfolge auf die französische Sprache verlegt und sich auch in strengsittlicher Hinsicht stets durch ein tadelloses Benehmen ausgezeichnet habe. (NSt)

8 Zeugnisse der k.k. Oberrealschule am Schottenfelde in Wien, 1855-1861 (NSt).

9 König: Skizzen, S. 189.

10 Steinbach erzählt.

Er sei daher Zeit Lebens ein aktiver Katholik und eifriger Besucher der Messe gewesen. [11]

Emil Steinbachs bewusst erlebte Kinderjahre fielen ziemlich genau mit dem nachrevolutionären neoabsolutistischen Regime zusammen. Die Revolution hatte den Feudalismus beseitigt, ein vorwiegend deutschsprachiges Großbürgertum gewann rasch an Bedeutung, Industrie und Marktwirtschaft breiteten sich aus, eine durchaus befähigte Bürokratie der selben Abstammung leistete einiges an Modernisierung. Vergeblich waren aber die Versuche des jungen Kaisers, die alte Machtstellung der Monarchie zu halten. Dazu reichten die Ressourcen nicht mehr hin. Verlierer der Revolution waren jene Aristokraten, deren Mittel nicht hinreichten, Agrarindustrielle zu werden, das Bürgertum der nichtdeutschen Nationalitäten, das Kleinbürgertum und die Arbeiterschaft.

Einer von diesen Modernisierungsverlierern war nun der Goldschmied Wilhelm Steinbach. Den Handelskammerberichten lässt sich entnehmen, wo ihn der Schuh drückte. Da waren noch alte Leiden, wie das schlechte Punzierungsrecht aus 1824, dann die durch die Revolution erschütterten Währungsverhältnisse, schließlich die neuen Nöte: die Öffnung der Grenzen und Handelsschranken, das moderne Gewerberecht, wie sie die Modernisierung zur Folge hatte, schaffte den Wiener Handwerkern eine Konkurrenz an den Hals, mit der sie nicht fertig zu werden vermochten. So kam es, wie es kommen musste.“*Das alte Trauerspiel wiederholte sich auch bei uns. Der Vater erlag der Concurrenz, er ging langsam zu Grunde. Vielleicht wäre ihm ein besseres Schicksal beschieden gewesen, wenn er von seiner Werkstätte den Fortschritt nicht ferngehalten hätte.*“ [12], aber das ging wohl über seinen Horizont.

Es unterliegt keinem Zweifel, dass Emil Steinbach von diesen frühen Leiden geprägt wurde, sich zum für damalige Verhältnisse radikalen Demokraten und prinzipiellen Ablehner der kapitalistischen Marktwirtschaft entwickelte. Dies hatte er, wie der große Karl Menger anlässlich eines Nachrufes auf ihn bemerkte, mit vielen seiner Generation gemein. Einer der Einflussreichsten von diesen war Ferdinand Lassalle (1825-1864), der in seinem Berliner Vortrag vom 12. April 1862, Emil war gerade sechzehn, *„Über den besonderen Zusammenhang der gegenwärtigen Geschichtsperiode mit der Idee des Arbeiterstandes“*, Wahlrecht und Staatshilfe für die Arbeiter forderte.

Seit 1855 lehrte an der Wiener Universität Lorenz von Stein, der eine besondere Rolle des Staates bei der Lösung der sozialen Probleme vorschlug. Die Ideen also, denen Steinbach sein Leben weihen würde, lagen in der Luft. Doch von ihrer Verwirklichung trennten ihn damals, in seinem 15. Jahr, noch die soliden Mauern des Bildungsprivilegs, und er hatte auch andere Sorgen. Der Vater war nicht mehr

---

[11] König: Skizzen, S. 198.

[12] Steinbach erzählt.

imstande, die Familie allein zu ernähren. *„Ich möchte Lectionen geben“*, schlug er seiner Mutter daher vor, *„um Etwas in die Wirthschaft bringen zu können. Im Gesicht der Mutter zuckte es. Sie gab ihre Einwilligung, und ich bemühte mich, Stunden zu erhalten. Das Honorar schwankte zwischen fünfzig Kreuzern und einem Gulden. Anno dazumal bedeuteten fünfzig Kreuzer viel Geld für einen Hauslehrer und ich griff tüchtig zu. Manche noble Familien nahmen mich auf und der fünfzehnjährige Bursche ‚büffelte‘ mit seinen Schülern, als ob es gegolten hätte, sämmtliche Bücher der Hofbibliothek auswendig zu lernen.“*

In diesem Klima auch gelang es dem Oberrealschüler, der Mutter die Sache mit seiner technischen Zukunft auszureden. Sie soll, wie er selbst berichtet, aus allen Wolken gefallen sein, als der Sohn ihr eröffnete, er wolle seine technische Ausbildung nicht fortsetzen, weil er erkannte, *„daß ich im Zeichnen niemals meinem Vaterland und meiner Vaterstadt große Ehre machen werde.“* Er bat sie daher *„eindringlich, mir zu erlauben, lateinisch und griechisch zu lernen. Die Mutter sah mich groß an und verlangte von mir zu wissen, warum ich in der Realschule mich nicht recht behaglich fühle. Wir sprachen lange miteinander und wahrscheinlich habe ich damals einige kluge Gedanken geäußert, denn die Mutter erklärte, sie wolle mit mir eine Probe machen.“* Und so wurde *„ein junger Mann als mein Lehrer in Latein und Griechisch aufgenommen und das Studium ging los.“*

Nach autodidaktischem Studium der klassischen Sprachen hospitierte Steinbach von 1862 auf 1863 am Akademischen Gymnasium und dort unterzog er sich auch der Maturitätsprüfung. Das Reifezeugnis des erst Siebzehnjährigen kennt keine anderen Noten als *„lobenswert“*, *„vorzüglich“* und *„ausgezeichnet“*. [13] Freudestrahlend kam er damit nach Hause. Seine Familie konnte er mit seiner prächtigen Stimmung nicht anstecken, fiel doch in die Zeit seines Triumphes der Untergang des väterlichen Geschäftes. [14]

Ein Studienkollege aus dem Akademischen Gymnasium erzählte anlässlich von Steinbachs Bestellung zum Finanzminister, *„welchen Schrecken es unter den Schülern des akademischen Gymnasiums hervorrief, als es bekannt wurde, daß der Steinbach in der siebenten Classe ein Zeugniß mit lauter „vorzüglich“ erhalten habe. Zu jener Zeit war ein solcher Fall geradezu ‚unerhört‘ und daher die Verblüffung der übrigen Gymnasiasten, die den Steinbach wie eine Erscheinung aus dem Genieland anstaunten.“* [15]

---

13 Maturitäts-Zeugniß vom 22. Juli 1863 (NSt).

14 Steinbach erzählt.

15 „Finanzminister Dr. Steinbach“. *Wiener Allgemeine Zeitung“,* 5. Februar 1891.

Unser unermüdlicher Steinbach. Der Student

Das österreichische Rechtsstudium war unter Kaiser Joseph II. in seinem Geiste errichtet worden, als eine strenge Lernschule, deren Hauptaufgabe es war, Beamten in der josefinischen Tradition heranzuziehen. [1] Seine philosophische Grundlage waren Aufklärung und Naturrecht, sein glänzendstes Produkt das Allgemeine Bürgerliche Gesetzbuch von 1811, das sich in seinem § 7 expressis verbis auf die natürlichen Rechtsgrundsätze bezieht.

Der Unterrichtsminister der neoabsolutistischen Ära Graf Leo Thun-Hohenstein (1811-1888) reformierte den Studiengang 1855 im Sinn der sich in Deutschland ausbreitende historischen Schule. Die Abwendung von der Philosophie, dem Naturrecht, und die Hinwendung zum *„lebendig Positiven"* und dessen historisch-genetischer Ergründung sollte nun Grundlage der Wissenschaft sein, nicht der Rationalismus.

Neu, und für den damit eindringenden modernen Begriff der Rechtswissenschaft wesentlich, waren in Thuns Konzeption die historischen Rechtsfächer. Sie sollten zum einen die Wissenschaftlichkeit der Jurisprudenz und zum anderen die Überwindung des Josephinismus durch die katholisch-konservative Weltanschauung gewährleisten.

Von größter Bedeutung war auch die Integration von Nationalökonomie und politischer Wissenschaften in das Rechtsstudium, Köpfe wie Karl Menger, Friedrich Wieser, Eugen Böhm-Bawerk und Joseph Schumpeter sind aus dieser Schule hervorgegangen.

1860, mit dem Zusammenbruch des Neoabsolutismus, kam auch das Ende der Thun-Hohensteinschen Ära. Dem Aufstieg der Rechtsfakultät zu internationaler wissenschaftlicher Geltung war aber der Weg gebahnt.

Thun hatte indes nicht nur eine Hand für große Konzepte, auch seine Besetzungspolitik war exzeptionell und frei von Parteilichkeit und Klüngelgeist. So setzte er die – nicht unumstrittene – Berufung der konvertierten Juden Julius Glaser (1831-1885) und Josef Unger (1828-1913) durch, die beide Liberale waren. Der Strafrechtsprofessor Glaser war 1871-1879 Justizminister, Schöpfer der Straf-

[1] Zum Folgenden s. Reiter-Zatloukal, Ilse: Das Rechtsstudium an der Wiener Juristenfakultät von den Anfängen bis zur Gegenwart. www.juridicum.at/content/view/1028/124/ – 23k

prozessordnung von 1873, seit 1879 Generalprokurator. Sein Freund Unger begründete mit seinem Hauptwerk „System des österreichischen Privatrechtes“ die wissenschaftliche Behandlung des österreichischen Zivilrechtes. 1871-1879 Minister ohne Portefeuille, war er von 1881-1913 Präsident des Reichsgerichts. Gemeinsam mit Glaser gab er den „Glaser-Unger“, die Sammlung zivilrechtlicher Entscheidungen des k.k. Obersten Gerichtshofes heraus.

Für Ökonomie und Politik hatte Thun schon im Jahre 1855 auf Anraten des Finanzministers Karl Ludwig von Bruck den Gelehrten Lorenz von Stein (1815-1890) an Land gezogen. Stein, unehelicher Sohn einer Offizierswitwe, stammte aus dem damals noch dänischen Eckernförde in Schleswig. Der in Kiel absolvierte Jurist ging 1840 zum Doktoratsstudium nach Berlin, wo er sich an den Diskussionen der Linkshegelianer, unter ihnen Karl Marx, beteiligte. In Paris befasste er sich intensiv mit den Schriften der Frühsozialisten. Sein aus diesen Studien geschöpftes Buch *„Geschichte der sozialen Bewegung in Frankreich von 1789 bis in unsere Tage“* brachte frühen Ruhm.

Dreißig Jahre lang sollte Stein in Wien wirken und zahlreiche Lehrbücher verfassen, darunter ein 1860 erschienenes zweibändiges Lehrbuch der Finanzwissenschaft, und eine siebenbändige, in den Jahren von 1865-1868 veröffentlichte Verwaltungslehre. [2]

Stein sah eine mögliche Lösung der sozialen Frage in einem Bündnis der Arbeiterschaft mit dem konstitutionellen Staat, gerade weil in dieser, durch den Monarchen überhöhten, Institution auch andere als bürgerliche Interessen wahrgenommen werden können. Erfolg verspreche ein solcher Ansatz aber auch nur, wenn sich in der herrschenden bürgerlichen Klasse die Einsicht durchsetze, dass ein ruhiger Gang der Entwicklung, ohne blutige Revolutionen und Konterrevolutionen, nur möglich sei, wenn die Lage der Arbeiterklasse gebessert werde. Wie Dirk Blasius ausführt, hat Stein mit dieser Lehre einen ihrer bedeutendsten Praktiker, Otto von Bismarck, beeinflusst. [3]

Steinbach bezog die rechtswissenschaftliche Fakultät der Wiener Universität am 31. Oktober 1863. Der künftige Finanzminister hörte bei Leopold von Hasner (1818-1891), dem nachmaligen Unterrichtsminister und Schöpfer des Reichsvolksschulgesetzes, der dem Lehrkörper seit 1865 angehörte, im Sommersemester 1866 Finanzwissenschaft. Am 9. Juli, keine Woche nach der Schlacht bei Königgrätz, mit der Österreichs Vormachtstellung in Deutschland und Italien zu Ende ging, absolvierte er sein Kolloquium aus diesem Gegenstand mit Auszeich-

[2] Siehe Forsthoff, Ernst [Hrsg] – Lorenz von Stein. Gesellschaft – Staat – Recht. Frankfurt/M, Berlin, Wien 1972.

[3] Blasius, Dirk: Lorenz von Steins Lehre vom Königtum der sozialen Reform und ihre verfassungspolitischen Grundlagen. In: Ernst Forsthoff [Hrsg] Lorenz von Stein, Gesellschaft, Staat, Recht. Frankfurt/M, Berlin, Wien 1972. S. 549.

nung. Bei Hasner, der als Österreichs bester Hegelkenner galt, hat Steinbach auch im Wintersemester 1866/1867 Vorlesungen zur Geschichte der Rechtsphilosophie gehört, und Hasner war Mitglied jener staatswissenschaftlichen Kommission, bei welcher er am 8. Oktober 1867 mit Auszeichnung in sämtlichen Prüfungsgegenständen die staatswissenschaftliche Staatsprüfung bestand.

Deutsches und österreichisches Privatrecht hörte Steinbach bei Joseph Unger. Das Absolutorium, mit welchem Rector und Decan des Professoren-Collegiums bestätigten, dass der Rechtshörer Herr Emil Steinbach die rechts- und staatswissenschaftlichen Studien den bestehenden Anordnungen gemäß vollendet habe, trägt das Datum 30. Juli 1867 und ist von Julius Glaser als Dekan unterzeichnet.

Nationalökonomie, Rechtsphilosophie und Verwaltungslehre hörte Steinbach von Herbst 1865 bis Sommer 1866 bei Lorenz von Stein. Im Wintersemester 1865/66 belegte er nicht weniger als neun Wochenstunden bei dem großen Gelehrten.

Der Student Steinbach zeigte erstaunliche Qualitäten. Eine *„ans Wundersame grenzende, mit dem rationalen Verstande kaum erfassbare Gabe, kein Wort zu vergessen, das er je gelesen und gehört hatte, eiserne Konstitution und eiserner Fleiß"* ermöglichten es ihm, auch über sein engeres Studiengebiet hinaus alle erdenklichen Wissensquellen aufzusuchen. *„Um Zeit zu sparen, aß Steinbach außer des Morgens nur einmal im Tage. Sein Schlafbedürfnis war auf ein Minimum reduziert. Steinbach dürfte durchschnittlich kaum fünf Stunden täglich geschlafen haben, tausendemale noch viel viel weniger. Das Morgengrauen fand den pedanten Frühaufsteher meist schon in seiner Bibliothek."* [4]

So entwickelte er sich, ganz im Geiste Thun-Hohensteins, zum überall angestaunten Polyhistor, der über das Nächstgelegene und das Entlegenste verblüffend Genaues wusste, und all die Bücher gelesen hatte, von denen andere bestenfalls die Namen kannten. [5]

Der von uns schon zitierte Anonymus der *„Wiener Allgemeinen Zeitung"* schreibt, Steinbach habe bei seinen Kollegen den Ruf eines Studenten genossen, der jedes noch so dunkle Kapitel des römischen Rechtes oder die unklarsten Paragraphen des Strafgesetzbuches verstand und anderen zu erklären wusste. Sei ein solcher Fall allgemeinen Unverständnisses aufgetreten, so habe es allgemein geheißen: *‚Wir gehen zum Steinbach, der weiß es gewiss.' Und unser unermüdlicher Steinbach erklärte jedem Einzelnen mit bewunderungswürdiger Geduld die schwierigsten Fragen, soweit eben sein Wissen und seine Fähigkeiten reichten. Denn er war ein liebenswürdiger College und versagte Niemandem eine Gefälligkeit."* [6]

---

4 König: Skizzen, S. 192 f.

5 König: Skizzen, S. 198.

6 „Finanzminister Dr. Steinbach". *Wiener Allgemeine Zeitung* 5. Februar 1891

Als Beispiel für Steinbachs umfassende Bildung erzählt Wilhelm König, anlässlich eines Rigorosums habe er aus einem der Kirchenväter weit über den im Lehrbuch angegebenen Umfang hinaus zitiert. Das sei dem Prüfer aufgefallen, und er habe Steinbach befragt, wie er zu dem Zitat in dieser Ausführlichkeit komme. Steinbach habe angegeben, dass er die Kirchenväter gelesen und sich die Stelle gemerkt habe. Der Prüfer habe das im Bande nachkontrolliert, die Stelle sei exakt wiedergegeben gewesen, ja, mehr, bei der Gelegenheit habe er feststellen können, dass Steinbach den gesamten Band auswendig konnte. Er habe darauf die Prüfung abgebrochen und sei zum Erzbischof geeilt, ihm von dieser wunderähnlichen Erscheinung zu berichten. Der Prüfling sei zum Erzbischof, dem Kardinal Joseph Othmar Rauscher (1797-1875), beschieden worden und habe vor einem Kollegium die erstaunliche Tatsache erwiesen, dass da ein ‚Judenstämmling' die ganzen Kirchenväter auswendig konnte. Der Erzbischof habe hierüber sogar nach Rom berichtet und der junge Steinbach sei aufgefordert worden, unter besonderen Begünstigungen in den geistlichen Stand zu treten. Aber Steinbach habe abgelehnt, zum einen, „*aus dem Gefühl der Pflicht, raschest zum Unterhalt seiner Familie beitragen zu müssen, andrerseits aber aus seiner eigenen, tiefen Frömmigkeit, die es ihm, trotz der päpstlichen Ermunterung untersagte, die, nach seinem Glauben, ihm von Gott gewiesene juristische Laufbahn aufzugeben.*“ [7]

Eine Sichtung des erst alphabetisch geordneten Nachlasses des Kardinals Rauscher im Diözesanarchiv hat keinen Anhaltspunkt für eine Begegnung des Erzbischofs mit Steinbach gegeben. Der Gedanke aber, gerade Rauscher habe ihm zum Priesterberuf geraten, ist reizvoll: Joseph Othmar Rauscher, Sohn eines hervorragenden Finanzbeamten, hatte selbst als Jurist begonnen, aber unter dem Einfluss des Clemens Maria Hofbauer gegen den Willen seiner Eltern sich für den geistlichen Stand entschieden. Die Mutter bemühte sogar den Kaiser, um das, was sie für ein Unheil ansah, von ihrem Sohn abzuwenden. Es ist also durchaus vorstellbar, dass ein Kirchenfürst mit solcher Vergangenheit für einen Juristen mit theologischen Anlagen ein gewisses Affektionsinteresse aufbrachte.

Er wurde, nachdem er als Professor in Salzburg tätig gewesen war, vom Fürsten Metternich schon in jüngeren Jahren zum Direktor der Orientalischen Akademie bestellt, und zur Bearbeitung heikler kirchenpolitischer Fragen herangezogen. Als Philosophielehrer des jungen Erzherzogs Franz Joseph gehörte er nach dessen Thronbesteigung zu den einflussreichsten Männern des Reiches. Er war es auch, der das für Österreich nicht eben günstige Konkordat vom 18. August 1855 aushandelte, das Ehe und Schulwesen ganz in den Einflussbereich der Kirche stellte.

Andererseits könnte Steinbach, gerade was Fragen des Konkordats anbelangt, andere Loyalitäten gehabt haben, weist doch Schönborn auf seine Bekanntschaft

---

[7] König: Skizzen, S. 193 f.

mit Eugen Alexander Megerle von Mühlfeld (1810-1868) hin. Der Rechtsanwalt Megerle war 1848 Wiener Abgeordneter der Frankfurter Nationalversammlung und erster Präsident der Wiener Advokatenkammer gewesen, und gehörte seit 1861 dem Reichsrat an. Er war ein Linksliberaler, der für den Schutz der persönlichen Freiheit, die Abschaffung der Todesstrafe und die Einschränkung des Konkordates hin, an dessen Aufhebung durch die Maigesetze von 1868 er beteiligt war.

Steinbachs Studienzeit fällt in das Intervall zwischen dem Untergang des neoabsolutistischen Regime und der Herausbildung der österreichisch ungarischen Doppelmonarchie.

Nach der für Österreich so verlustreichen Schlacht bei Solferino war zunächst der Statthalter von Galizien, Agenor Graf Goluchowski der Ältere (1812-1875), zum maßgeblichen Mann der österreichischen Politik aufgerückt. Er versuchte, mit dem kaiserlichen Oktoberdiplom von 1860, ein föderalistisches Regime zu errichten, in dem die historischen Länder mit ihren Landtagen den bedeutendsten Einfluss haben sollten, was am Widerstand der Ungarn und des deutschen Großbürgertums scheiterte.

Darauf ersetzte der Kaiser Goluchowski durch den Achtundvierziger Anton von Schmerling (1805-1893), der im Februarpatent von 1861 den Einfluss des Reichsrates verstärkte. Der bestand nun aus dem aus erblichen und vom Kaiser ernannten Mitgliedern bestehenden Herrenhaus und dem Abgeordnetenhaus, das nach einem komplizierten, den Großgrundbesitz auf der einen Seite und das deutsche Bürgertum auf der anderen Seite krass bevorzugenden Wahlsystem von den Landtagen gewählt wurde. Ungarn wie Slawen boykottierten dieses wenig repräsentative Parlament.

1865 ließ der Kaiser, in der Hoffnung auf eine Versöhnung mit den Ungarn, Schmerling fallen und setzte an seine Stelle den böhmischen Statthalter Richard von Belcredi (1823-1902). Der sistierte den ordentlichen und berief einen außerordentlichen Reichsrat ein, der sich nur mit der Verfassungsrevision und dem ungarischen Ausgleich zu befassen hatte.

Das Kabinett Belcredi sollte bald weit schwerere Sorgen bekommen, krönte doch Preußen unter seinem so genialen wie unbedenklichen Regierungschef Otto von Bismarck (1815-1898) seine Bestrebungen, Österreich aus seiner deutschen und italienischen Stellung zu verdrängen, mit dem in der Schlacht bei Königgrätz vom 3. Juli 1866 errungenen durchschlagenden Erfolg.

Franz Josephs neuer starker Mann nach der Niederlage war der gewesene sächsische Minister Friedrich Ferdinand Freiherr von Beust (1809-1886). In einem groß angelegten Kompromiss wurde dem deutschliberalen Bürgertum eine neue Verfassung zugestanden, damit es den Ausgleich mit Ungarn akzeptierte.

Ende 1867 erhielt Österreich daher eine Reihe neuer Verfassungsgesetze, darunter das noch heute in Geltung stehende Staatsgrundgesetz vom 21. Dezember 1867 über die allgemeinen Rechte der Staatsbürger. Im 203-köpfigen Reichsrat der westlichen Reichshälfte, dessen Abgeordnete nicht direkt gewählt, sondern von den Landtagen bestimmt wurden, hatten die Deutschliberalen – dank eines abenteuerlichen Wahlgesetzes – die Mehrheit.

Am 29. Dezember setzte der Kaiser die erste parlamentarische Regierung dieses Landesteiles ein. Das neue Kabinett, an dessen Spitze mit dem Fürsten Carlos Auersperg (1814-1890) ein Aristokrat stand, wurde nach der Überzahl seiner Mitglieder Bürgerministerium genannt. Das neue liberale Regime war von einem wirtschaftlichen Aufschwung, den Gründerjahren, begleitet, der das Antlitz des Reiches veränderte.

Die Intransigenz der Deutschliberalen in der Nationalitätenfrage zwang den Kaiser Anfang 1870 dazu, ein deutsch-zentralistische Kabinett unter Leopold von Hasner einzusetzen, das binnen weniger Wochen vollständigen Schiffbruch erlitt.

Daraufhin ernannte der Kaiser den reichen polnischen Großgrundbesitzer Graf Alfred Potocki (1822-1889) zum Chef eines sogenannten Versöhnungsministeriums. Unter ihm kam es zur Kündigung des Konkordats mit dem Heiligen Stuhl. Aber auch dieser Regierung gelang es nicht, Deutsche und Tschechen zu versöhnen, im Gegenteil, der Konflikt spitzte sich sosehr zu, dass die tschechischen Abgeordneten den Reichsrat verließen.

Nun entschloss sich der Kaiser, mit dem Kabinett Hohenwart-Schäffle zu einem kühnen Experiment. Der oberösterreichische Statthalter Karl Graf Hohenwart zu Gerlachstein (1824-1899) und sein eigentlicher Spiritus rector, Albert Schäffle (1831-1903), formell nur Handelsminister, sollten überfallsartig einen böhmischen Ausgleich zuwege bringen, der die Tschechen in eine ähnlich vorteilhafte Lage wie die Ungarn versetzt hätte.

Schäffle war, mit seinen politischen Ansichten und seiner Außenseiterstellung, in vielem ein Vorläufer des Emil Steinbach. Schon ihm gelang es, in den Audienzen das Vertrauen und die Sympathie des Kaisers zu gewinnen, und hätte man ihn machen lassen, so wäre es wohl zu ähnlichen Ergebnissen gekommen, wie sie Steinbach anstrebte. Es war ihm jedoch nur ein kurzes Gastspiel in der hohen Politik vergönnt, weil ihn seine Position bei all seinem Fleiß, Scharfsinn und Wissen doch nicht mehr sein ließ als einen Spielball der Mächtigen.

Dem konservativen Experiment Hohenwart-Schäffle folgte wieder ein liberales Kabinett, unter Ministerpräsident Fürst Adolf Auersperg (1821-1895), dessen Bruder Karl schon dem Bürgerministerium von 1868 präsidiert hatte. Starker Mann und Nervus rerum der Regierung war Josef Lasser (1815-1879), der Innenminister, ein Politiker, der bereits im Reichstag von 1848 eine tragende Rolle gespielt hatte.

Was die großen politischen Reformen anging, so gelang es zwar, unter Lassers Federführung, die Direktwahl zum Reichsrat einzuführen, aber ohne an dem undemokratischen Kurienwahlrecht etwas zu ändern, und darum auch ohne die Tschechen mit ins Boot zu holen. Die meisten der großen Vorlagen, wie die Reform des Gewerberechts oder die Personal-Einkommensteuer, versandeten in den Ausschüssen des Reichsrates.

Ab 1873 stand das Kabinett Adolf Auersperg wie die ganze liberale Sache unter dem lähmenden Einfluss des Börsenkraches von 1873, dessen Genese und Verlauf wir hier kurz skizzieren möchten:

Als in den Jahren 1871 und 1872 der Gründerzeit-Aufschwung sein natürliches Ende fand, weil es keine rentablen Eisenbahnen mehr zu gründen gab, mochten sich die Gründer vom Gründungsgeschäft nicht mehr trennen. Man versuchte es mit Bank-, Bau und Industriegründungen, die immer lausiger wurden, und die Behörden sahen dem Spektakel zu. Indes, auch die fadenscheinigsten Aktien fanden reißend Absatz, weil, vom Erzherzog bis zum Wäschermadel, alle, die etwas Geld hatten, sich der Hoffnung hingaben, reich zu werden. [8]

Das Gründungsfieber hatte eine gewaltige Verteuerung der Kapital- und Lebenskosten zur Folge. Die Preissteigerung wieder führte zur Überproduktion aller möglicher Waren. Aber die Börse, erfasst von einem Haussetaumel, konnte von der Spekulation nicht lassen. Immer neue irreale Hoffnungen heizten das tolle Treiben an: So, aus den Reparationszahlungen der 1871 geschlagenen Franzosen an Deutschland ließe sich eine Milliardenwoge nach Wien ableiten, oder, die Weltausstellung von 1873 würde die Geschäfte gewaltig ankurbeln.

Die Weltausstellung eröffnete der Kaiser am 1. Mai. Am 9. Mai, dem berüchtigten schwarzen Freitag brach die Börse zusammen. *„Ohne wahrnehmbaren Anlass, wie von Dämonengewalt erfasst, ein Nero fände dieselben Elemente grausamen Wohlgefallens vor wie jener Cäsar an dem Brande Roms: Jammer, Elend, Vernichtung.“* [9]

Dem Wiener Krach folgte eine Reihe ähnlicher Zusammenbrüche in Deutschland und anderen Ländern, schließlich, im Herbst die Eisenbahnpanik in USA. Überall waren Überproduktion, Gründungsfieber und Spekulation der Katastrophe vorausgegangen.

Der Ruin so vieler Betroffener wieder hatte eine beträchtliche Schwächung der Konsumkraft der Bevölkerung zur Folge, die Unternehmer zeigten keine Initiative mehr, das Sterben der Banken und Industrieunternehmungen, das am schwarzen Freitag begonnen hatte, setzte sich fort.

---

8 Zum Börsenkrach s.März, Eduard: Österreichische Industrie- und Bankpolitik in der Zeit Franz Josephs I. Wien 1968 und Neuwirth, Joseph: Die Speculationskrisis von 1873. Leipzig 1874.

9 März: Industrie- und Bankpolitik, S. 174ff.

Die regierenden Liberalen standen der Katastrophe hilflos gegenüber, Vorschläge, etwa durch Eisenbahnbau oder Kredite für die Gemeinden die Wirtschaft anzukurbeln, verhallten ungehört. So folgte auf den Börsenkrach eine vieljährige, bittere Depression, die breiteste Bevölkerungsschichten in Mitleidenschaft zog.

Und, 's wär nicht Wien, wenn die Frage nach den Schuldigen, und das Wühlen im Sumpf nicht bedeutend mehr Aufmerksamkeit auf sich gezogen hätte als die reale Frage nach Ursache und Therapie. Das Sumpfen war auch zu bewegend, denn alle erdenklichen Größen, vom höchsten Adel bis zu den leitenden Herren der liberalen Partei waren in Gründungsgeschäfte verwickelt gewesen. Bei so viel Scham und Schande konnte es nicht lange mehr dauern, bis in Wiedererweckung eines uralten Reflexes, wieder die Juden als wahre Verursacher des Elends entdeckt waren. Und tatsächlich ging aus diesem Sumpf die Drachensaat des Antisemitismus auf, die binnen weniger Jahre alle Äcker der österreichischen Politik überwuchern sollte.

Und schließlich ging in dieser Krise und der Unfähigkeit der Liberalen, mit ihr fertig zu werden, auch der Glaube an die liberale Partei und ihr Programm verloren. „*Eine mächtige Strömung entstand, die eine radikale Abkehr von den Prinzipien des wirtschaftlichen Liberalismus auf ihre Fahnen schrieb. Schutzzölle, Kartelle, die zünftlerische Neuordnung der gewerblichen Verfassung und die stärkere Besteuerung der Aktiengesellschaften und der Börse waren einige der neuen Parolen, die zusehends an Zugkraft gewannen.*“ [10]

[10] März: Industrie- und Bankpolitik, S. 192.

Konzipient und Doktorand

Am 19. November 1867 trat der frisch absolvierte Jurist Steinbach als besoldeter Anwaltskonzipient in die Dienste des Hof- und Gerichts-Advokaten Dr. Stanislaus Neymister, und er diente dort, während seines Doktoratsstudiums, bis Ende Dezember 1869.

Das Rigorosum aus den politischen Wissenschaften und dem zivilgerichtlichen Verfahren hatte er schon am 29. Juli 1867 bestanden, und zwar einstimmig mit Applaus, am 19. März 1868 legte er, ohne besondere Auszeichnungen, das aus Naturrecht und österreichischem Strafrecht, am 14. November des selben Jahres das aus Privatrecht ab.

Am 23. Juli 1869 um elf Uhr vormittags hatte Emil Steinbach im k.k. Universitäts-Konsistorialsaal zum Abschluss seines Studiums von ihm selbst gewählte Thesen öffentlich zu verteidigen. Diese Disputationen, die seit dem Mittelalter dem öffentlichen Nachweis der wissenschaftlichen Befähigung dienten, waren allerdings zur bloßen Formalität herabgesunken. [1]

Wilhelm König zitiert aus dem kleinen Heftchen, in welches Steinbach seine Thesen eingetragen hatte: So hieß eine, aus der Rechtsphilosophie: *„Die Losungsworte des Naturrechtes ‚Freiheit und Gleichheit' enthalten einen logisch nie zu lösenden Widerspruch"*, eine andere *‚Kein gegen die Abschaffung der Todesstrafe vorgebrachter Grund ist stichhältig.'*, der dritte *‚Der Kommunismus führt zur Vernichtung der individuellen Selbständigkeit und Freiheit.'* Und ein Satz aus der Volkswirtschaftslehre lautete: *‚Die Ausbildung der gesamten Rechtswissenschaft auf Grundlage national-ökonomischer Wahrheiten- das ist die Aufgabe unserer Zeit.'* [2]

Mit Ende des Jahres 1869 übergab Rechtsanwalt Dr. Neymister seine Kanzlei an seinen Schwiegersohn Dr. Wilhelm Obermayer. In einem Dienstzeugnis bestätigt ihm Dr. Neymister, *„dass er sich allen Geschäften und Amtshandlungen nicht allein mit besonderem Fleiß und Eifer unterzogen hat, sondern auch bei den ihm übertragenen vielfachen wichtigeren und schwierigeren Ausarbeitungen in und außer Streitsachen durch schnelle Auffassung, klare und gewählte Diction und*

---

1 Reiter-Zatloukal: Rechtsstudium.

2 König: Skizzen, S. 194.

eingehende Fach- und Gesetzeskenntnis ausgezeichnet" habe. Dr. Neymister fühlt sich „*daher angenehm verpflichtet zu bestätigen, daß Herr Dr. Emil Steinbach vermöge seiner juristischen Ausbildung, wie nicht minder durch sein anständiges bescheidenes und ehrenhaftes Benehmen, und durch seine gewissenhafte Pflichterfüllung sich der allgemeinen Achtung erfreue und diese auch verdiene.*"

Steinbach blieb dem neuen Prinzipal als Konzipient verbunden und arbeitete bei ihm bis 1874. [3] Er trat auch mit Vorträgen in der 1867 gegründeten Juristischen Gesellschaft und daraus abgeleiteten Aufsätzen in den seit Anfang 1872 existierenden *Juristischen Blättern* hervor, so über „*Die civilrechtliche Exekution einer Geldforderung vom historischen und rechtspolitischen Standpunkte*", gehalten in der Juristischen Gesellschaft am 5. April 1873 und behandelt in den *Juristischen Blättern* Nr. 15 und 16 diesen Jahres. Am 16. Dezember 1873 referierte er über das Thema „*Der gemeinrechtliche Obligationsbegriff und der moderne Verkehr*", mit Abdruck in den zwei folgenden *Juristischen Blättern.*

1874 endete auch Steinbachs Konzipientenzeit, am 8. August und 3. Oktober 1874 legt er, mit ausgezeichnetem Erfolg, die Advokaten-Prüfung ab

„*Sie wünschen*", schreibt am 25. Juni 1874, sein Vorgesetzter Dr. Obermayer, „*von mir ein Zeugnis Ihrer Verwendung in meiner Kanzlei, -bei der vortheilhaften Aufnahme, die Ihre eminente Gesetzkenntnis u. Ihr Scharfsinn Ihnen bei allen Praktikern, wie Theoretikern der Rechtswissenschaften erworben hat, wäre es von mir unbescheiden, darüber ein Urtheil abzugeben, und muß ich mich darauf beschränken, Ihnen zu bestätigen, daß Sie vom 1. Jänner 1870 bis heute ununterbrochen in meiner Kanzlei gearbeitet haben.*"

Ein glückliches Zusammentreffen beschert uns ein Porträt des hoffnungsvollen jungen Mannes, genommen von der Schriftstellerin Rosa Mayreder. Sie erzählt in ihren Erinnerungen, wie sie – 14-jährig- vom Verlobten einer ihrer Schwestern, Georg, zum ersten Mal über Emil und seine überragenden Talente hört. Das Außerordentlichste an ihm sei aber sein Verhalten gegenüber dem weiblichen Geschlecht. „Den hat noch kein Weib bezwungen", sagt Georg. Emils Äußeres konnte nicht gerade als einnehmend gelten; ein ungepflegter Bart umrahmte seine wulstigen Lippen und seine kleinen Augen sahen durch dicke Brillen in die Welt, was den Backfisch nicht daran hinderte, von ihm fasziniert zu sein.

Wilhelm König schreibt, Steinbach sei absolut asexuell gewesen, sei persönlich in den sexuellen Fragen strengstens auf dem religiösen Standpunkt, der nur ehelichen Verkehr zum Zweck der Kinderzeugung zulässt, gestanden. Das freiwillige Zölibat habe er für den Pflichtmenschen, insbesondere aber für den geistigen Arbeiter als geradezu unerlässlich gehalten. Ein einziges Mal habe er den Versuch mit der käuflichen Liebe gewagt, sich dann aber mit Grausen gewandt. Einmal

[3] „Der Wechsel im Finanzministerium" *Wiener Abendblatt* 4. Februar 1891.

habe er sich in die Frau eines Freundes verliebt, in dessen Haus er regelmäßig zu Gast war. Da habe er zu seinem Freund gesagt: „Du, ich hab mich in deine Frau verliebt, wir können nicht mehr zusammenkommen.“ [4] Diese Anekdote ist auch von Justizminister Friedrich Schönborn verbürgt.

Tatsächlich ist Steinbach niemals eine Bindung mit einer Frau eingegangen. Er verblieb so lange wie möglich im Elternhaus, der Vater starb am 26. Dezember 1877, die Mutter am 15. Jänner 1881, und schloss sich später eng der Familie des Bruders an, der sich am 20. September 1885 mit Josephine Kanitz verehelichte.

Emil Steinbachs kärgliches Privatleben spielte sich damals, vom Kontakt mit Kollegen abgesehen, wie ein Brief der Mutter an den Sohn, vom 6. April 1874, der 28-jährige Anwaltskonzipient und Handelsakademieprofessor bereitete sich auf die Anwaltsprüfung vor, zeigt, hauptsächlich in der Familie ab:

Mein herzliebster Emil!

Weil ich gerade so recht lebhaft an dich denke, so mußt' ich geschwind schreiben, und dir sagen, wie sehr wir dich alle vermissen. Mir kommt vor wenn Du nicht bei uns bist, als ob alles nur halb wäre, wenn du in Wien bist sind wir eine ganze Person, ohne dich sind wir anderthalb, denn ein jeder hat die Halbscheit von sich verloren und findet sie erst wieder, bis du zu Hause bist. Wenn ich dir lauter so schöne Sachen schreibe, auf die letz wirst du mir noch eitel, und das darf nicht sein.

Neuigkeiten kann ich dir keine schreiben, es ist Gott sei Dank nichts geschehen, außer der Tischler war da und hat die Noten Stellen gemacht und Robert räumt die Platten wieder ein, Abends geht er ins Stadttheater, ich und der Alte wollen zu Steinhäbel gehen, wenn es noch wahr ist, wenn nicht, so machen wir mit Pütz einen kleinen Spaziergang und damit Pasta. Was morgen geschieht, das weiß Gott, Vater will aufs Land und Robert mag nicht, so weiß ich nicht, was noch wird. Wär alles eins, so jetzt hab genug geschrieben und hör auf, komme gesund und frisch zurück, Grüße alle recht freundlich von uns und ich küsse dich in Gedanken deine alte Mami. Vater grüßt dich.

Bruder Robert fügt folgendes Postskriptum an:

Mutter hat mir soeben diesen Brief zum Lesen gegeben und fühlte ich mich anfänglich versucht alle Fehler roth anzustreichen, doch wäre nach meinem Dafürhalten der Brief in dem dadurch entstandenen rothen Meer ersoffen. So unterließ ich es lieber.

Hoffentlich habt ihr besseres Wetter als wir. Ich warte jeden Augenblick aufs regnen und jammere schon im im Geiste über die 20 kr Garderobegebühr im Stadttheater, da ich heute Robert Müller sehen will.

Daß ich nicht mit dir hinausgegangen bin, freut mich jetzt eigentlich, denn wir haben seit gestern im Bureau so narrenhaft viel zu thun. Daß es mir unangenehm gewesen wäre, nicht dabei zu sein. Wir haben hier 70 Briefe zu expedieren, alles in causa Communal-anlehen werden am 14. u.a 5.d. 6 Millionen Gulden zum Course von fl. 100 zur öffentli-

---

4 König: Skizzen, S. 234 ff.

chen Subscription aufgelegt werden. Vielleicht machst du Proselyten dafür? Zum morgigen Abend wünsche ich beste Unterhaltung, die hoffentlich entweder in dieser oder jener Richtung nicht ausbleiben wird.

Viele Empfehlungen an alle Leute draußen. Frl. Sophie u. Leontine nicht zu vergessen. Ich erwarte deine Ankunft um die Noten endgültig zu ordnen.

Wie immer dein treuer Robert. [5]

Wenig später, am 19. Juni, gibt ein weiterer Brief der Mutter an den Sohn eine andere Facette der Beziehung. Der Vater, der sich, 68-jährig, noch als Schätzmeister bei der Verkehrsbank plagen muss, hat einen ersten Anfall jener Krankheit, an der er drei Jahre später versterben sollte:

Mein lieber Emil

Sei so gut und schike gleich einen Diestmann in die Verkehrsbank und lasse sagen, das Vater gestern plötzlich krank geworden ist und nicht kommen kann. Ja meine lieben Kinder ich habe eine schlimme Nacht gehabt. Vater war gestern ganz wohl bis 3/4 auf Zehn wo er auf einmahl ein häftiges Stechen in der rechten Seite bekam was so stark wurde das ich um den Doctor ging er ging gleich mit mir und sagte das durch eine Verkülung eine leichte Ripenfell-Entzüngen entstanden für was mich recht erschrekt. Ich legte schon früher Senf auf nütze aber nichts der vermontierte alle 5 Minuten kalte Umschläge bis. 1 Uhr wo ich aufhörten muste, weil er so kalt war das er einen Krampf bekam, und ich ihn in warme Tücher einwikeln muste das dauerte bis 2 Uhr es etwas ringer ward und jetz 1/2 5 Schlaf er stark und ich benütze die zeit um zu schreiben. Was meinst du? Sollen wir nicht Alzmann heute heraus kommen lassen? Nachmitags, vileicht ist es dir möglich heraus zu kommen, lasse mir durch Hani sagen was du glaubst. Louise soll sich Leintücher und Polster nehmen und ... da ich kann heute nicht kommen. Schike mir Hani mit dem nächsten Zug wieder heraus ich könte sie vieleicht brauchen indesen grüst euch herzlich eure liebende Mutter Emilie Steinbach. [6]

---

5 Brief Emilie und Robert Steinbach an Emil Steinbach vom 6.4.1874 (NSt.)

6 Brief Emilie an Emil Steinbach vom 19.6.1874 in NSt.

An der Wiener Handelsakademie

Mit Wirkung vom 1. Jänner 1874 gelang es Steinbach, *„als Docent für die Lehrkanzel der rechtswissenschaftlichen Fächer, eventuell Volkswirtschaftslehre, und der damit im Zusammenhang stehenden Disciplinen“,* an der Handelshochschule des Vereines der Wiener Handelsakademie unterzukommen.

„Diese im Jahre 1857 von Kaufleuten und Industriellen gegründete höhere Commerzielle Lehranstalt“ hieß es in einem ihrer Inserate, *„besteht aus drei Jahrgängen und hat den Zweck, eine tüchtige höhere commerzielle Fachbildung, jedoch mit Berücksichtigung der allgemein bildenden Lehrfächer zu gewähren. In den ersten Jahrgang können jene Schüler eintreten, welche eine Unter-Realschule, ein Unter- oder ein Real-Gymnasium mit gutem Erfolge absolviert haben. Diese Schüler genießen nach absolvierter Akademie die Begünstigung des Einjährig-Freiwilligendienstes. Außer diesen können auch solche Schüler in den ersten Jahrgang eintreten, welche das 14. Lebensjahr zurückgelegt haben und die oben geforderten Vorkenntnisse durch eine Aufnahmsprüfung nachweisen“*

Für Mittellose kam die Schule nicht in Frage. Das Schuldgeld betrug jährlich 157 fl 50 kr, [1] ein Kleiderverkäufer etwa verdiente in diesem Zeitraum 300 fl.

Den Hochschulstatus hatte die Handelsakademie unter der Führung des Alois Czedik, gewesenem Leiter des Unterrichtsministeriums und nachmaligem Präsidenten des Staatsbahnen, eben erst erlangt. Empfohlen hatte Steinbach, wie Czedik schreibt, der Hof- und Gerichtsadvokat Franz Egger. Egger, 1848 Mitglied der Frankfurter Nationalversammlung, war eine Zierde seines Standes; Funktionär zahlreicher Institutionen, wie der Nationalbank, des Staatsgerichtshofes und der Ersten Österreichischen Sparcasse, wichtiges Mitglied des Wiener Musiklebens. Er war Vorstand des Wiener Männergesangsvereins, Direktionsmitglied der Gesellschaft der Musikfreunde und Mitbegründer und Präsident der Singakademie.

Mit der Funktion als Vortragender war für Steinbach eine Remuneration von 1800 Gulden jährlich verbunden, was gut einem Viertel eines Sektionschefgehal-

---

[1] Der Gemeindesekretär von Hadersdorf bekommt 600 fl. jährlich. Nr. 215 v. 17.9.1880, S. 7. Ein Kleiderverkäufer 7 fl. wöchentlich.S. dazu: *Wiener Zeitung* Nr. 258 v.7.11.1880. S. 4.

tes entsprach. Schon mit Oktober 1874 stieg er zum Ordentlichen Professor auf, der 2200 Gulden erhielt.

Die Handelshochschule musste 1877 aus Geldmangel aufgegeben werden, und Czedik hatte die unangenehme Aufgabe, mit dem zu normalen Handelsakademie-Professoren herabgestuften Lehrpersonal über die Reduktion der Gehaltsansprüche zu verhandeln. Steinbach erhielt, wie sein Dekret vom 29. September 1877 ausweist, für sein Lehrfach Nationalökonomie und Handels- und Wechselrecht, dann nur noch tausend Gulden.

In dieser Stellung verblieb Steinbach bis zum Ende des Schuljahres 1885. Der Unterricht, im Handels- und Wechselrecht und in der Nationalökonomie, nahm zehn Wochenstunden in Anspruch.

Czedik glaubt, dass Steinbach, Finanzminister geworden, sich für diese Maßnahme am nunmehrigen Generaldirektor der Staatsbahnen Czedik rächte, indem er ihm unterstehende Oberbeamte zu Mitteilungen über interne Vorgänge bestimmte. Steinbach habe auch behauptet, ihn, Czedik, abgesetzt zu haben, was aber nicht richtig sei, weil er ohnehin zurücktreten habe wollen. [2]

„Steinbach erfreute sich unter seiner Hörerschaft großer Beliebtheit. Sein glänzender Vortrag und die Herzlichkeit, mit der er den jungen Leuten entgegenkam, erwarb ihm im Fluge deren Sympathien", erinnert sich ein Nachrufer anlässlich seines Todes [3] *„Das herzliche Verhältnis zu seinen Schülern und zu seinen Kollegen im Lehrkörper war eine selbstverständliche Folge der Liebenswürdigkeit, die einen Grundzug seines Lebens bildete. Auch noch als Minister und Höchstrichter blieb er ihnen verbunden und für ihre Anliegen offen."* [4]

Ein glücklicher Zufall hat uns das Konzept eines Vortrages des Handelsakademie-Professors Steinbach zur Geschichte der Volkswirtschaft erhalten. [5] Auf 31 Druckseiten wird hier der Gegenstand vom Altertum bis zum Durchbruch des Kapitalismus auf eine sehr anschauliche und originelle Weise geschildert:

Den Völkern der Alten Welt habe der tiefere Sinn für Erwerb und Arbeit gefehlt, alle Arbeiten hätten daher die Sklaven besorgt. Erst das Christentum habe den Übergang von der unfreien zur freien Arbeit und damit ein neues Weltzeitalter begründet. Sein Grundsatz der Nächstenliebe habe aber andererseits die wirtschaftliche Entwicklung nicht eben gefördert, weil Gewinne mit der Nächstenliebe nicht leicht vereinbar seien.

---

[2] Czedik, Alois: Zur Geschichte der k.k. österreichischen Ministerien 1861-1916. Teschen, Wien, Leipzig 1917.S. 361.

[3] „Dr. Emil Steinbach †". *Österr. Volkszeitung Wien,* 27. Mai 1907.

[4] S.*„Das Leichenbegängnis Dr. Emil Steinbachs"* In:*„Neue Freie Presse"* v. 29.5.1907.

[5] Steinbach, Emil: Geschichte der Volkswirtschaft. Ein Überblick. Sonderabdruck aus „Der Arbeitsnachweis. Wien u. Leipzig 1919.

Der Feudalismus habe zunächst Nutzen gestiftet, weil er durch eine genaue Festsetzung gegenseitiger Rechte und Pflichten der Anarchie entgegenwirkte. Er und die mit ihm zusammenhängende Patrimonialverfassung seien aber der Ausbildung des Nationallebens und Volksbewusstseins im Wege gestanden, habe Anlass zur Bildung einer störrigen (!) Aristokratie gegeben, die nach oben der Staatsgewalt Widerstand leistete und nach unten das Volk bedrückte, und damit den Aufstieg eines arbeitseifrigen tüchtigen Mittelstandes hemmte.

Herausbildung der Städte, Kreuzzüge und Kolonialisierung hätten dem Feudalismus das Grab gegraben. Im Gegenzug erstarkte im 16. und 17. Jahrhundert die Staatsgewalt, ihr wirtschaftliches Credo war der Merkantilismus mit seinem Glauben an die Macht des Geldes und seinem Versuch, es ins Land zu bringen und im Land zu halten. Der Merkantilismus habe seine Berechtigung gehabt, aber er habe eine zu weitgehende staatliche Bevormundung und damit den Absolutismus sowie die Eifersucht unter den einzelnen Staaten befördert. Sein größter theoretischer Fehler liege aber darin, dass der Volksreichtum nicht sosehr in den Edelmetallen als in der Fülle anderer Güter liege.

Geld solle man daher, wie John Law entdeckte, auch nicht aus Gold machen, sondern aus einer Materie, die gar keinen inneren, reellen Wert habe und erst durch Abstraktion einen imaginären Tauschwert erhalte.

Gegen die Merkantilisten richteten sich die Physiokraten, die den Ackerbau in das Zentrum des wirtschaftlichen Interesses rückten, und alle Steuern zugunsten einer Grundsteuer abschaffen wollten. Sie hätten aber die Kraft des Bodens überschätzt und die Bedeutung des Menschen als Arbeiter und des Kapitals unterschätzt.

Im selben Jahr, als Finanzminister Turgot, der führende Vertreter des Physiokratismus, vom französischen König Ludwig XVI. entlassen wurde, veröffentliche Adam Smith seine *„Inquiry into the nature and the causes of wealth of nations“*, in dem er den Wert des Eigeninteresses und der internationalen Arbeitsteilung hervorhebt.

Steinbach hält Smiths Werk für eines der wichtigsten Bücher, die je geschrieben wurden, und er verteidigt Smith gegen Vorwürfe mit dem Hinweis, er habe nicht die Folgen der unbedingten Konkurrenz, der Ausdehnung des Maschinenbetriebs und der Kapitalherrschaft voraussehen können. Smith' Fehler sei es aber gewesen, dass er das geistige, sittliche und nationale Element im Wirtschaftsleben nicht genug gewürdigt habe; der Mensch sei bei ihm kein ethisches Wesen, er handle immer nur aus *self-interest.* Das sei aber nicht wahr.

Ein Zusatz setzt sich mit Sozialismus und Kommunismus auseinander. Der Grundgedanke aller sozialistischen und kommunistischen Systeme sei, dass alle Menschen das gleiche Recht auf irdisches Wohl und Glück hätten, die Sozialisten setzten noch hinzu, der Zweck der Gesellschaft liege auch in der Ausbildung aller

Anlagen und Fähigkeiten im Individuum und von dieser Ausbildung dürfe keiner ausgeschlossen werden. Die Gesellschaft müsse demnach jedem Arbeits- und Erwerbsgelegenheit verschaffen, damit er durch eigene Tätigkeit seine Existenz führen könne. Die egoistische Ausbeutung des Menschen durch seine Mitmenschen müssten aufhören, Boden und Kapitalseigentum auf andere Grundlagen gestellt und die Arbeit in die ihr gebührenden Rechte eingesetzt werden.

Der Sozialismus anerkenne noch die Berechtigung des Individuums und seiner Fähigkeiten, also auch des Eigentums, der Kommunismus nicht mehr. Die Gleichheit des Kommunismus sei die ärgste Ungleichheit, weil sie dem einen für zwei Stunden schlechter Arbeit denselben Lohn gewähre, wie dem andern für vier Stunden guter Arbeit. Er müsse daher, um das System einigermaßen haltbar zu machen, in einer Despotie, wie sie auf der Welt noch nicht bestanden habe, einem Cäsaropapismus enden, der zugleich allgemeiner Hausvater wäre. Das ist zweifellos eine recht exakte Prophezeiung des Stalinismus.

Unter Glaser

Am 4. Dezember 1874 richtete der Sektionschef im Justizministerium Benoni einen Amtsvortrag an Justizminister Julius Glaser, betreffend die Besetzung dreier vakant gewordener Stellen als Ministerial-Vicesekretär, wovon eine ein Gerichtsadjunkt aus Lemberg, eine einer aus Feldkirch und die dritte Steinbach, als Außenstehender, erhalten sollte. [1]

Begründet wird seine Inaussichtnahme wie folgt: „*Für die legislative Sektion wäre der Eintritt des Dr. Emil Steinbach sehr erwünscht, welcher nach mehrjähriger Advokatenpraxis dem juristischen Lehramt sich zugewendet hat, zur Zeit Professor der Rechtswissenschaft an der Wiener Handelshochschule (Privatlehranstalt) ist, auf literarischem Gebiete sich vorteilhaft bemerkbar gemacht hat (Juristische Blätter 1874, Nr. 17-25 über „Anfechtung der Rechtsgeschäfte in fraudem creditorum“) und aus diesem Grunde zur Teilnahme an den eben jetzt stattfindenden Beratungen im Schoße der legislativen Sektion des Justizministeriums betreffend den Entwurf eines Gesetzes über die Anfechtbarkeit der Rechtsgeschäfte insolventer Schuldner eingeladen wurde und dabei vorzügliche Befähigung für legislative Arbeiten zeigte.*“

Glaser, seit 1871 im Amte, bewährte sich als liberaler Reformer, der mit der Strafprozessordnung von 1873 mit ihren Prinzipien der Öffentlichkeit, Mündlichkeit und Unmittelbarkeit des Strafverfahrens und der Einführung der Geschwornengerichte eine der großen Errungenschaften nicht nur dieser Regierung, sondern der österreichischen Rechtsgeschichte erzielte. Nicht weniger als 55 Gesetzesvorlagen brachte sein Justizministerium in den Jahren von 1871 bis 1878 in den Reichsrat ein, von denen freilich die meisten in den Ausschüssen des Reichsrates versandeten.

Noch am 4. Dezember nun unterzeichnete der Justizminister ein an den Herrn Dr. Emil Steinbach, Professor an der Wiener Handels-Hochschule, Neubau, Lerchenfelderstr. Nr. 23, gerichtetes Dekret, in welchem es ganz im imperialen Stil hieß: „*Ich habe mich bestimmt gefunden, Sie zum Ministerial-Vicesekretär in dem kk. Justizministerium mit den systemmäßigen Bezügen zu ernennen. Hievon wer-*

---

[1] Österr. Verwaltungsarchiv: Akt Justizministerium Nr. 351 Pers v. 4.12.1874

den Sie mit dem Bedeuten in Kenntniß gesetzt, daß Sie sich zur Ablegung des Diensteides in der Präsidialkanzlei des Justizministeriums zu melden haben.“

Die Rückseite des Dekrets enthält den Vermerk: *„Daß Herr Dr. Emil Steinbach heute den Diensteid als Ministerial-Vicesekretär des Justiz-Ministeriums in die Hände Sr. Excellenz des Herrn kk Justiz-Ministers abgelegt hat, wird hiermit bestätigt. Wien, 6. Dezember 1874, Kanzleidirektor Justizminist. gez. Walther.“*

Steinbach erhielt ein Jahresgehalt von 1400 Gulden zuzüglich einer Aktivitätszulage von 600 Gulden jährlich. [2] Seinen Posten als Professor an der Handelshochschule durfte er behalten. Die Ausnahmegenehmigung, deren Notwendigkeit er mit seinen wirtschaftlichen Verhältnissen begründete, will ihm Czedik erwirkt haben.

Der junge Konzipist wurde dem legislatorischen Referat des Ministerialrates Philipp Ritter von Harrasowsky (1833-1890) zugeteilt. [3] Einer seiner zur selben Zeit eingestellten Kollegen war Joseph Maria Baernreither (1845-1925). Die beiden wurden Freunde und besprachen, wie Joseph Redlich berichtet, *‚was Juristerei, Literatur und Kunst gerade eingab, miteinander.“* Dabei scheint er auch mit seinen politischen Ansichten, die denen seiner Vorgesetzten genau quer liefen, nicht hinter dem Berg gehalten zu haben.

„Die besitzende, gebildete, oft genug halbgebildete Mittelklasse“ erinnert sich Baernreither in seinen Memoiren, *„war ihm zuwider. Das was man ‚Bourgeoisie‘ nennt, ‚middle class‘ in England, hielt er politisch und sozial für unfähig, die staatlichen Aufgaben zu lösen. Die wirtschaftliche Bedeutung dieser Klasse unterschätzte er vollständig und suchte sie einzuschränken, wo er konnte. ... Daher auch seine Überschätzung des Beamtenstandes. Sein Ideal war die Ausübung aller staatlichen und wirtschaftlichen Funktionen als Amt. Darin war er ganz Sozialist ältern Stils. Für Selbstverwaltung, Selbsttätigkeit hatte er nur verächtliche Worte. Das englische Gemeinwesen hat er nie verstanden. Der deutsche Liberalismus in Österreich hat keinen größeren Feind gehabt als Steinbach. Die Repräsentanten desselben waren ihm das rote Tuch. Er konnte in der ungerechtesten Weise über diese Richtung sprechen. Er übertrieb ihre Fehler ins Maßlose und ließ kein gutes Haar an ihr. Sein Rezept für die Heilung Österreichs war daher sehr einfach. Die Repräsentanten dieser Schichten sind unfähig, den Staat zu regieren; man müsse tiefer greifen, wo ungenutzt die gesunden Kräfte der österreichischen Völker ruhen. Durch ein radikales Wahlrecht müssen die bürgerlichen Klassen eingeschränkt werden und die unteren, politisch unberührten Schichten an die*

---

2 Zitiert nach, Svarovsky, Eduard: „Emil Steinbach, sein Leben und Werk“. Staatswissenschaftl. Diss. Wien 1963. S. 13.

3 „Dr. Emil Steinbach †“. *Österr. Volkszeitung, Wien*, 27. Mai 1907.

Oberfläche kommen. Diese seien noch gesund, sie werden soziale Politik machen, nicht nationale, sie sind verlässlich, dankbar und leicht zu regieren. "[4]

Leo Wittmayer schreibt in seinem Nachruf, Steinbach sei schon bei seiner Aufnahme in den Staatsdienst der Ruf ganz besonderer Tüchtigkeit vorausgegangen. Er habe diese gute Meinung in so glänzender Weise gerechtfertigt, dass er bald zu den wichtigsten kodifikatorischen Arbeiten herangezogen und ihm immer häufiger die Vertretung des Justizministeriums bei den dessen Ressort berührenden Beratungen und Gesetzesentwürfe anderer Ministerien übertragen wurde. „*Diese Vertretungen führten den allezeit hilfsbereiten und allgemein beliebten „Rechtskonsulenten", wie Steinbach scherzweise in den Ministerien genannt wurde, in die verschiedensten Verwaltungsgebiete ein und machte ihn mit den Besonderheiten der einzelnen Dienstzweige vertraut.*"

Womit er sich in den ersten Jahren seiner legistischen Tätigkeit befasste, davon gibt eine größere Arbeit ein Bild, ein umfassender Kommentar zum Gesetz vom 28. März 1875 über die Wirksamkeit der in den öffentlichen Büchern eingetragenen Familien-Einstandsrechte. Das Gesetz trifft Regelungen betreffend Einschränkungen, welchen der Erblasser den Erben unbeweglichen Vermögens unterwirft, um Verbote der Veräußerung oder Belastung der vererbten Sache, wie sie an sich schon im *Allgemeinen Bürgerlichen Gesetzbuch* vorgesehen aber nicht zur Zufriedenheit der Praktiker geregelt waren.

Der Zweck einer solchen Beschränkung besteht etwa darin, den Begünstigten vor den Folgen von Verschwendung zu bewahren oder die materielle Grundlage eines Fruchtgenussrechtes zu sichern. Im Zusammenhang mit fideikommissarischen Substitutionen und dergleichen geht es auch darum, ein Stammgut in einer Familie zu halten.[5] Alles Vorkehrungen eigentlich, die dem Geist bürgerlicher Gesetzbücher, denen die Verkehrsfreiheit ein besonderes Anliegen war, widersprach, und die im *Code Napoleon* daher ausdrücklich untersagt waren. Man kann bei der Novellierung von 1875 also wohl von einem Entgegenkommen gegenüber landwirtschaftlichen Kreisen sprechen.

Steinbach gehörte auch zu den Gründungsmitgliedern des 1876 ins Leben gerufenen Wissenschaftlichen Klubs, nahm eifrig an dessen Sitzungen teil und hielt alljährlich dort einen Vortrag. In deren erstem, ‚*Die Rechtskenntnisse des Publikums*', am 10. Jänner 1878, schildert Steinbach an Hand von Beispielen aus der Rechtsgeschichte, wie das ursprünglich nicht schriftlich fixierte, sondern im Volksbewusstsein ruhende Recht durch die Schaffung des Standes der Rechtsge-

---

4 Baernreither, Josef Maria: „Der Verfall des Habsburgerreiches und die Deutschen. Wien 1939. S. 168.

5 Steinbach, Emil: Die Wirkungen vertragsmäßiger und letztwilliger Veräußerungs- und Belastungsverbote nach österreichischem Rechte. Separatabdruck aus der Allgemeinen Österreichischen Gerichtszeitung. Wien 1877.

lehrten dem Volke immer mehr entfremdet worden sei. Abhilfe in bescheidenem Ausmaße sieht er durch die neue Strafprozessordnung und die Geschwornengerichte, mit Laienbeteiligung, Öffentlichkeit des Prozesses und dessen Abbildung in der Presse. Aber auch diese bescheidene Abhilfe liege auf dem Gebiet des Zivilrechtes nicht vor. Und die Zivilrechtler klammerten sich überhaupt zu sehr an das römische Recht und berücksichtigten zu wenig *„das Leben der Völker."* *„Vornehmlich aber werden es die wirtschaftlichen Verhältnisse und die für dieselben massgebenden Gesetze sein müssen, denen der Jurist des Privatrechtes in Zukunft sein Hauptaugenmerk zuzuwenden haben wird, denn gerade diese Verhältnisse sind es, welche zumeist den Stoff des Civilrechtes bilden."* Auch sei es erforderlich, eine populäre Literatur des materiellen Zivilrechtes zu schaffen, das Verfahrensrecht könne man ruhig den Advokaten überlassen.

Steinbach, der ja reichliche Lehrerfahrung an rechtlich Ungebildeten bei seinen Handelsakademikern hatte, wies darauf hin, wie leicht sich das Wechselrecht anhand der ihm zugrunde liegenden Geschäfte erklären lasse, wie unmöglich jedoch in der Ableitung vom römischen Schuldrecht. Nur in einem vergleichbaren Dialog mit dem Publikum könnten die populären Rechtsbücher entstehen. [6]

Auch Steinbachs Befassung mit internationalen Angelegenheiten geht noch in die Ära Glaser zurück. Vom 5. April 1878 stammt der Dienstreiseauftrag des Ministers Glaser: *„Herr Dr. Emil Steinbach, Ministerial-Sekretär im k. österr. Justiz-Ministerium wird ermächtigt, in Vertretung dieses Ministeriums, an den commissionellen Vorbereithungen Theil zu nehmen, welche im Laufe dieses Monats in Berlin, im deutschen Reichs-Eisenbahn-Amte zu dem Zwecke stattfinden werden, um ein Einverständniß über die Haltung anzubahnen, welche die fachmännischen Delegierten Deutschlands und Oesterreich-Ungarns bei der für den Monat Mai d.J. in Aussicht genommenen, in Bern zusammentretenden Conferenz, zur Erzielung einer Vereinbarung über die Regelung des internationalen Eisenbahn-Fracht-Verkehrs, einzuhalten haben werden."*

Die Arbeit an dieser Vereinbarung sollte ihn noch bis tief in die konservative Ära hinein beschäftigen. Bei den dann in den Jahren 1881 und 1886 stattfindenden Konferenzen war Steinbach als Vertreter des Justizministers abgeordnet. *„Seine überlegenen juristischen Kenntnisse, sein konziliantes Auftreten und seine diplomatische Gewandtheit"*, schreibt Wittek, *„errangen ihm bald die erste führende Stellung unter den in Bern versammelten Fachmännern, unter denen viele, wie der Niederländer Asser, der Franzose George, der Belgier Lejeune, der Italiener Villa in ihrem Heimatlande als Fachautoritäten anerkannt waren und dort früher oder später zu höchsten Ämtern gelangten. Es war der Verdienst Steinbachs, der österreichischen Delegation den ausschlaggebenden Erfolg, dem das*

---

6 Steinbach, Emil.: Die Rechtskenntnisse des Publikums. Wien 1878, Svarovsky: Steinbach, S. 74 f.

Zustandekommen des Berner Abkommens über den internationalen Frachtverkehr zu verdanken ist, dadurch zu sichern, dass es ihm gelang, eine Vermittlung zwischen dem Grundsatze des französischen Rechtes, das dem Frachtführer die volle Schadenshaftung für die dommages-interets auferlegt und dem deutschrechtlichen Systeme der Bahnhaftung für Normalsätze zu finden, und die Annahme dieser vermittelten Formel –der Schadenshaftung nach dem Warenwert am Versandorte unter Zulassung von Spezialtarifen mit geminderter Haftung – auf der Konferenz durchzusetzen. Mit vollem Grunde konnte daher unter beifälliger Zustimmung der übrigen fremden Kollegen der belgische Delegierte, später Justizminister Lejeune den Vertreter des österreichischen Justizministeriums als den „Docteur de la Conférence" feiern." [7]

---

[7] Wittek, Heinrich: Emil Steinbachs Wirken. Separatabdruck aus der Österr. Rundschau. Bd. XI. H.6.

Die Ära Taaffe

Das auch in sich zerstrittene liberale Regime vermochte Ende der Siebziger Jahre mit all den Kalamitäten, die sich ihm in den Weg stellten, nicht mehr fertig zu werden. Es scheiterte schließlich an der Frage der Annexion von Bosnien-Herzegowina, welche seine politische Basis, die Deutschliberalen, als eine Stärkung des slawischen Elements, keineswegs zugeben wollen.

Mann der Stunde war nun Eduard Graf Taaffe (1833-1895), seit Kindheit enger Vertrauter des Kaisers. Er war irischer Abstammung, aber als Großgrundbesitzer, Gutsherr und Käseproduzent von Ellischau, ein gut verankerter, patriotischer Österreicher.

Sein Vater war in den Wirren der Märzrevolution Justizminister gewesen, der Sohn ging, nach dem Studium der Rechte, bei Alexander Bach (1813-1893), dem Innenminister der neoabsolutistischen Ära, in die Lehre. Mit 30 war er schon Landespräsident von Salzburg, mit 34 Minister. Zwischen 1867 und 1870 sammelte er verschiedentlich Regierungserfahrung und war zuletzt Statthalter in Tirol.

Ihm gelang es, die Reichsratswahlen von 1879 für die Konservativen erfolgreich zu schlagen, und er führte auch das tschechische Element in den Reichsrat zurück. Er regierte, mit einer Koalition aus Feudal-Konservativen, Klerikalen und Slawen, genannt *der Eiserne Ring*, über ein Jahrzehnt lang.

Taaffe war ein wahrer Bruder im Geiste des Kaisers, ohne große Vision, aber wohlmeinend, eifervoll und gewissenhaft im Detail, keine großen Ziele anstrebend, aber an seiner Sache mit Hartnäckigkeit festhaltend, kein großer Redner, aber ein schlagfertiger Debatter. Gewisse, von ihm geprägte Begriffe, wie der des *„Fortwurstelns“*, womit er seine Regierungsmethode bezeichnete, sind in die Umgangssprache eingegangen. Von ihm stammt auch die Weisheit, dass Ideale dazu da seien, nicht erreicht zu werden, und dass die Regierungskunst darin bestehe, alle in gleichmäßiger, wohltemperierter Unzufriedenheit zu halten. Ihm selber erging es bei all dem nicht zu gut, er laborierte an einem chronischen Magenleiden, das ihm jede Mahlzeit zur Qual machte. [1]

---

1 Charmatz, Richard: Der „Kaiser-Minister“ Graf Eduard Taaffe. In: Lebensbilder aus der Geschichte Österreichs. Wien 1947. S. 124 ff.

Für Steinbachs weitere Berufslaufbahn bedeutend waren von den die Regierung stützenden Kräften die Sozialaristokraten unter Prinz Alois Liechtenstein (1846-1920). Ursprünglich ein Konservativer, der von einem föderal und berufsständisch organisierten Staat träumte, bei dem Legislative wie Exekutive dem Monarchen zugekommen wäre, wandelte er sich unter dem Einfluss des aus Deutschland zugewanderten Publizisten Karl von Vogelsang (1818-1890), zu einem Vertreter der katholischen Soziallehre.

Karl von Vogelsang wurde am 3. September 1818 in Liegnitz (Preußisch-Schlesien) als jüngster Sohn eines preußischen Gendarmeriemajors, eines Kriegsinvaliden, geboren, der starb, als Karl zwei Jahre alt war.[2] 1822 heiratete seine Mutter den Bruder ihres Mannes, einen mecklenburgischen Gutsbesitzer.

Weil er an einen Klumpfuß litt, kam Karl für die in der Familie traditionelle Militärlaufbahn nicht in Betracht, so bestimmte ihn sein Stiefvater für die Juristerei. Nach dem Gymnasialbesuch in Lübeck und Halle an der Saale bezog er die Universität in Bonn, wo ihn das burschenschaftliche Treiben abstieß, darauf in Berlin und Rostock.

Nach Abschluss seines Studiums, wie in Adelskreisen üblich ohne Doktorgrad, und kurzer Verwendung im preußischen Justizdienst, kehrte er 1848 nach Mecklenburg zurück, wo er von seinem Stiefvater eines seiner Güter, Alt-Gutendorf, geerbt hatte.

In den revolutionären Auseinandersetzungen stand er auf Seite der Gutsbesitzer gegen die Bauern, was ihm wohl einige Gewissensnot verursachte, weil er sah, dass seinen Klassengenossen ihre wirtschaftlichen Interessen vor den konservativen, romantischen Idealen gingen, von denen der edle Jüngling bis in die Haarspitzen erfüllt war.

Er entschloss sich daher, abseits von allen katholischen Kreisen, in einer reinen Kopfgeburt, den kühnen Schritt zu tun, allen lutherischen Halbheiten abzusagen, sich dem wahren, mittelalterlichen Glauben hinzugeben und zum Katholizismus überzutreten, zu welchem Zweck er sich zuerst in Berlin mit einem Mann beriet, der Katholizität mit sozialem Engagement, in der verwahrlosten Gemeinde Hopsten, zu verbinden gewusst hatte, und gar Mitglied des Frankfurter Parlaments geworden war. Es handelte sich um keinen Geringeren als Wilhelm Emanuel von Ketteler (1811-1877), den nachmaligen Bischof von Mainz und Bannerträger der deutschen katholischen Soziallehre. In seinem 1864 erschienenen, weitverbreiteten Buch„*Die Arbeiterfrage und das Christentum*" sollte er, im Anschluß an

---

[2] Zu Vogelsang siehe: Klopp, Wiard: Leben und Wirken des Sozialpolitikers Karl Freiherr von Vogelsang. Wien 1930.

Ferdinand Lassalle, die Lage der Arbeiterschaft und wie dieser, die Einrichtung von Genossenschaften mit Staatshilfe empfehlen. [3]

Ketteler gab ihm Empfehlungsbriefe nach München mit, von dort ging er nach Innsbruck, wo ihn die Jesuiten in der katholischen Glaubens- und Sittenlehre unterwiesen. Am Ostersonntag 1850 nahm ihn die katholische Kirche feierlich in ihre Reihen auf. Er kehrte auf sein Gut zurück und wirkte unter seinesgleichen, was einige spektakuläre Konversionen zur Folge hatte. Am 6. Mai 1852 heiratete er Bertha von Linde, die Tochter eines katholischen Politikers.

Mit all dem geriet Vogelsang in dem völlig lutherischen Mecklenburg in eine schlimme Isolation, fünfzehn Monate lang saßen seine junge Frau und er ohne Besuche zu empfangen und zu machen auf ihrem abgelegenen Hof unweit der Ostsee, er hatte auch den demütigenden Entzug eines Ehrenamtes zu erleiden, weshalb er sich entschloss, das Land zu verlassen. Er verpachtete sein Gut auf 14 Jahre und zog am 1. Juni 1854 nach Köln.

In Köln beteiligte er sich zunächst, leider auch finanziell, an dem wenig erfolgreichen Projekt einer *„Politischen Wochenschrift,“* die sich ganz den Belangen des politischen Katholizismus verschreiben sollte, aber keine geeignete Leserschaft fand. Auch sein Versuch, als Oberamtmann in Hohenzollern-Siegmaringen Fuß zu fassen scheiterte. Von 1856 bis 1859 lebte und wirtschaftete Vogelsang auf einem Bauerngut in der Nähe von München, 1859 übernahm er die Aufgabe, den erst 18-jährigen Fürsten Johannes II. von Liechtenstein auf Reisen und an den Studienort zu begleiten, was ihm unter anderem auch die liechtensteinische Staatsbürgerschaft und den Freiherrentitel eintrug.

1860 verkaufte er Alt-Gutendorf und erstand dafür den Magdalenenhof in Bisamberg, welcher neben der Landwirtschaft auch eine Zementfabrik umfasste. Sein Versuch, als Unternehmer zu reüssieren, scheiterte kläglich, er stand vor dem Nichts.

Nachdem er schon überlegt hatte, nach Kanada auszuwandern, übersiedelte er 1872 nach Pressburg. Ab 1873 arbeitete er für die dortige Zeitschrift *„Katholik,“* die der Graf Albert Apponyi (1846-1933) herausgab, zunächst für 4 Gulden pro Artikel, was für einen Familienvater mit zehn Kindern ein schlechtes Auskommen war.

1875 gelang es ihm, nach mühsamem Antichambrieren, in der Redaktion von Graf Leo Thuns *„Vaterland“* unterzukommen. Dass Thun, wiewohl selbst ein sozial denkender Mann, der schon früh mit Schriften zugunsten von Strafgefangenen und Jugendlichen hervorgetreten war, zögerte, Vogelsang aufzunehmen, mag mit dem radikalen Programm zusammenhängen, das ihm dieser vorgelegt hatte,. *„Eigentum ist Diebstahl,“* hieß es hier, *freilich nicht in kriminalistischem, sondern*

---

[3] Kettern, Bernd: Wilhelm Emanuel v. Ketteler. In Biographisch-Bibliographisches Kirchenlexikon. Bd. III. 1992.

im sozialen Sinne, nicht durch den einzelnen Besitzer, sondern durch den Umsturz der christlichen Sozialordnung. Die Identiät des Sozialen und des Politischen ... muss wiedergewonnen werden, und zwar auf der Basis der neuen konkreten Verhältnisse. Für kein Eigentum (an werbendem Besitz) genügt der Privatrechtstitel. Es muss ein politischer, sozialer Rechtstitel dazukommen. ... Dies gibt das eigentliche konservative Programm; es konserviert die Kontinuität des sozialen Lebensprinzips der christlichen Gesellschaft. “ [4]

Auch dieses soziale Programm war wohl wieder eine Kopfgeburt, in der Einsamkeit und Not der Münchner und Bisamberger Jahre ausgetragen und durch persönliche Niederlage und die Scheußlichkeiten des Börsenkrachs von 1873 genährt. Aber er hatte, 57-jährig, mit dem Artikelschreiben seine wahre Bestimmung entdeckt, und der hing er nun, gleichermaßen um sein Leben schreibend, bis zu seinem Tode mit Verve und Begeisterung an.

Im *„Vaterland“* erschien, am 16. Juli diesen Jahren sein Aufsehen erregender Artikel *„Zum Brünner Streik.“* Die dortigen Fabrikanten hatten versucht, die hohen Verluste an der Börse durch Einsparungen in der Entlohnung wettzumachen, wogegen sich die Arbeiter mit einem Streik wehrten. Dem Behörden begegneten ihm mit militärischem Einsatz und Feuerbefehl. Es gab Todesopfer. Wie wenig Verständnis man damals in österreichsichen Kirchenkreisen für Vogelsangs Eintreten hatte, stellt Wiard Klopp mit den Worten eines prominenten Geistlichen dar. *„Was!“*, soll der gesagt haben, *„Der schreibt für die Arbeiter! Die Kerle muss man zusammenschießen!“* [5]

Vogelsang entwickelte in der Folge ein Programm, dessen Wirkung nicht ausblieb. Liechtenstein, ein glänzender Redner, trat seit 1875 gemeinsam mit Vogelsang als Programmatiker der katholischen Volksbewegung in Erscheinung. Er war seit 1878 Reichsratsabgeordneter, einer der Väter des Zusammenschlusses der Rechtsparteien zum *„Eisernen Ring“*, wie er dann die Regierung Taaffe stützte.

Beim Wiener Katholikentag, am 3. Mai 1877, dessen Vorsitz Graf Ekbert Belcredi (1816-1894), der Bruder des einstigen Ministerpräsidenten, führte, hielt Liechtenstein eine viel beachtete Grundsatzrede, in welcher er ein christlichsoziales Programm skizzierte: Für die Bauern forderte er Umschichtung der Steuerlasten auf das mobile Kapital und die Börse, Begrenzung der Verschuldbarkeit von Bauerngütern, Einführung strenger Wuchergesetze, Beschränkung der freien Vererbbarkeit von Bauerngütern, und ein Schutzzollsystem für Getreide und Schlachtvieh. Was die Handwerker anbelangte, so lehnte er die Gewerbeordnung von 1859 mit ihrer Gewerbefreiheit ab. Genossenschaften sollten Beschlüsse über die jährliche Produktions- und Verkaufsziffern, über Preise, Aufnahme neuer Mit-

---

4 Klopp: Leben, S. 78f.

5 Knoll, Reinhold: Zur Tradition der christlichsozialen Partei. Ihre Früh- und Entwicklungsgeschichte bis zu den Reichsratswahlen 1907. S. 96 f.

glieder, Arbeitszeit und Entlohnung selbst fassen. Damit könnte auch die Arbeiterfrage gelöst werden. [6]

Taaffe bildete zunächst eine Koalitionsregierung, in der Karl von Stremayr (1823-1904), einer der bedeutendsten Köpfe der Liberalen, in Personaleinheit mit dem Unterrichtsministerium, Justizminister war. Eine Woche später ersetzte ihn Taaffe durch den Brünner Oberlandesgerichtspräsidenten Streit, der sich nur bis zum 19. Dezember halten konnte. Darauf übernahm, am 15. Jänner 1881, der Minister ohne Portefeuille Alois Prazak (1820-1894) zusätzlich die Leitung des Justizministerium in einer ab diesem Zeitpunkt rein konservativen Regierung.

Prazak, der Führer der mährischen Tschechen, war ein Brünner Rechtsanwalt und eifriger Vertreter der tschechischen Nationalität. [7] Er war schon im revolutionären Reichstag von 1848 gesessen, dann 1861 in den mährischen Landtag und von dort in den Reichsrat gekommen, und galt als Oberhaupt jener gemäßigten Tschechen, die nicht, wie ihre radikaleren Landsleute, den Reichsrat boykottierten. Albert Schäffle fand ihn versöhnlich und weich, wie nur ein mährischer Bruder sein kann, einen ruhigen und nüchternen juristischen Geschäftsmann. [8]

Steinbach hatte noch unter Streit, am 15. Oktober 1880, den Rang eines Sektionsrates im Justizministerium erreicht, um diese Zeit trat er auch an die Spitze eines legislatorischen Departements. [9] Sein Referat umfasste das ganze Gebiet des materiellen Zivilrechts, des Zivilprozesses, des Verfahrens außer Streitsachen, er war Vertreter des Justizministeriums beim Reichsgericht und beim Verwaltungsgerichtshof und in der Ministerialkommission für Vereinsangelegenheiten. Weiter war er dazu berufen, teils mit dem Minister und teils selbständig, das Justizministerium in den beiden Häusern des Reichsrates, seinen Ausschüssen und Kommissionen zu vertreten. [10]

Und entsprechend glänzend gestaltete sich auch seine Karriere: Am 18. Dezember 1882, im Alter von erst 36 Jahren, bekam er in Anerkennung seiner vorzüglichen Dienste, der Titel und Charakter eines Ministerialrates verliehen, am 4. November 1887, 41-jährig, den eines Sektionschefs. Die definitive Ernennung zum Sektionschef erfolgt am 12. März 1890. [11]

Tatsächlich aber ging Steinbachs Einfluss weit über den Rahmen seiner Ressortangelegenheiten hinaus. Aus der bloßen Vertretung der Belange seines Ressorts im jeweiligen Ausschuss machte er des Öfteren eine führende Rolle.

---

6 Ebert, Kurt: Die Anfänge der modernen Sozialpolitik in Österreich. Die Taaffesche Sozialgesetzgebung für die Arbeiter im Rahmen der Gewerbeordnungsreform (1879-1885). Wien 1975. (Studien zur Geschichte der österr. ungar. Monarchie Bd. XV), S. 26ff.

7 Czedik: Geschichte. S 351f.

8 Schäffle, Albert: Aus meinem Leben. 2 Bde. Berlin 1905. Bd. II., S. 7.

9 „Dr. Emil Steinbach †". *Österr. Volkszeitung, Wien*, 27. Mai 1907.

10 Svarovsky, Steinbach. S. 16.

11 Schreiben des k.k. Ministers der Justiz vom 12. März 1890, Öst.A. 97, Praes.

So wurde seine Mitarbeit im Gewerbeausschuss, der zum Handelsminister ressortierte, zum Ausgangspunkt für die bedeutenden Sozialreformen der Ära Taaffe. Man begann dort mit einer Verwässerung der Gewerbefreiheit zum Schutze des Kleingewerbes, schritt aber dann zum Arbeiterschutz im Rahmen des Gewerbegesetzes und zur Schaffung der segensreichen Institution der Gewerbe-Inspektoren voran. Als dann die Deutschen mit den Vorarbeiten für die Unfall- und Krankenversicherung der Arbeiter begannen, taten es ihnen Steinbach und sein Gewerbe-Ausschuss, geschickt im deutschen Windschatten segelnd, gleich.

Die Verankerung im Vereinsauschuss brachte Steinbach mit dem Ministerpräsidenten in Berührung und ließ ihn an so bedeutenden Vorhaben wie der Reform der Postsparkasse mitwirken. Der Vereinsausschuss war, was sein schlichter Name nicht vermuten lassen würde, eine wichtige Schaltstelle praktischer Wirtschaftspolitik. So bewilligte er beispielsweise am 6. April 1881 die Gründung einer Bierbrauerei-AG in Eipel, verlängerte die Dauer einer Zuckerfabrik und erlaubte die Reduktion des Aktienkapitals der Pilsner Brauerei. Anderen Gesellschaften bewilligte er die Änderung ihrer Satzungen, ausländischen den Betrieb in Österreich etc. [12]

Anton Niebauer, ein maßgeblicher Beamter des Finanzministeriums, auf den noch zurückzukommen sein wird, lernte Steinbach im Vereinsausschuss kennen. „*Ich erinnere mich*“, schreibt er, „*noch des besonderen Eindruckes, den er dort gleich bei seinem ersten Eintritt auf uns alle machte, wie er mit glänzender Dialektik und seiner bekannten ironischen Weise sich damals gegen eine Strousbergische Gründung kehrte und welche stupende Kenntnis des Geldmarktes er zugleich zeigte.*“ [13]

Der deutsche Unternehmer Bethel Henry Strousberg (1823-1884), ein echter Gründerzeitkapitalist, war als Eisenbahnkönig bekannt geworden, hatte sich aber auch im Zeitungswesen und in der Schwerindustrie engagiert, wobei er seine Engagements immer mit kühnen Aktienspekulationen verknüpfte. Der liberale deutsch-jüdische Reichstagsabgeordnete Eduard Lasker (1829-1884) entlarvte ihn schon 1873, 1876 geriet er in Konkurs. Seither suchte er nach neuen Geldgebern und neuen Möglichkeiten, sein zwielichtiges unternehmerisches Talent zu entfalten, und scheint dabei auch Verbindung zum Ministerpräsidenten Taaffe aufgenommen zu haben.

Steinbach wurde beauftragt, die Sache zu studieren. Er tat es und legte sein Urteil über das Projekt in einer schriftlichen Arbeit nieder, worin sich sein Scharfsinn, sein unbestechliches, in Fragen der finanziellen Solidität sehr strenges Urteil bewährte, aber auch, wie Schönborn in einer Art freundlichem Antisemitismus

12 *Wiener Abendpost* Nr. 78, v. 6.4.1881, S. 3.

13 Niebauer, Anton: „Persönliche Erinnerungen an Finanzminister Steinbach.“ In: *Neue Freie Presse. Morgenblatt.* 28.5.1907.

vermeint, die Leichtigkeit, mit der die Söhne seines Stammes in komplizierte Finanzfragen hineinfinden. *„Mit aller Entschiedenheit riet Steinbach von jedem Entgegenkommen ab, und sein Rat wurde befolgt; er selbst aber hatte durch seine Haltung in dieser Frage das Vertrauen des ... Ministerpräsidenten ... sich erworben, und dieser Umstand hat gewiss zu seiner späteren Karriere beigetragen.“* [14]

Steinbach trat aber in der Vereinskommission nicht nur als Stimmführer, sondern auch als Mitarbeiter an den dort entworfenen und beratenen Gesetzesvorlagen und Normalverordnungen (Aktiengesetz, Sparkassen- und Versicherungsregulativ ua.) immer mehr in den Vordergrund.

So schreibt auch sein Biograph Alexander Spitzmüller, dass Steinbach *„in der Ministerialkommission für Vereinsangelegenheiten, welche für die Entwicklung und Ausgestaltung des Aktien-, Sparkassen- und Versicherungswesen die größte Bedeutung hatte, einer der einflußreichsten Mitarbeiter“* war, *„dessen Meinung speziell in den juristischen Fachfragen ausschlaggebend war.“* [15]

Wie geistreich er bei seiner Arbeit zu Werke ging, das erhellt aus einem kleinen Artikel, den er im Assecuranz-Jahrbuch veröffentlicht hat [16]. Es geht um die Frage, ob das Versicherungsvertragswesen gesetzlich geregelt werden soll, und Steinbach zitiert für die Gegner einer solchen Maßnahme eine Schweizer Stimme: *„Warum dürfen die Contrahenten sich nicht beliebig, so wie es ihr freier Wille ist, mit einander vereinbaren? Warum soll da der Staat, der von sich aus weder zu den Prämien noch zur Versicherungssumme etwas beiträgt, sich mit Zwang und Verbot einmischen und die privatrechtliche Freiheit des Bürgers unterdrücken?“*

Ja, zugegeben, argumentiert Steinbach, wenn Verhältnisse vorliegen, wie bei der Rückversicherung, wo Versicherungsgesellschaften einander gegenüber stehen, und sohin Waffengleichheit besteht. Wie sieht es aber in der großen Mehrheit der Fälle aus, wo " .... *die Ungleichheit in der Stellung und dem Sachverständnisse der Contrahenten sich fühlbar macht.“ „Dass die den Abschluss der Verträge vermittelnden, auf die Provision angewiesenen Agenten lieber etwa vorhandene Skrupel beschwichtigen, als solche zu erregen, ist sehr begreiflich.“*

Die Versicherungen wieder sagen, dass strenge Versicherungs-Bedingungen notwendig seien, um sie gegen fraudulöse Handlungsweise der Versicherten zu schützen, und eventuelle Härten durch die „Coulanz“ der Gesellschaft ausgeglichen werde.

Man dürfe, sagt Steinbach dagegen, mit der Coulanz nicht zu weit gehen, *„und nicht etwa, wie es in den Versicherungs-Bedingungen noch häufig genug*

---

[14] Schönborn, Friedrich: Begegnungen. *Deutsche Revue.* Sept. 1907.S. 284.

[15] Spitzmüller, Alexander: Emil Steinbach. Neue österreichische Biographie. Bd. II, S. 48.

[16] Steinbach, Emil: Zur Frage der gesetzlichen Regelung des Versicherungsvertrages. In: Assecuranz-Jahrbuch, VI. Jg.

geschieht, eine zufällige, von dem Versicherten häufig gar nicht verschuldete Unrichtigkeit, die für die Versicherung oft gar nicht von Belang ist, mit dem Verluste des gesammten Anspruche aus dem Versicherungsvertrage bedrohen ... „, wie es bei der Feuerversicherung der Fall sei, wo den Versicherten die Pflicht auferlegt werde, „*jeden auf die Feuergefährlichkeit einwirkenden Umstand gewissenhaft anzuzeigen.*" Es existiere kein Zweig des Privatrechtes, wo, wie in solchen Fällen, die Coulanz in der Regel der Fälle angewendet werden müsse. Es sei daher zum Beispiel notwendig, „*mit zwingender Kraft und taxativ jene Fälle festzusetzen, in welchen der Versicherte seiner Rechte auf Entschädigung verlustig wird.*" Dem redlichen Versicherten, schlussfolgert Steinbach, müsse der Erfolg der von ihm abgeschlossenen Versicherung gesichert, er dürfe darin nicht von der Gnade einer Gesellschaft abhängig sein.

Vom Eisenbahnausschuss, an dem Steinbach teilnahm, ging die weitgehende Verstaatlichung des Eisenbahnnetzes aus. Und im Eisenbahnausschuss hatte Steinbach auch zum ersten Mal die Ehre, nicht sein Fachressort, sondern den ressortfremden Handelsminister zu vertreten.

Das war am 16. April 1883, als er bei der Beratung des vom Handelsministerium eingebrachten Gesetzesentwurfes über die Sicherstellung der Böhmisch-mährischen Transversalbahn als Regierungsvertreter die Regierungsvorlage in einer beifällig aufgenommenen Rede mit Erfolg verteidigte.

Mit Bahnfragen hatte er sich schon im Herbst 1876 in der Juristischen Gesellschaft befasst, wo er den Standpunkt vertrat, der Staat solle ermächtigt werden, gewisse Bahnen selber zu führen, ein Programm, das die Regierung Taaffe aufnehmen und bis zur weitgehenden Verstaatlichung des österreichischen Eisenbahnnetzes durchführen sollte.[17] So erklärte Handelsminister Pino am 17. März 1881 im Eisenbahnausschuss des Abgeordnetenhauses, die Regierung beginne die Verstaatlichungs-Aktion mit der Elisabeth-Bahn, weil sie glaube, daß es wünschenswert sei, ein großes Netz in den Betrieb des Staates zu bekommen, und dies geschehe, wenn man mit der Elisabeth-Bahn die Rudolph-Bahn und Arlberg-Bahn und die verschiedenen kleineren Bahnen, welche zusammen 2190 Kilometer ausmachen, in den Staatsbetrieb übernehme.[18]

Das Vorhaben der böhmisch-mährischen Transversalbahn war beschlussreif ausgearbeitet, aber die Opposition weigerte sich zu akzeptieren, dass die neue Bahnlinie auch auf schon bestehenden Bahnstrecken verkehren dürfe, was im Artikel 9 des Referentenentwurfes festgelegt war. Das, so meinten die Oppositionsvertreter, tangiere wohlerworbene Privatrechte. Handelsminister Pino redete mit Engelszungen, aber das nützte nichts.

---

[17] Wittek, Heinrich: Emil Steinbachs Wirken. Separatabdruck aus der *Österreichischen Rundschau.* Bd. XI, H. 6, S. 415.

[18] *Wiener Abendpost* Nr. 79, v. 7.4.1881, S. 3.

Steinbach erklärte, dass sich der Artikel 9 nicht auf die Expropriations-Gesetze vom Jahre 1854 und 1878, sondern auf die §§ 364 und 365 des ABGB stütze, nach welchen dem Staate das Recht zustehe, bestehende Bahnen auch ohne Entschädigung zu verhalten, dass sie die die Mitbenützung gestatten; aber Artikel 9 gehe nicht einmal so weit, sondern gewähre sogar eine Entschädigung. Es würden also keine Privatrechte geschädigt, sondern mehr respektiert, als das Gesetz dies fordere. Das brachte den Durchbruch, und die Vorlage wurde mit großer Mehrheit angenommen. [19]

Tatsächlich hat, wie Spitzmüller urteilt, kein Ministerialfunktionär eine so umfassende Tätigkeit entwickelt und einen so weitreichenden Einfluss ausgeübt wie Steinbach im Justizministerium. [20] Man müsste wohl richtiger sagen: wie Steinbach aus dem Justizministerium, denn seine größten Leistungen, Arbeiterschutzbestimmungen, Gewerbeinspektorengesetz, Unfall- und Krankenversicherung lagen alle außerhalb dem Wirkungsbereich seines Hauses.

Zu seinen Werken gehörten auch die *Erbteilungsvorschriften für landwirtschaftliche Besitzungen mittlerer Größe.* Solche Bauernhöfe sollten einem künftigen Betriebsführer erhalten bleiben und nicht zersplittert werden. [21] Der liberale böhmische Abgeordnete Otto Polak, ein Rechtsanwalt von Beruf, fragte Steinbach unter vier Augen: *„Herr Sektionsrat, wie konnten Sie diesen Entwurf ausarbeiten, wo Sie doch gewiss so gut wissen wie ich, dass sich ein Bauernerbrecht nicht kodifizieren lässt."* Steinbach soll darauf erwidert haben: *„Mein Gott, ich bin Beamter und muss jedem Befehle gehorchen und mache einen Gesetzentwurf eventuell über Nacht."* Dabei habe sich ein Mephistopheles-Lächeln in seinem geistreichen Gesicht gezeigt. Die Auseinandersetzungen über dieses Gesetz zogen sich über Jahre hin, darüber entstand eine persönlich Freundschaft zwischen Steinbach und seinem in sachlicher Hinsicht unversöhnlichen Gegner. Richtig in die Wolle gerieten sie sich über anderes. So sollen sie einmal im Parlament über die Grundanschauung des englischen Philosophen Bacon so heftig gestritten haben, dass Präsident Smolka ihnen auftrug, die Auseinandersetzung in den Couloirs fortzuführen. Noch einige Jahre vor Steinbachs Tod trafen sich die beiden im Café Fischer in Baden. [22]

---

19 *Wiener Zeitung,* Nr. 38 v. 17.2.1883, S. 2.

20 Spitzmüller: Steinbach. S. 48.

21 *Wiener Abendpost* Nr. 265 v. 17.11.1888, SS 1ff.

22 *„Eine Erinnerung an Dr. Emil Steinbach."* In: *„Badener Zeitung"* v. 29.5.1907.

Der Zwang gegen böse Schuldner

Eine Arbeit über das Anfechtungsverfahren war es, wie wir schon oben dargelegt haben, die den Ausschlag für Steinbachs Berufung in das Justizministerium gegeben hat. Eine Anfechtungsordnung, welche es dem gefoppten Gläubiger ermöglicht, Maßnahmen des Schuldners rückgängig zu machen, mit welchen dieser sein Vermögen vor dem Zugriff des Gläubigers verbarg, wie etwa die bekannte Überschreibung an die Gattin, bestand damals in Österreich noch nicht, und die im ABGB beheimateten Paragraphen über fraudulöse Schenkungen und simulierte Verträge stifteten wenig Nutzen. Auch Adhäsionsprozesse im Zusammenhang mit Strafprozessen führten nicht zum Erfolg. Andererseits geriet das Bestreben, dem Gläubiger weitgehenden Schutz zu bieten in Konflikt mit dem Prinzip der Verkehrsfreiheit.

Wie gewissenhaft Steinbach in die Tiefe und Weite eines Gegenstandes forschte, an dem er arbeitete, das sehen wir am Beispiel der Vorbereitung dieses Gesetzesentwurfes, dank der uns überlieferten Arbeit: *„Der Zwang gegen böse Schuldner"*, welche zuerst im Jahresbericht der Handelsakademie für 1879 veröffentlicht wurde. Weit ausholend schildert Steinbach hier das grausige Schicksal, welches Zahlungsunwillige und Zahlungsunfähige im alten Rom erwartete. Sie konnten nach einer gewissen Frist als Sklaven ins Ausland verkauft aber auch getötet werden, wobei mehrere Gläubiger sich einen Schuldner real teilen durften, indem sie ihn in Stücke hauten. Nicht viel besser ging es den Schuldnern bei den alten Germanen, wobei sich im mittelalterlichen deutschen Recht eine Schuldknechtschaft zur Abarbeitung der Schuld herausbildete. Generell war mit dem Schuldnerstatus auch die Infamie, der Verlust der bürgerlichen Rechte verbunden.

Ganz anders nimmt das kanonische Recht den Schuldner vor dem Gläubiger in Schutz, so heiße es schon bei Matthäus: *„Will dir jemand den Rock nehmen, so lass ihm auch den Mantel"*, zudem nahm ja auch das christliche Zinsverbot dem Schuldnertum den schwersten Stachel.

Mit dem ständig ansteigenden Handel und Verkehr machte sich aber, von Italien ausgehend, die umgekehrte Tendenz geltend. Die Personalexekution wurde wieder zulässig, und zwar in der Form der Schuldhaft in öffentlichen Gefängnissen, die den Schuldner dazu zwingen sollte, verborgenes Vermögen herauszugeben oder seine Angehörigen, ein Opfer für ihn zu bringen. Die Schuldhaft konnte sich durchaus auf fünf bis zehn Jahre erstrecken, und hatte auch Strafcharakter. Wer leichtsinnig und bedenkenlos mit seinen Mitteln hauste, sollte dafür büßen. Dem schuldlos ins Elend Gekommenen konnte später mitunter gegen Abtretung seines Realvermögens die Schuldhaft erlassen werden.

Mit dem Aufkommen des Gedankens der bürgerlichen Rechte musste die Schuldhaft fallen: Der *Code Napoleon* schränkte sie ein, bis zum Jahre 1869 war sie in Deutschland, Österreich, Frankreich und England im wesentlichen abgeschafft. Nun wurde aber, wie im österreichischen Recht, das Verbergen Veräußern oder Beiseitebringen von Vermögenswerten zur Exekutionsvereitelung zum eigenen Straftatbestand, der wieder, freilich rechtspolitisch weit vertretbarer, ins Kriminal führen konnte. Steinbach vermag auch schon zu konstatieren, dass die Abschaffung der Schuldhaft zu keiner Verschlechterung der Stellung der Gläubiger geführt habe.

Die Realexekution hat wieder Einschränkungen dahingehend erfahren, dass dem Schuldner der nötigste Hausrat, die unentbehrlichen Handwerksmittel und ähnliches belassen werden mussten. Dies wurde in der deutschen Zivilprozessordnung zum 1. Oktober 1879 auf das Eingehendste geregelt. Schon 1869 in Deutschland und 1873 in Österreich hat man auch die Lohnpfändung auf das über das Existenzminimum Hinausgehende beschränkt. Die deutsche Zivilprozessordnung hat aber auch, im Offenbarungseidverfahren, die Möglichkeit eingeräumt, den Schuldner in Haft zu nehmen, wenn er sich weigert, ein Verzeichnis über sein Vermögen zu legen, und zwar bis zu einem halben Jahr, eine Regelung, die Steinbach für angemessen hält, und die denn auch in Österreich eingeführt wurde.

Den Entzug der Börsefähigkeit oder die Veröffentlichung in einer Kreditschutzliste, wie sie zu seiner Zeit erstmalig beobachtet wurden, erscheint Steinbach ebenfalls als eine Art der Personalexekution, wenn auch eine vertretbare. Er ist abschließend der Auffassung, dass nach all den gerechtfertigten Einschränkungen des „Zwanges gegen böse Schuldner" die verbliebenen mit Energie angewendet werden müssen, um den produktiven Kredit als die Seele des Verkehrs und die Geschäftsmoral als höchstes Gut des tüchtigen Kaufmannes aufrecht zu erhalten. [1]

Steinbachs Referentenentwurf war bereits im Jahre 1875 fertig, aber er teilte das Schicksal so vieler anderer Entwürfe der Ära Glaser, er versackte in den Ausschüssen. Die Regierung Taaffe nahm sich des Vorhabens wieder an und der eben erst bestellte Leiter des Justizministeriums Prazak brachte sie am 19. Jänner 1881 in das Abgeordnetenhaus ein.

Es handelte sich dabei um zwei Vorlagen. Die eine galt der Anfechtung von Rechtshandlungen, welche das Vermögen eines zahlungsunfähigen Schuldners betreffen und im Zusammenhang damit eine zweite Vorlage, welche zum Schutz

---

1 Steinbach, Emil: Der Zwang gegen böse Schuldner. Wien 1879.

der Gläubiger gegen benachteiligende Handlungen ihrer Schuldner die Abänderung und Ergänzung einiger Bestimmungen der Konkursordnung, des Exekutionsverfahrens und des Strafgesetzes vorsah.

Nach dem ersten Gesetzesentwurf konnten alle Rechtshandlungen, die der Gemeinschuldner in der Absicht, seine Gläubiger zu benachteiligen, in den letzten zehn Jahren vor der Konkurseröffnung vorgenommen hatte, rückgängig gemacht werden. Im zweiten Gesetz war unter anderem auch das Offenbarungseidverfahren gegen Schuldner vorgesehen, welche versuchten, vorhandene Vermögenswerte zu verbergen. Am 3. Februar waren die beiden Gesetzesvorhaben im Justizausschuss, und der Sektionsrat Steinbach durfte hier, im Windschatten seines Ministers, zum ersten Mal auftreten. [2]

„*Die tägliche Erfahrung*", heißt es schwungvoll in Steinbachs Referentenbericht, „*hält uns ein mahnendes Bild vor, in dem sich die bedenklichste Ohnmacht der österreichischen Gesetzgebung auf dem bezüglichen Gebiete abspiegelt. Rath- und schutzlos steht der vertrauensbedürftige Gläubiger gegenüber den mannigfachen, in formell unanfechtbares Gewand des Gesetzes gehüllten Umtrieben unredlicher Schuldner, welche, gestützt auf unlauteren Beistand ihrer Ehegatten, nahen Verwandten und Vertrauenspersonen so wie unreeller Geschäftsgenossen, ja nicht selten von den Letzteren geradezu bedrängt, durch allerhand Schein- und wirkliche Veräußerungen, freigebige Vermögenszuwendungen, Borggeschäfte und Begünstigungen einzelner Gläubiger den äußeren Ausbruch ihrer Insolvenz in der Weise vorzubereiten wissen, daß reelle Gläubiger, denen es die Umstände nicht gestatteten, jene Vorbereitungsanstalten zu paralysieren, entweder bei jedem Executionsversuche an unüberwindliche Excindierungsprozesse stoßen oder im Falle der Concurseröffnung über das Vermögen ihres Schuldners auf das leere Nachsehen angewiesen bleiben. …* [3]

Die Generaldebatte über das Gesetzesvorhaben fand am 27. Mai 1881 statt, und Steinbach erschien bei der Gelegenheit zum ersten Mal im Reichsratsplenum.

Zunächst nahm Minister Prazak das Wort, um den Standpunkt der Justizverwaltung bei der Ausarbeitung der Vorlage, die bereits von seinen Vorgängern im Amt bereitet worden, darzulegen und die dringende Notwendigkeit zu betonen, dass für die Gläubiger gegenüber jenen unreellen Umtrieben, welche sich bisher so häufig unter dem Deckmantel eines formell unanfechtbaren Geschäftes vollziehen, ein wirklicher Rechtsschutz geschaffen werden müsse. Das hohe Haus habe vor wenigen Tagen mit einem, ebenfalls von Steinbach erarbeiteten, Wuchergesetz den Schuldnern Schutz gegen unredliche Kreditgeber geboten; er bitte, nun durch Votierung dieses Gesetzes redlichen Gläubigern Schutz gegen unreelle Schuldner zu geben.

---

[2] *Wiener Zeitung* Nr. 115 v. 19.5.1881, S. 1.

[3] ebenda.

Das Haus beschloss hierauf, in die Spezialdebatte einzugehen, in welche, wie die *Wiener Zeitung* lobend hervorhebt, wiederholt der Regierungsvertreter Sektionsrat Dr. Steinbach eingriff und in sachgemäßer Weise das Verhältnis der Regierungsvorlage zu den Ausschussanträgen präzisierte. Nur zu drei Paragraphen der Anfechtungsordnung gab es Bedenken der Abgeordneten, so zum § 2, bei welchem der Abgeordnete Julius Gomperz (1823-1909), Präsident der Brünner Handels- und Gewerbekammer der Meinung war, es müsse auch genügen, die Rückwirkung der Anfechtung auf fünf Jahre zu begrenzen. Steinbach hielt ihm entgegen, dass in solchen Fällen der Richter ohnehin, wie beim Mord, die direkte böse Absicht nachweisen müsse. Auch würde eine solche Verkürzung im Ausland schlechten Eindruck machen und gar Österreichs Handelsbeziehungen beeinträchtigen. Die elegante Erwiderung brachte Steinbach Bravorufe ein; der Paragraph wurde in seiner Version angenommen, und das nicht nur von der Rechten, sondern auch von der Mehrheit der oppositionellen Linken. Am 28. Mai wurde schließlich der Gesetzesantrag vom Abgeordnetenhaus angenommen und dem Herrenhaus zur Behandlung übermittelt. [4] Am 16. März 1884 wurde es im Reichsgesetzblatt veröffentlicht.

Was die Qualität des neuen Gesetzes anbelangt, gab es allerdings auch kritische Stimmen. „Sein Werk", schreibt der Praktiker Moriz Sternberg, „*war das Gesetz vom 16. März 1884 über die Anfechtung von Rechtshandlungen, welches ,ein fast vollkommen neues und überaus schwieriges Rechtsinstitut zum erstenmal in das österreichische Recht eingeführt hat und zu den schwierigsten und unverständlichsten gehört, die wir in Österreich besitzen. Die Objektivität gebietet einzugestehen, daß vom gesetzestechnischen Gesichtspunkte aus das zitierte Gesetz völlig verfehlt ist. Es bietet Anlaß zu den verwickeltsten Kontroversen. Es ist geradezu unmöglich, seinen Inhalt im Gedächtnis festzuhalten. Steinbach ließ bald dem Gesetz einen Kommentar folgen, der sich als eine ernste, juristisch gediegene Originalarbeit darstellt und tatsächlich das Verständnis des komplizierten Gesetzes erleichtert.*" [5]

---

4 *Wiener Abendpost* Nr. 121 v. 28.5.1881, S. 3

5 Sternberg, Moritz: „Dr. Emil Steinbach". In: *Gerichtshalle*. 51. Jg. Nr. 35, Wien 2.6.1907.

Die Reform der Gewerbeordnung

Die österreichische Gewerbeordnung, ein Glanzstück liberaler Gesetzgebung, war gegen Ende der neoabsolutistischen Ära, am 20. Dezember 1859 durch kaiserliches Patent erlassen worden. [1] Das Gesetz hatte das zentrale liberale Anliegen der Gewerbefreiheit verwirklicht, was ganz im Interesse der Industrie, den Anliegen der kleinen Meister wie der Arbeiter aber nur sehr bedingt zuträglich war. Billige Waren aus dem Ausland strömten ein, Handwerker und Hausierer aus allen Himmelsrichtungen machten ihren Wiener Rivalen an Ort und Stelle Konkurrenz. Die rasch aufschießende Industrie brachte das für die Flegeljahre des Kapitalismus gewöhnliche Proletarierelend hervor.

Hier wollte die Regierung Taaffe reformierend eingreifen. Schon in der Thronrede des Kaisers vom 8. Oktober 1979 war von einer Reform der Gewerbegesetzgebung die Rede. Taaffe stand dabei unter dem Druck seiner katholisch-kleinbürgerlichen Anhänger. *„Am eifrigsten"*, schreibt der liberale Historiker Gustav Kolmer [2], *„traten die Klerikalen für die Abänderung der bestehenden Gewerbeordnung ein; sie brachten dadurch die Gewerbegenossenschaften in den städtischen Wahlbezirken auf ihre Seite und organisierten aus ihnen ihre stärksten Wählerbataillone. Alle Rücksichten auf die industrielle Produktion wurden beiseite gestellt; sie sollte sich der anwachsenden sozialen Bewegung anpassen. Unter Berufung auf die Zusagen der Thronrede wurde das Programm zur Rettung des kleinen Mannes entrollt: Die Grundlagen der bisherigen Gewerbeordnung, Freiheit des Gewerbes, Freizügigkeit der gewerblichen Arbeitskraft und gewerblichen Produktion wurden verlassen. An deren Stelle traten alle Arten Beschränkungen durch Einführung des Befähigungsnachweises für Gewerbe und Handel, Einschränkung der Konzession auf den lokalen Bedarf, Beseitigung der das Kleingewerbe schädigenden Formen des Kleinhandels, Aufhebung des Hausierhandels, Beseitigung der Wanderlager, Verbot der Ausverkäufe, Einschränkung der Strafhausarbeit. . . „*

Auch die liberale Vorgängerregierung hatte sich solchen Anliegen nicht zur Gänze verschlossen, und so gab es für eine solche Reform schon umfassendes Ma-

---

1 Zur Entstehung s. Charmatz, Richard: Minister Freiherr von Bruck. Leipzig 1916. S. 132ff.

2 Kolmer, Gustav: Parlament und Verfassung in Österreich. Wien-Leipzig 1909. Bd. III, 68.

terial, denn das liberale Vorgängerkabinett hatte sich von 1874 bis 1877 in allen Ministerien eingehend damit beschäftigt. So war im Jahre 1877 ein Referentenentwurf entstanden, der 1879 im Auszug unter dem Titel *„Gutächtliche Äußerungen über den Entwurf einer neuen Gewerbeordnung"* im Verlag der Staatsdruckerei erschien.

Die neue Regierung legte das Material einer legislativen Kommission vor, der nicht der ressortzuständige Handelsminister, sondern Alois Prazak, der Minister ohne Portefeuille, vorsaß. Vertreter des Justizministers in dieser Kommission war zunächst der Ministerialrat Friedrich Stern, ein Wirtschaftsliberaler vom alten Schrot und Korn. Die Kommission nahm ihre Arbeit am 23. September 1879 auf. Im Herbst 1880 löste Steinbach Stern ab.

Er war gegen eine neue Gewerbeordnung: *„Wir besitzen eine gut gemachte, die Mitte zwischen entgegengesetzten Strömungen einhaltende Gewerbeordnung, deren Hauptgrundsätze die neuerlichen Berathungen als derzeit beizubehalten anerkannt haben. Vielleicht sind einige Capitel verbesserungsbedürftig – diesem Bedürfnisse kann durch Novellen abgeholfen werden. Sehr fraglich aber scheint es mir, ob es gerathen sei, unter den dargestellten Verhältnissen, ohne ausreichendes Material, einen solchen Zankapfel wie eine ganz neue Gewerbeordnung unter die Parteien zu werfen ...* "[3]

Damit vermochte sich Steinbach nicht durchzusetzen, denn am 16. Dezember 1880 legte der Handelsminister dem Reichsrat einen neuen Entwurf vor, der dem Gewerbeausschuss zur Vorberatung zugewiesen wurde.[4] Schließlich entschied sich der Ausschuss am 24. November 1881, nach fast einem Jahr der Beratungen, einen Referenten ad hoc zu wählen, und diesem die Berichterstattung über die Regierungsvorlage zuzuweisen. Die Wahl fiel auf den katholischen Sozialpolitiker Grafen Ekbert Belcredi, Führer der konservativen mährischen Adelspartei, und Präsidenten des katholisch-politischen Vereins, einen ausgewiesenen Anhänger der katholischen Soziallehre.

Belcredi brachte im Jänner 1882 einen umgearbeiteten Entwurf eines Gewerbegesetzes vor den Ausschuss, der sich jedoch nur auf das erste, dritte und fünfte Hauptstück der Gewerbeordnung bezog. Kernstück der Novelle war die Einschränkung der Gewerbefreiheit durch den Befähigungsnachweis bei den handwerksmäßigen Gewerben und die Einführung der Konzession für solche Gewerbe, wie die Erzeugung von Gift- und Medizinalstoffen, die Herstellung von Gas- und Wasserleitungen, aber auch das Schank- und Pfandleihergewerbe, sowie die Konstitution genossenschaftlicher Verbände. Was völlig fehlte, waren die Bestimmungen zugunsten der Arbeiter.

---

3 JM-Akten Fasz. I G 9/7, Post 30 v. 11.9.1880, zitiert nach Ebert: Anfänge, S. 125, FN 56.

4 *Wiener Abendpost* Nr. 290 v. 18.12.1880.

Inzwischen war in der ganzen Monarchie eine Bewegung zugunsten der kleinen Meister ausgebrochen, in allen größeren Städten und namentlich in Wien, gingen die Betroffenen in die Öffentlichkeit, so bei den Gewerbetagen, welche, in Wien am 15. November 1881 und am 13., 14. und 15. September 1882 stattfanden. Das beschleunigte die Erledigung des Entwurfes, der solcherart schon, nach Behandlung durch Abgeordneten und Herrenhaus am 15. März 1883 im Reichsgesetzblatt kundgemacht werden konnte.

Auf den Versammlungen wurde nicht nur über Kapital und Konkurrenz gelästert, auch die Juden, deren Vertreter sich unter den Industriekapitänen wie den Arbeitern, den Kaufhauslöwen wie den bitterarmen Trödlern, den Liberalen wie den Sozialisten befanden, wurden zum Gegenstand des *„Sozialismus des dummen Kerls"*. Auf einer von ihnen meldete sich der Handwerker Franz Holubek mit einer Einlassung über das Buch des deutschen Professors August Rohling (1831-1931) *„Der Talmudjude"* zu Wort: *„Wisst Ihr, was in diesem Buch steht? Die Wahrheit! Und wisst Ihr, wie Ihr in diesem Buch bezeichnet seid? Als eine Horde von Schweinen, Hunden und Eseln*!" Dies löste Tumulte aus. Holubek wurde wegen Störung der öffentlichen Ordnung angeklagt, doch freigesprochen, nachdem sein Verteidiger Robert Pattai (1846-1920) vor Gericht aus Rohlings Buch zitiert hatte. Als Rohling als Prozessgutachter zudem den Ritualmord als für Juden *„außerordentlich heilige Handlung"* darstellte, warf ihm der junge Rabbiner und Reichsratsabgeordnete Joseph Bloch (1850-1923) öffentlich Bereitschaft zum Meineid vor. Rohling zeigte ihn an; um das Verfahren zu ermöglichen, hob der Reichsrat Blochs Immunität auf. Sein Verteidiger, Josef Kopp (1827-1907), erreichte in zähen Verhandlungen die Zulassung von zwei ausländischen Gutachten zum Talmud. Darauf zog Rohling seine Klage vor Beginn der Hauptverhandlung zurück. Er musste die Prozesskosten tragen und verlor seine Professur. [5]

[5] siehe Wikipedia, Antisemitismus bis 1945.

Die Arbeiterfrage

Zu Beginn der Ära Taaffe war die Industrialisierung in der westlichen Reichshälfte der Habsburger-Monarchie trotz eines lebhaften industriellen Aufschwunges im Vergleich zu den führenden Industrienationen, wie Großbritannien, Frankreich oder dem Deutschen Reich, noch nicht gar zu weit fortgeschritten. Es gab Inseln der Industrialisierung in Böhmen, Mähren, Schlesien, Niederösterreich und Vorarlberg, aber in der Weite des Reiches herrschte die Urproduktion noch vor. Genau 8 % der Wirtschaftsleistung erbrachte die Industrie, gegenüber 29,5 % in Großbritannien, 16,6 % im Deutschen Reich, und immerhin noch 8,9 % in Russland.

Die materielle Lage der Arbeiterschaft war prekär. Die Löhne blieben in aller Regel hinter dem Existenzminimum zurück, so war es auch unmöglich, Ersparnisse für Krankheit, Unfall, Arbeitslosigkeit, Invalidität oder Alter anzulegen. Diese großen Lebensrisiken wurden für die Arbeiterbevölkerung in der Form von existenzvernichtenden Katastrophen schlagend. Desto wehrloser war die Arbeiterschaft der Ausbeutung am Arbeitsplatz ausgeliefert; mangelnde Arbeitszeitbegrenzung, unhygienische und gefährliche Verhältnisse auch in den Wohn- und Schlafräumen, Kinderarbeit, alles musste hingenommen werden, um die bloße Existenz zu fristen. [1] Eine im Auftrag von Liechtenstein und Belcredi erstellte Abhandlung über „*die materielle Lage des Arbeiterstandes in Österreich*“ brachte diesbezüglich Erschreckendes hervor. [2]

Eine Arbeiterschutzgesetzgebung für die Beschäftigten in der Industrie, wie sie in England mit dem *Moral and Health-Act von 1802*, der Einführung des Fabriksinspektorates 1833, dem Gesetz über die Einführung des Zehnstundentages und Arbeitszeitbeschränkungen für Frauen und Kinder von 1847 mit Ergänzungen 1853 geschaffen und im Fabrik- und Werkstättengesetz von 1878 kodifiziert und erweitert worden war, das Wesen der englischen Fabriksgesetzgebung hatte der arbeiterfreundliche deutschliberale Politiker Ernst v. Plener (1841-1923) der österreichischen politischen Klasse schon 1871 zur Kenntnis gebracht [3], fehlte in

---

1 Talos, Emmerich: Staatliche Sozialpolitik in Österreich, Rekonstruktion und Analyse. 2. Aufl. Wien 1981, S. 21ff.

2 Ebert: Anfänge 29.

3 Plener, Ernst v.: Die englische Fabriksgesetzgebung, Wien 1871

Österreich noch weitgehend. Die Schweiz hatte im Jahre 1877 ein modernes Fabriksgesetz erhalten. [4]

In Österreich hatte es bislang nur Vorschriften über die Kinderarbeit gegeben, so, wie Steinbach schreibt, die *Allerhöchste Entschließung vom 20. November 1786 zur Beseitigung der bemerkten Gebrechen bei der physischen Erziehung der Fabrikslehrlinge* erste Ansätze einer Fabriksgesetzgebung gebracht, wonach jedem Kind ein eigenes Bett anzuweisen und bei diesem einmal monatlich die Bettwäsche zu wechseln sei. Eingehendere Bestimmungen über den Schutz der Arbeiter enthielt die Gewerbeordnung aus 1859 in ihren *„Zusatzbestimmungen für größere Gewerbebetriebe"*, welche die Kinderarbeit unter zehn Jahren verboten, eine Vorschrift, deren Einhaltung in der Praxis nicht durchzusetzen war. Im Wesentlichen hatte dieses Gesetz, dem liberalen Zeitgeist folgend, aber das Verhältnis zwischen Gewerbetreibenden und ihren Gehilfen zum Gegenstand freien Übereinkommens erklärt, und im sechsten Abschnitt nur Bestimmungen in Ermangelung eines solchen geführt. [5]

Wichtig für die österreichische Entwicklung in der Ära Taaffe war auch der Umstand, dass der deutsche Reichskanzler Otto von Bismarck ein am 19. Oktober 1878 vom Deutschen Reichstag beschlossenes Sozialistengesetz durchgedrückt hatte, in dem alle sozialistischen Bestrebungen –außer der Teilnahme an Wahlen – verboten wurden. Vorwand dazu boten Attentate gegen den deutschen Kaiser, die freilich in keinem Zusammenhang mit der Sozialdemokratie gestanden waren. Es ging vielmehr darum, der deutschen Sozialdemokratie, zu der sich auf dem Gothaer Parteitag von 1875 die Lassalle'sche und die Marx'sche Strömung vereinigt hatten, und die bei den Reichstagswahlen des Jahres 1877 schon 7,6 Prozent der Stimmen erhalten hatte, das Wasser abzugraben. [6]

Gleichzeitig schickte sich der wilhelminische Staat jedoch an, eine Reihe von Gesetzeswerken zur Verbesserung der Lage der Arbeiter zu schaffen. Solche Pläne hatte Bismarck schon im Jahre 1881 in einer kaiserlichen Botschaft an den deutschen Reichstag angekündigt. Der Obrigkeitsstaat sollte der Arbeiterschaft das gütig gewähren, was sie sich gegen das Bürgertum nicht erkämpfen durfte.

Die deutschliberale Opposition im österreichischen Abgeordnetenhaus machte daraufhin ebenfalls Druck in diese Richtung. Deren Abgeordneten Johann Chlumecky, Handelsminister im Kabinett Adolf Auersperg und somit verantwortlich für die einschlägigen Gesetzentwürfe in seiner Ära, und Eduard Herbst,

---

4 Ebert: Anfänge, 33 ff.

5 Zu den Details siehe: Steinbach: Arbeiterschutzgesetzgebung, Ebert: Anfänge 78 ff. und Talos: Sozialpolitik 16 ff.

6 Siehe: Klönne, Arno: Die deutsche Arbeiterbewegung, Geschichte, Ziele, Wirkungen. München 1989., passim und Brügel, Ludwig: Geschichte der österreichischen Sozialdemokrate. Wien 1922. Bd. 3. S. 32.

ihr bei Bismarck wenig angesehener Führer, brachten schon anlässlich der Behandlung der Gewerbegesetz-Reform im Abgeordnetenhaus einen Antrag ein, in dem es hieß: „*Angesichts der Tatsache, dass mit der Vorbereitung über die Regierungsvorlage betreffend die Einführung einer Gewerbeordnung betraute Ausschuss nach Ablauf zweier Jahre mit Anträgen vor das Haus tritt, welche sich lediglich auf die Abschnitte I, II, III und V dieser Regierungsvorlage beschränken und selbst solche sozialpolitische Fragen ungelöst lassen, die in innigem Zusammenhange mit der Gewerbeordnung stehen .... stellen die Unterzeichneten den folgenden Antrag: Es sei ein aus 36 Mitgliedern bestehender, aus dem ganzen Hause zu wählender Ausschuss mit der möglichst beschleunigten Vorberatung und Antragstellung über die auf sozialpolitischen Gebiete sich als notwendig darstellenden Reformen ... zu betrauen.* Gegenstand der Beratung sollte sein: die Einschränkung der Frauen- und Kinderarbeitszeit, Gesundheitspflege in Fabriken und Werkstätten, Fabriks- und Gewerbeinspektoren, Unfall- und Krankenversicherung, Armenpflege.[7] Der Antrag erhielt keine Mehrheit, aber die Regierung griff das Thema auf.

Zuständig für die Angelegenheiten des Arbeiterschutzes war das Innenministerium des Ministerpräsidenten Taaffe, die parlamentarische Behandlung überließ man weiterhin dem schon in der Sache der Gewerbegesetzgebung bewährten Gewerbeausschuss.

In der Sitzung des Gewerbeausschusses vom, 18. Jänner 1883 besprach Referent Graf Belcredi die in der Schwebe gelassenen Hauptstücke der Regierungsvorlage betreffend die neue Gewerbeordnung und betonte die Wichtigkeit der Abschnitte über die Hilfsarbeiter und die Gewerbeinspektoren. Der Referent erklärte, dass er bald in der Lage sein werde, den Bericht bezüglich der Hilfsarbeiter vorzulegen. Damit aber gleichzeitig auch der Bericht über die Gewerbeinspektoren fertig gestellt werden könne, ersuchte Graf Belcredi, im Interesse der Arbeitsbeschleunigung einen eigenen Referenten zu bestellen. Diesen Wunsche wurde entsprochen und der Lemberger Abgeordnete Anton Ritter von Chamiec zum Referenten über den Abschnitt der Gewerbeinspektoren gewählt.[8]

Schon am 8. Februar legte Chamiec im Ausschuss den Entwurf eines Gesetzes über die Einführung von Gewerbe-Inspektoren vor und entwickelte die Grundsätze, die ihn bei seiner Ausarbeitung leiteten. In der anschließenden Generaldebatte sprach man überwiegend über den Wirkungskreis der Inspektoren. Sie sollten beaufsichtigende, berichtende und beratende Fachorgane bei der Handhabung der Gewerbeordnung sein.

Und es wurde, wenn auch nur, bei Stimmengleichheit mit Dirimierung durch den Vorsitzenden Zallinger, beschlossen, vor dem Eingehen in die Spezialdebatte

---

[7] *Wiener Abendpost* Nr. 278. v. 5.12.1882. S. 7.

[8] *Wiener Abendpost* Nr. 14 v. 18.1.1883, S. 2

eine Enquete von Vertretern aller drei Interessentengruppen zu veranstalten, wobei auch zum ersten Mal. Vertreter des „Vierten Standes“, der Arbeiterschaft zu Worte kommen sollten. [9]

Die Enquete fand schon vier Tage später, am 12. Februar, statt. Einer der drei Vertreter des vierten Standes auf der Enquete, der Buchdrucker Karl Höger (1847-1913), war ein Arbeiterführer von in die Zukunft weisenden Qualitäten. Schon zwölfjährig war er als Lehrling in eine Wiener Druckerei gekommen, in der sich sein ganzes Arbeitsleben, sein Aufstieg bis zum Korrektor und Revisor abspielen sollte. Davon abgesehen widmete er sich mit aller Kraft der Arbeiterbewegung und er war es auch, der die österreichische Buchdruckergewerkschaft und nebenbei ihren Chor „Freie Typographia“ aufbaute.

Damals erklärte er in Übereinstimmung mit den übrigen Genossen, dass er nicht in der Lage sei, im Namen seiner Partei und als ihr Vertrauensmann ein Gutachten abzugeben, weil er dazu nicht autorisiert sei. Bereit sei er aber, über den Entwurf seine persönlichen Anschauungen bekannt zugeben. Höger meinte, es sollte vor allem anderen eine Fabrikordnung beschlossen werden, die Wahl der Gewerbe-Inspektoren sollte durch die Arbeiter selbst erfolgen. Wenn die Inspektoren nämlich von der Regierung ernannt würden, sei Korruption nicht ausgeschlossen. Die Beschränkung dieser Einrichtung auf Fabriken empfehle sich nicht, weil gerade im Kleingewerbe sich Mängel und Schäden zeigten. Die Genossenschaften aber können als geeignetes Organ zu einer solchen Beaufsichtigung nicht angesehen werden. Höger vermisste im Entwurf eine Bestimmung, wonach die Gewerbe-Inspektoren auch die Überstundenarbeit sowie über die Frauen –und Kinderarbeit zu wachen haben, und er verwies darauf, dass es mit der Verbesserung der Verhältnisse am Arbeitsplatz nicht getan sei, leide die Arbeiterschaft doch nicht nur am Arbeitsplatz, sondern auch unter Wohnungen, welche in jeder Beziehung schreiende Mängel aufwiesen.

Der Vertreter der Wiener Handelskammer sprach die Befürchtung aus, dass die Inspektoren die Ursache vieler Überstürzungen und teurer technischer Veränderungen sein würden. Experte Gehrke zitierte Berichte der Fabrikinspektoren aus Deutschland und der Schweiz, welche die vorhandenen Übelstände bezüglich der Kinder- und Frauenarbeit besonders rügten. Experte Skene hielt die Aufsicht über die gewerbliche Ausbildung der jugendlichen Hilfsarbeiter für undurchführbar, ebenso die Überwachung der Betriebsanlagen und die allgemeine Besichtigungspflicht. [10]

Wie zwiespältig die Haltung der herrschenden Mächte gegenüber der organisierten Arbeiterbewegung waren, erhellt aus der Tatsache, dass Karl Höger noch im selben Jahre als Redakteur des Buchdrucker-Organes „*Vorwärts*“ zu einem

---

[9] Nr. 31 v. 9.2.1883, S. 2, Ebert: Anfänge, S 163.

[10] Nr. 34 v. 13.2.1883, S. 2

Monat Arrest verurteilt wurde, weil er am 17. August in seinem Blatt enthüllt hatte, dass der in der Nibelungengasse etablierte Druckereibesitzer Rudolph Spieß den Schriftsetzer Joseph Hlauschek, weil dieser ein Manuskript verlegt hatte, mit einen „Kopfstück" regaliert und ihm außerdem gedroht habe, ihm durch Einflussnahme auf das Buchdruckergremium in seinem Fortkommen hinderlich zu sein.[11]

Die österreichische Arbeiterbewegung, auf die kein Wahlrecht disziplinierend wirkte, machte es dem staatlichen Repressionsapparat in gewisser Hinsicht leicht, gegen sie vorzugehen, war sie doch in zwei miteinander rivalisierende Strömungen, die Gemäßigten und die Radikalen, zerfallen, wobei manche unter den Radikalen sich zu wüsten anarchistischen Ausschreitungen, ja Verbrechen hinreißen ließen. Polizei und Justiz hielten es nun für ratsam, mit der Verfolgung der Gesetzesbrecher die der gesamten Arbeiterbewegung zu verbinden.

Im März und April 1883 fand im Wiener Landesgericht ein Schwurgerichtsprozess statt, dessen Zweck offenbar im Einschüchtern der organisierten Arbeiterschaft bestand. Es gab 28 Angeklagte, alles Arbeiter. Ihnen wurde vorgeworfen, sie hätten in der Zeit von Ende 1880 bis Ende August 1882 sich nach der in der Broschüre des Johann Most *„Taktik contra Freiheit"* und der Zeitschrift *„Freiheit"* gegebenen Anleitung und zu den daselbst angegebenen Zwecken der Revolutionierung der Massen zu geheimen Verbindungen (Clubs) vereinigt, welche bezweckten, durch Aufbringen von Geldmitteln die Anschaffung ausländischer revolutionärer Druck- und Flugschriften, insbesondere der *„Freiheit"* zu ermöglichen; die Anschaffung und Verwendung einer geheimen Druckpresse zur Anfertigung derartiger revolutionärer Druck- und Flugschriften im Inlande ins Werk zu setzen, die Verteilung und Verbreitung dieser Flugschriften in größeren Mengen und in geheimer Weise unter der arbeitenden Bevölkerung durchzuführen, durch Anwerbung immer neuer Mitglieder für die Idee des Umsturzes der bestehenden staatlichen Ordnung und Einrichtungen und deren Verwirklichung zu gewinnen und eine geheime Organisation der Arbeiter (des Proletariats) für eine gewaltsame Erhebung (Revolution) vorzubereiten und in das Werk zu setzen.

Tatsächlich hatten zwei Arbeiter Namens Joseph Engel und Franz Pfleger am 4. Juli 1882 Mittags in der Wiener Zieglergasse den Schuhwarenfabrikanten Joseph Merstallinger überfallen, mit einem mit Chloroform getränkten Schwamm betäubt und ihm darauf mindestens 220 Gulden in Silber- und Papiergeld und Preziosen im Gesamtwerte von 782 Gulden geraubt. Anderen Personen wird vorgeworfen, Teile des Raubgutes in Verwahrung genommen, Teile davon verkauft oder eingewechselt bzw. kleinere Beträge für sich behalten zu haben, dem Arbeiterfunktionär Joseph Peukert, er habe im Sommer 1882, als ihm von dritten Personen der Plan dieses Raubes bekannt gegeben wurde, diesem durch die Er-

[11] Nr. 282 v. 8.12.1883, S. 4

klärung *„das ist gut"* gebilligt. und damit den Raub vorsätzlich veranlasst. Es wird dann allen Beschuldigten das Verbrechen des Hochverrates vorgeworfen.

Die Anklage ging von der Behauptung aus, eine vom Ausland gesteuerte Organisation habe den Raub geplant und durchgeführt, um damit die Anschaffung einer Druckpresse zu ermöglichen. Die Vernehmung der Angeklagten und Zeugen ergab, dass eine Verschwörung, wie sie von der Anklage vorgeworfen wurde, nicht stattgefunden hat. Ebenso gab es die von der Anklage angenommenen Organisationen mit Sitz im Ausland nicht. Die Angeklagten waren lediglich in Fachvereinen und Bildungsvereinen tätige Arbeiter, die ihre Versammlungen offen in Gasthäusern abhielten. Der Raub wurde von einem mit der Beute nach Amerika geflüchteten Subjekt namens Hotze organisiert, das sich zur Verschleierung seiner Absichten revolutionärer Argumente bediente. So wurden dann auch alle Angeklagten von den politischen Vorwürfen freigesprochen und nur die Beteiligten am Raub verurteilt. [12] Trotzdem entschloss sich die Regierung, wie es Ministerpräsident und Innenminister Graf Taaffe vor dem Abgeordnetenhaus ausdrückte,*in Folge der notorischen, im Verlaufe der letzten Zeit vorgekommenen verbrecherischen Vorfälle und mit Rücksicht auf die immer steigenden Gefahren der auf den Umsturz der staatlichen und gesellschaftlichen Ordnung gerichteten, insbesondere in den Gerichtshofsprengeln Wien, Korneuburg und Wr. Neustadt hervortretenden Umtriebe*, am 30. Jänner 1884 den Ausnahmezustand über diese Städte zu verhängen. Die Abstimmung im Abgeordnetenhaus am 15. Februar ergab eine Mehrheit von 40 Stimmen zu Gunsten des Majoritätsantrages, wonach die erwähnten Verfügungen als gerechtfertigt erklärt werden. [13]

Aber zurück zu den Fabriksinspektoren. Der Gewerbe-Ausschuss verwässerte ihre Agenden nicht unbeträchtlich. So wurden die Schutzbestimmungen für Frauen und Kinder gestrichen, und die Lehrherren von der Aufsicht ausgenommen [14], aber die große Errungenschaft kam zu Stande. Am 17. Juni 1883 trat das Gewerbeinspektorengesetz in Kraft. Die Funktion der Inspektoren beschränkte sich auf Kontrolle und Berichterstattung mit fachmännischer Begutachtung, nicht aber gehörte dazu die Anordnung der Beseitigung entdeckter Verletzungen der einschlägigen Gesetze und Bestimmungen. Wie in England, wo sich Karl Marx auf ihre Berichte hatte stützen können, lag der Nutzen dieser Institution auch in Österreich darin, dass ihre Berichte einen objektiven Einblick in die Arbeits- und Lebensbe-

---

[12] *Wiener Zeitung* Nr. 58 v. 13.3.1883, S. 4, Nr. 64 v. 20.3.1883, S. 3, Nr. 65 v. 21.3.1883, S. 3, Nr. 66 v. 22.3.1883, S. 3, *Wiener Abendpost,* Nr. 56 v.9.3.1883, S. 3, Nr. 57 v. 10.3.1883, S. 3, Nr. 58 v. 12.3.1883, S. 4, Nr. 59 v. 13.3.1883, S. 3, Nr. 61 v. 15.3.1883, S. 2, Nr. 64 v. 19.3.1883, S. 3, Nr. 66 v. 21.3.1883, S. 3

[13] *Wiener Abendpost,* Nr. 38 v. 15.2.1884, S 1 ff

[14] Nr. 42 v. 22.2.1883, S. 1.

dingungen der Industriebevölkerung ermöglichten, also Grundlagen schufen, auf denen die Sozialgesetze aufbauen konnten. [15]

Die k.k. Gewerbeinspektoren entfalteten auch sogleich umfangreiche Aktivitäten, wie ihrem Bericht über ihre Amtstätigkeit im Jahre 1885, der nicht weniger als 508 Seiten enthielt, entnommen werden kann. Er enthält Berichte aus den Aufsichtsbezirken Wien, Linz, Budweis, Prag, Reichenberg, Pilsen, Brünn, Troppau, Lemberg, Bozen, Graz und Triest. Die Gesamtzahl der von den Gewerbe-Inspektoren im Berichtsjahre inspizierten gewerblichen Unternehmen beträgt 2661 mit 225.863 Arbeitern. 773 Inspektionen entfallen auf das Kleingewerbe, 388 gewerbliche Etablissements wurden wiederholt inspiziert. Fasst man die ersten beiden Jahre des Wirkens der Gewerbe-Inspektoren zusammen, ergibt sich, dass 5225 gewerbliche Unternehmungen mit 453.793 Arbeitern ein Mal und 871 Betriebe wiederholt geprüft wurden. [16]

Auch in der Öffentlichkeit erfreuten sich die Gewerbe-Inspektoren einigen Ansehens. So schrieb die *Wiener Vorstadtzeitung „Der Tätigkeit der Gewerbe-Inspektoren muss mit lobender Anerkennung gedacht werden. Man wird es mit Freuden begrüßen, dass die Erwartungen, welche man an die Einführung des Gewerbe-Inspektorates in Österreich knüpfte, sich erfüllt haben, dass das Misstrauen, das dieser Institution anfänglich seitens der Arbeiter wie der Unternehmer entgegengebracht wurde, zum großen Teile bereits geschwunden ist und dass wir es hier mit einer Einrichtung zu tun haben, auf die wir stolz sein können.“* [17]

Das *Wiener Tagblatt* lobte"... *unsere Gewerbeinspektoren lassen sich keine Mühe, keine Arbeit verdrießen um Konflikte zu beseitigen, sie sorgen für das Wohl der arbeitenden Klassen, allein sie wehren auch da ab, wo zu weit gehende Anforderungen an die Arbeiter gestellt werden ... Erst ganz kürzlich wurden die österreichischen Gewerbe-Inspektoren im deutschen Reichstage belobt, mit vollem Rechte darf man nach Durchsicht des diesmaligen Berichtes hinzufügen.* [18]

Zügig nahm der Gewerbe-Ausschuss auch die Arbeit an jenem Kapitel des Gewerbe-Ausschusses auf, welches sich mit dem Arbeiterschutz befasste. Am 7. April 1883 übermittelte der Obmann des Gewerbeausschusses, der Tiroler Franz von Zallinger-Stillendorf, den Referentenentwurf betreffend die Abänderung und Ergänzung des 6. Abschnittes der Gewerbeordnung über das gewerbliche Hilfspersonal den Mitgliedern seines Ausschusses. [19]

Der Entwurf stammte aus der Feder des Abgeordneten Belcredi und wies gegenüber der Regierungsvorlage ganz wesentliche Abänderungen zu Gunsten der

---

[15] Deutsch, Julius: Geschichte der österr. Gewerkschaftsbewegung. Wien 1929. Bd. I. S. 194 ff.

[16] *Wiener Zeitung,* Nr. 68 v. 24.3.1886, S. 2.

[17] *Wiener Abendpost* Nr. 67 v.23.3.1887, S. 1.

[18] *Wiener Abendpost* Nr. 86 v.13.4.1888, S. 5.

[19] *Wiener Zeitung* Nr. 80 v. 8.4.1883, S. 2

Arbeiter auf. Es besteht wohl einiger Grund zur Annahme, dass dem genialen Juristen Steinbach ein erklecklicher Anteil an seinem Zustandekommen zukommt. [20]

Der Entwurf *„offenbart"*, wie es Kurt Ebert ausdrückt, *„die zündende Dynamik christlich-sozialen Reformstrebens und parlamentarischen Sendungsbewusstseins einer aristokratisch-konservativen Abgeordnetenpersönlichkeit, welche die Gesetzesinitiative jetzt eindeutig von der Regierung auf das hohe Haus verlagerte."* Das führte auch zur Abwendung vom Vorbild des Deutschen Reiches, hin zu den Beispielen England, Frankreich, Schweiz und Dänemark und schließlich *zu einem der besten Fabrikgesetze der damaligen Welt."* [21]

Am 9. April trug ihn Graf Belcredi im Ausschuss vor. Demnach durften Kinder vor vollendetem 14. Jahr zu regelmäßigen gewerblichen Beschäftigungen nicht mehr verwendet werden, im Regierungsentwurf waren es 12 Jahre gewesen. Kinder zwischen 14 und 16 durften nur noch bis sechs Stunden täglich arbeiten, jugendliche Hilfsarbeiter zwischen 16 und 18, weibliche bis 21 nicht länger als zehn Stunden mit den angemessenen Ruhepausen und nur in einer Weise, welche ihrer körperlichen Entwicklung nicht nachteilig war. Die Ausdehnung des Schutzalters auf 18 Jahre war ebenfalls eine Errungenschaft Belcredis. Der Entwurf sah auch eine Arbeitszeit für alle gewerblichen Arbeiter von nicht mehr als 60 Wochenstunden vor, also bei sechstägiger Arbeitswoche den Zehnstundentag, für Jugendliche und Frauen nur von sechs Uhr morgens bis acht Uhr abends. [22]

Der ebenfalls am 9. April 1883 mit dem Entwurf befasste Ministerrat hatte in Fragen der Jugendlichen und Frauen einiges auszusetzen, sprach sich aber nicht grundsätzlich gegen den Entwurf aus.

Was die Einstellung der Unternehmerschaft zum Belcredi'schen Entwurf betrifft, so zitiert Ebert den liberalen Abgeordneten Paul Pacher von Theinburg, der meinte, er habe sich *„darauf beschränkt, sich für jede einzelne Specialfrage jenes Land zum Muster zu wählen, in welchem die seit Generationen geführten Kämpfe das im Interesse der Arbeiterbevölkerung weitestgehende Ziel erreicht haben.* Vom theoretischen Standpunkt, so Pacher, könne man von einer idealen Musterlegislation sprechen, Österreich sei aber von den zur Durchführbarkeit solcher Anträge erforderlichen ökonomischen, kulturellen und sozialen Vorbedingungen noch sehr weit entfernt. [23]

Schon fünf Tage später, am 12. April, 1883 führte der Gewerbe-Ausschuss die Generaldebatte über den Entwurf einer Arbeitsordnung zu Ende. Ein Abgeordneter meinte, dass die Arbeitszeitbeschränkung nicht auf das Kleingewerbe ausgedehnt werden könne, ein anderer, nicht auf alle Gewerbe.

---

[20] Wittek: Wirken

[21] Ebert: Anfänge, S. 176.

[22] *Wiener Zeitung* Nr. 81 v. 10.4.1883, S. 2

[23] Ebert: Anfänge, S. 177.

Graf Belcredi wies demgegenüber darauf hin, dass die Zahl der als zu schwach befundenen Stellungspflichtigen in der Armee in einer erschrecklichen Weise zunehme; auch sei die Mortalität der Arbeiter in Österreich am größten. [24]Der Ausschuss beschloss schließlich mit 22 von 24 Stimmen, in die Spezialdebatte einzugehen. Zugleich wurde der Antrag auf Abhaltung einer Enquete über diesen Gegenstand angenommen. [25]

Die Enquete fand in der Zeit vom 30. April zum 8. Mai 1883 statt.Den Experten wurden folgende Fragen vorgelegt: Welche Arbeitszeit ist bei Ihrem Gewerbe üblich, in welchen Umfange ist die Kinderarbeit bei Ihnen üblich?

Am 30. April vernahmen die Abgeordneten mehrere Ärzte über die sanitären Gesichtspunkte, ferner die Abgeordneten Sprung und Löblich und endlich den Experten Höger. [26]

Höger, der bei seinem Auftritt glänzende Figur machte, sprach sich positiv über die Reformen aus, hielt sie aber, angesichts der Übermacht der Unternehmer, für *„nur ein Palliativmittel, das nichts nützt. Die langsame Menschentötung in den Fabriken“* fuhr er fort, *macht den Menschen hart und böse, macht ihn mit dem Gedanken vertraut, so oder so ein Ende zu finden. Und vielleicht triumphiert bald der Glaube, dass es besser sein wird, statt des langsamen Todes lieber einmal einzutreten für die Rechte der Menschen und sich töten zu lassen für die Idee der ökonomischen Freiheit auf dem Kampfplatze der sozialen Revolution.“* [27]

Am 7. Mai 1884 lag der Bericht des Gewerbe-Ausschusses über den sechsten Abschnitt der Gewerbeordnung vor. [28]

Die Generaldebatte im Abgeordnetenhaus begann am 16. Mai. Handelsminister Pino eröffnete sie mit einer Rede, in der er darauf hinwies, dass die nunmehrige Regierungsvorlage sich von der im Jahre 1880 eingebrachten stark unterscheide.*„So sehr“* sagte er, *„die Regierung von der Verpflichtung durchdrungen ist, für die Interessen der Gewerbeinhaber einzutreten, so unabweislich fühlt sie auch die Verpflichtung, sich des Wohles der Hilfsarbeiter anzunehmen und denselben jenen Schutz zu gewähren, den sie gemäß den Geboten der Humanität und einer gesunden Volkswirtschaft zu beanspruchen berechtigt sind“* Es sei *„leider nur zur häufig vorgekommen, dass eine große, ungerechtfertigte und unverantwortliche Ausbeutung der Arbeitskräfte stattgefunden hat.“* Die Regierung könne daher unter diesen Verhältnissen nunmehr den Bestimmungen zustimmen, dass ein Normal- oder vielmehr Maximalarbeitstag eingeführt werde.

---

[24] *Wiener Zeitung* Nr. 84 v. 13.4.1883, S. 1
[25] *Wiener Abendpost*, Nr. 84 v. 12.4.1883, S1
[26] *Wiener Zeitung* Nr. 99 v. 1.5.1883, SS. 1f
[27] Ebert: Anfänge, S. 182.
[28] Nr. 106 v. 7.5.1884, S. 4

Abgeordneter Leon von Bilinski erinnerte daran, dass mit dem Wuchergesetz und der bisherigen Novelle der Gewerbe-Ordnung mit dem Genossenschaftswesen, die den Keim zur Krankenversicherung enthalte, ja schon etwas zum Wohle der Arbeiter geschehen sei.

„*Es ist ja allgemein bekannt*“, führte er aus, „*dass die absolute Freiheit hier zu Ungleichheit führen musste, weil beide Parteien nicht ökonomisch gleich sind, und es ist notwendig, dass der Staat im Wege der Gesetzgebung den ökonomisch Schwächeren stütze, um das Gleichgewicht der beiden Parteien herzustellen. Insofern die Vorlage den Zweck haben wird, den Arbeiter als den Schwächeren zu stützen und zu unterstützen, wird sie berufen sein, den ersten großen Schritt auf dem Wege der Regelung der sozialen Frage zu tun, und zwar im bestkonservativen Interesse, im Interesse des Schutzes und der Erhaltung des gegenwärtigen sozialen Baues. Sie wird im Vereine mit den weiter nachfolgenden Gesetzen über die Unfall-, Kranken-, eventuell Invaliden- Versicherung berufen sein, ein notwendiges Pendant zu den großen Vollmachten zu bilden, welche der Regierung in den Ausnahmsverordnungen gegeben wurde. Gegen jene extreme Arbeiter, welche sich gegen den Staat, das Eigentum und die Familie auflehnen, kann man nur im Wege des physischen Zwanges vorgehen. Den gemäßigten aber, die zweifellos noch die Majorität bilden, muss man die Gewähr geben, dass sie rechnen können auf die Erfüllung ihrer gerechten Wünsche seitens des gegenwärtigen Staates. …* [29]

Alois Fürst Liechtenstein verteidigte sich vor dem Plenum gegen *diese Anklage, welche in liberalen Journalen und liberalen Kammerreden wiederholt wird: Die Feudalen hetzen die Arbeiter gegen das Bürgertum, um auf seine Kosten die Herrschaft wieder zu erlangen. … die Bürokratie hat den Adel gestürzt und ist hierauf nach kurzer Alleinherrschaft vor dem Bürgertum zurück gewichen. Und der Sieg des Bürgertums ist auch uns, den Nachkommen dieses Feudaladels, in sehr erheblichem Maße zugute gekommen, wofür wir dankbar sind. … Money ist Power… und alle materielle Macht in unserer Zeit beruht auf Besitz und Rente. … hätten also die Feudalen wirklich Herrschgelüste, sie könnten einfach dieselben nicht befriedigen, weil in einem großen Teile der Monarchie sie gar nicht mehr vorhanden und in einem anderen Teil der Monarchie nicht stark genug sind, um sich mit irgend einer anderen Klasse der Gesellschaft zu messen. … der Adel und das Bürgertum sind zwar der Herkunft nach verschieden, aber längst zu einer und derselben Klasse mit völlig identischen Interessen verbunden. … was die anderen Waren anbelangt, so sind wir bekehrt worden vom Freihandel zum Schutzzolle, weil wir unsere Industrie nicht ruinieren lassen wollten. Warum sollten wir denn für die einzige Ware Arbeit nicht Protektionisten werden, wenn wir*

---

[29] Wien*er Abendpost*, Nr. 14 v. 16.5.1884, S. 2, Fortsetzung Generaldebatte Nr. 115, Spezialdebatte Nr. 116, Nr. 117, Nr. 118, Nr. 119

damit unser gutes und schönes Volk… vor dem geistigen und materiellen Verderben retten können. [30]

Die liberalen Oppositionsredner sprachen sich nicht prinzipiell gegen die Reform der Fabriksgesetzgebung aus. [31] Sie warfen aber, wie der Prager Ökonomieprofessor Emil Sax und Max Mauthner, der Gegenseite vor, den Normalarbeitstag ohne nähere Untersuchung der hiesigen Verhältnisse vom Schweizer Gesetz abgeschrieben zu haben. Löblich meinte, die Begrenzung der Arbeitszeit werde zu einem Sinken der Löhne führen.

Pacher äußerte sich höchst ablehnend über die Enquete unter Hinzuziehung der Arbeiter, die er als *Socialistentheater* bezeichnete,und die von uns schon erwähnte Untersuchung *zur materiellen Lage des Arbeiterstandes in Österreich,* für ihn eine *„schamlose Besudelung der Industrie durch Glieder dieses Geheimbundes unter clericaler Führung."*

Belcredi musste noch einiges Wasser in seinen Wein gießen, bis das Gesetz endlich stand. Die Novelle zur Gewerbeordnung, letztlich trotzdem eine große Errungenschaft für die arbeitende Bevölkerung, wurde am 8. März 1885 zum Gesetz. Sie setzte – ein Kompromiss mit der liberalen Opposition – die elfstündige Maximalarbeitszeit fest, enthielt das Verbot der Nachtarbeit für Frauen und die Beschäftigung von Kindern unter 14 Jahren sowie die Bestimmung, dass Jugendliche zwischen 14 und 16 Jahren nur für „leichte" Arbeit verwendet werden durften.

---

30 *Wiener Zeitung* Nr. 116 v. 18.5.1884, SS. 1 ff

31 s. Ebert: Anfänge, S. 207 ff.

Über die Pflichten des Besitzes

Am 22 April 1885 um 12 Uhr, fand im Zeremoniensaal der Hofburg der feierliche Schluss der Session des Reichsrates durch den Kaiser statt. Unter seinen vom Kaiser lobend hervorgehobenen Arbeiten der verflossenen Amtsperiode befanden sich die Wahlreform, mit welcher diejenigen Männer, welche mindestens fünf Gulden an direkter Steuer leisteten, zum Wahlrecht zugelassen wurden, die Einführung der Gewerbe-Inspektoren, die Reform der Gewerbeordnung, die Schaffung der Postsparkasse, und das Eisenbahnwesen. [1]

Die Wahlen, welche nach einem komplizierten Verfahren in den folgenden Monaten stattfanden, führten zur erwarteten Schwächung der Linken durch die nach der Wahlreform neu hinzugekommenen kleinbürgerlichen Wähler. Einer der neu in das Abgeordnetenhaus Gewählten war Karl Lueger, ein anderer war Joseph Maria Baernreither, Kollege Steinbachs aus dem Justizministerium und nun Vertreter des verfassungstreuen, also regierungsnahen böhmischen Grundbesitzes im Abgeordnetenhaus. Die Zusammensetzung der Regierung war vom Wahlergebnis nicht tangiert.

Am 26. September 1885 nahm, wieder mittags um 12 Uhr und im Zeremoniensaal der k.k. Hofburg, der Kaiser die feierliche Eröffnung des neu gewählten Reichsrates vor. Seine Majestät„*bestiegen den Thron, ließen Sich nieder, bedeckten das Haupt, geruhten aus der Hand des Ministerpräsidenten die Thronrede entgegenzunehmen und dieselbe mit lauter, weithin vernehmbarer Stimme zu verlesen.*"

Es hieß darin ua., durch die in den letzten Sessionen beschlossenen Änderungen der Zoll- und Gewerbegesetzgebung sowie durch die notwendig gewordene Anbahnung der Besserung der Lage der arbeitenden Klassen seien ernste Schritte zur Verwirklichung wichtiger wirtschaftlicher und sozialer Aufgaben erfolgt. Der neu gewählte Reichsrat werde sich mit weiteren, die allseitigen Interessen gerecht abwägenden Reformen auf diesem Gebiete zu beschäftigen haben.

„„*Ich erwarte,*" sprach der Kaiser, „*dass Sie diese Reformen, welche einem wirklichen Bedürfnisse der Bevölkerung entspringen und an Bedeutung die mannigfachen Parteikämpfe weit überragen, in gründlicher Weise prüfen und würdi-*

[1] *Wiener Abendpost,* Nr. 91 v. 22.4.1885, S. 1

gen werden. Ich hoffe, daß zunächst die Vorlagen Meiner Regierung betreffend die Versicherung zahlreicher arbeitender Classen gegen Unfälle und Krankheiten ... Ihre Zustimmung finden werden. [2]

Steinbach scheint, was die Zustimmung zumal bürgerlicher Kreise zu den nun anstehenden Sozialreformen anbelangte, eine gewisse Skepsis verspürt zu haben, was ihn dazu veranlasst haben mag, zwischen Thronrede und dem für Ende Jänner zu erwartenden Neubeginn der Parlamentssession für seinen Standpunkt öffentlich einzutreten.

Am 5. November 1885 hielt er deshalb – im Saal des Wiener Architektenvereins vor dem Wissenschaftlichen Club – die Zahl der Zuhörer sei dabei nicht sehr groß gewesen [3] – seinen Aufsehen erregenden Vortrag *„Über die Pflichten des Besitzes“*, wobei er nur so weit aus der Deckung ging, als es unmittelbar erforderlich war. Er betonte, nicht als Politiker zu sprechen, der eine Verbesserung für die Lage der Arbeiter erreichen wollte, sondern nach dem Beispiel der Naturwissenschaften vorzugehen, die Erscheinungen beobachten und die Schlüsse zu ziehen versuchen. Auch wollte er bei seiner Beweisführung die Argumente der Sozialisten und Kommunisten, denen das bürgerliche Publikum ohnehin keinen Glauben schenkte, gar nicht weiter berücksichtigen.

Für Steinbach war die Frage der Sozialpflichtigkeit des Besitzes eine moralische. Wenn es auch richtig sein mochte, dass der menschliche Egoismus, als hauptsächliches Movens und Agens des Konkurrenzkapitalismus, ein wichtiger Beweggrund für das Handeln der Menschen war, so gab es, wie der Berliner Professor Adolph Wagner, einer der Kathedersozialisten in seiner *„Volkswirtschaftslehre“* ausführte, doch noch andere Motivationen, wie Liebe und Pflichtgefühl, Familiensinn, Gemeinsinn und religiöse Anschauung, welche die Menschen gerade so sehr bewegten, und es war auch nicht so, wie Adam Smith vermutete, dass der allgemeine Egoismus selbsttätig zum Gemeinwohl führte. *„Schlechte Potenzen“* des Selbstinteresses, so Wagner, *„sind vor allem die eigennützige egoistische Ausartung oder Übertreibung des wirtschaftlichen Selbstinteresses, z.B. mittelst Ausbeutungen im Verkehr, ferner Trägheit, Unwissenheit, Prahlerei und Genusssucht.“*

So beleuchtete auch Steinbach die Frage von der moralischen Seite und breitete vor seinen Zuhörern das ihm so reich zur Verfügung stehende humanistische Bildungsgut aus. Er zitierte Plato mit dem Wort, ein Gesetzgeber könne nicht wünschen, dass die Bürger sehr reich und dabei tugendhaft seien, denn das sei unmöglich, die Evangelien mit dem Kamel, das eher durch ein Nadelöhr komme als ein Reicher in den Himmel und die Seligpreisung der Armen im Geiste, und Paulus mit seinem berühmten Ausspruch: *„Wer nicht arbeitet, soll auch nicht essen.“*

---

2 *Wiener Abendpost,* Nr. 220 v. 26.9.1885, SS. 1f

3 *Deutsches Volksblatt,* Nr. 752 v. 8.2.1891, S. 2.

Aber auch die neueren Kirchenlehrer und Luther, Philosophen, wie Wolff, Fichte, Bentham und John Stuart Mill, um seine Auffassung von der Sozialpflichtigkeit des Eigentums zu belegen.

„Freilich könnte man sagen,“ greift er einen nahe liegenden Einwand der liberalen Seite auf, *„die Moralisten seien nicht berechtigt, in Geldfragen ein entscheidendes Urteil abzugeben. ... Fassen wir aber die Sache nicht allzu leicht.“* Was jene Männer gesagt hätten, die man als Träger des sittlichen Bewusstseins der verschiedenen Zeiten bezeichnen müsse, das könne niemand ignorieren, und wer gegen diese Vorschrift handle, den strafe die öffentliche Meinung.

Aber auch ein Zweites sei nicht außer Betracht zu lassen: auf dem Boden der Sittlichkeit bilde sich das Recht, und durch staatliche Anerkennung würden Grundsätze der Sittlichkeit zum Recht und mit Zwangsgewalt ausgerüstet. So statuiere schon das österreichische *„Allgemeine Bürgerliche Gesetzbuch“* aus 1811 neben den umfassenden Rechten des Eigentums *„zur Erhaltung und Beförderung des allgemeinen Wohles“ vorgeschriebene Einschränkungen des Besitzes*“, wie im Forst- und Bergrecht, im Wegerecht, aber auch im Erbrecht.

„Die Beschränkungen im Vertragsrechte sind gleichfalls fast unzählig,“ meint er, dabei auf die Früchte seiner eigenen legislatorischen Bemühungen, wie Wuchergesetz, Normalarbeitstag, Pfandleihgesetz, Anfechtungsgesetz hinweisend, um dann zum Zentrum seines Interesses vorzustoßen, indem er meint: *"Besondere Bedeutung hat in dieser Hinsicht in letzter Zeit die Zwangsversicherung erlangt, welche heute bereits für die Gebiete der Feuerversicherung, der Hagel- und Viehversicherung und namentlich der Arbeiterversicherung vielfach angestrebt wird. Bei der Arbeiterversicherung, welche sich auf Krankheit und Invalidität der betreffenden Personen mit Einschluss der Unfälle, welche dieselben betreffen, beziehen soll, werden nicht bloß die Gefährdeten zur Beitragsleistung herangezogen, sondern auch jene Personen, welche die gefährdete Arbeitskraft benützen und daher aus derselben Gewinn ziehen. Selbstverständlich tritt gerade in dieser Hinsicht der Zwangscharakter der betreffenden Bestimmung am klarsten in Erscheinung.“*

Als maßgebliches Mittel zur Beschränkung des Eigentums erscheine auch das Abgabenrecht. *„Und unter die Auslagen, welche in dieser Hinsicht zu bestreiten sind, fällt ja in germanischen Ländern namentlich auch die Armenversorgung, so dass also Steuerleistungen speziell auch zu diesem Zweck erhoben werden müssen.“ Aber in allerletzter Zeit hat Adolph Wagner – ich bitte hier ausnahmsweise um die Bewilligung, einen sogenannten Kathedersozialisten zitieren zu dürfen – neben dem erwähnten finanziellen noch einen sozialpolitischen Zweck der Besteuerung angeführt, und zwar, um eine veränderte Verteilung des Volkseinkommens herbeizuführen.“*

Und wenn man berücksichtige, dass solche Instrumente wie eine progressive

Einkommensteuer, die Erhöhung der Sätze der Erbsteuer und die Umlegung einer hohen Börsensteuer von vielen Seiten begehrt werde, so werde man die Aufstellung des erwähnten neuen Grundsatzes erklärlich finden.

„Man müsste zur Geschicklichkeit unserer Finanzkünstler", zitiert Steinbach Rudolf von Jhering, *„ein sehr geringes Vertrauen haben, wenn es ihnen nicht gelingen sollte, in Form gesteigerter Einkommen- Erbschafts- Luxus- und anderer Steuern auf das Privateigentum einen Druck auszuüben, welcher dem Übermaß seiner Anhäufung auf einzelnen Punkten vorbeugt und, indem er den Überschuss in die Staatskasse abführt, damit die Möglichkeit gewährt, eine den Interessen der Gesellschaft mehr entsprechende, d.i. gerechtere Verteilung der Güter dieser Welt herbeizuführen, als sie unter dem Einfluss einer Eigentumstheorie bewirkt worden ist, welche die Unsittlichkeit, Gefräßigkeit des Egoismus ist."* Müsse das zugegeben werden, *„so wäre es doch gewiss ratsam, wenn die Besitzenden ihre Pflichten erfüllen würden, so lange dies noch moralische Pflichten sind. ... Durch Steuerzahlung erweist man keinen Edelmut."*

Steinbach kann sich eine gewisse Skepsis, was die Träger des Reichtums betrifft, nicht versagen. *„Vermögen kann man in der Regel nur erwerben, durch die praktische Ausbeutung einer Erfindung, welche möglicherweise auch ein Anderer gemacht hat, durch geschickte Benützung geschäftlicher Konjunkturen, durch gelungene Spekulation. ... Hierin liegt meines Erachtens das Geheimnis des sogenannten Hasses gegen das mobile Capital."* Bei einem alten Chinesen habe er über die dortige Rangfolge im öffentlichen Ansehen gelesen: *„Die Gelehrten als Repräsentanten der Klasse, welche denkt, nehmen die erste Stelle ein, die Ackerbauer als nährende Klasse die zweite, die Handwerker genießen ebenfalls vermöge ihrer Kunstfertigkeit eine ziemlich große Achtung. Die Klasse der Kaufleute ist die niedrigste."*

Aus diesen Auffassungen nähre sich die Bewegung der kleinen Leute, die man derzeit beobachte, davon komme aber auch letztlich der Antisemitismus. Er empfehle daher den Besitzenden, ihre sozialen Pflichten anzuerkennen, „denn *ihre sociale Stellung steht auf dem Spiel, wenn sie es zum Zwange kommen lassen."* Die Verwendung der Güter zum besten der Gesamtheit, die Leistung unentgeltlicher Arbeit im öffentlichen Interesse bei angesehenster Stellung, bei der Möglichkeit der Befriedigung aller vernünftigen Bedürfnisse, das sei der soziale Beruf des Reichtums. *„Erfüllen die Reichen diesen Beruf, dann werden die nebelhaften Ideen des Communismus sofort verschwinden."*

„Der Theorie vom Kampf ums Dasein gegenüber muss stets daran erinnert werden, dass wir in einem Organismus leben und der Bestand des Organismus erfordert vor allem einträchtige Wirksamkeit zum gemeinsamen Zweck, nicht aber Kampf. Deshalb ist der zu weit getriebene wirtschaftliche Individualismus eine wirkliche Gefahr für den Bestand der Gesellschaft."

Die Einführung der Unfallversicherung

Die Reformarbeit des Gewerbe-Ausschusses ging, so kann man es zusammenfassen, in drei Stufen vor sich: Erstens wurden die Anliegen der kleinen Meister befriedigt, zweitens erfuhr das Gewerberecht Ergänzungen zum Schutz der Arbeiter samt Schaffung der Institution der Gewerbeinspektoren, und nun, drittens, sollte ein soziales Netz für die Arbeiterschaft, bestehend aus Unfall- und Krankenversicherung, geknüpft werden. Auch das Projekt einer Altersvorsorge betrachtete man allgemein als Desiderat aber Zukunftsmusik, und es sollte auch unter dem Kaiser nicht mehr dazu kommen.

Mit der Ausarbeitung der Gesetzesentwürfe zu diesen Materien, die eigentlich zum Innenministerium ressortierten, aber auch mit ihrer parlamentarischen Vertretung, die folglich Taaffe, in seiner Funktion als Leiter des Innenministeriums, zugefallen wäre, wurde Steinbach beauftragt. [1]

Kein Wunder, ätzt ein Nachrufer, dass Taaffe, Steinbach vorschickte: *„Taaffe brachte es nicht zuwege, so geistreich und belesen er war, sechs zusammenhängende Sätze ohne Sprachfehler, oder schlimmer noch, ohne direkte ‚Kasimiriaden' zu sprechen."* [2]

Steinbach hatte sich schon anlässlich seiner Mitarbeit an der Novelle zum Gewerbegesetz in die Frage der Haftpflicht von Gewerbetreibenden für ihre Arbeitnehmer verbissen. Er legte dem Ministerrat ein umfangreiches Elaborat betreffend *„Gesichtspunkte für einen Entwurf über die Haftpflicht bei Unfällen in gewerblichen Unternehmungen"* vor. Darin schilderte er ausführlich die geltende Rechtslage und mögliche Verbesserungen, sprach sich aber schließlich für das Verlassen des Haftpflichtprinzips und für die Einführung einer obligatorischen Unfallversicherung aus, worin er die einzig befriedigende Lösung sah.

Das deutsche Unfallversicherungsgesetz war zu dieser Zeit ebenfalls in parlamentarischer Beratung und Steinbach ist bei der Ausarbeitung seines Entwurfes von den deutschen Vorlagen ausgegangen, hat sie aber entsprechend den österreichischen politischen und tatsächlichen Gegebenheiten umgestaltet. [3]

---

1 Wittek: Wirken 416

2 „Ein Staatsmann Österreichs." In: *Budapester Tagblatt* 29. Mai 1907.

3 Für die Abschnitte über Unfall- und Krankenversicherungsgesetz wurde neben Aktenmaterial

Die Einstellung zur Einführung einer Unfallversicherung war allgemein positiv. Die Abgeordneten brachten in der Generaldebatte am 20. Mai 1886 die Auffassung zum Ausdruck, die Einführung von Sozialgesetzen könne die Gefahr größerer Klassenauseinandersetzungen herabmindern und schließlich bannen. So Baernreither und Bilinski, welch letzterer ausrief, alle Berufsklassen müssten zusammenwirken, um die Gesellschaft vor der Gefahr des Kommunismus zu befreien und Neuwirth, der meinte, der Gedanke, dass es Aufgabe des Staates sei, die Kehrseiten des wirtschaftlichen Lebens zielbewusst im Auge zu behalten und helfend einzugreifen, wo es die öffentlichen Rücksichten erforderten, komme in allen Staaten immer mehr zum Durchbruch.

Liechtenstein wies auf einen Umstand hin, *der uns zu besonderer Eile beflügeln muss. Allenthalben häufen sich in letzter Zeit im Auslande bösartige Exzesse, welche, das kann ich Sie versichern, nur die Vorbereitung weit ärgerer Ausschreitungen sind. Lernen wir aus fremdem Unglücke, insbesondere aus jenem, welches über Belgien hereingebrochen ist, über das Land, in welchem die naive Lehre von der Freiheit des Arbeitsvertrages bisher immer noch von offizieller Seite geglaubt wird.*“ [4]

Lueger sagte, er selber habe als Verteidiger im Merstallinger-Prozess die Überzeugung gewonnen, dass die Übelstände in den Fabriken Schuld am Anwachsen des Anarchismus trügen. Und er vertrat die Überzeugung, die Erweiterung der Unfallversicherung zu einer internationalen Institution sei eben so notwendig wie

---

und Zeitungsberichten herangezogen: Svarovsky: Steinbach. S. 101 ff, der sich seinerseits der Bände III-VI von Kolmer; Parlament bediente.

4 1884 werden die beschränkten Zuständigkeiten auf dem Gebiet der Arbeit in dem neu gegründeten Ministerium der Landbauwirtschaft, Industrie und Öffentliche Arbeiten untergebracht. Die belgische Wirtschaft befindet sich aber seit etwa zehn Jahren in einer Talsohle und 1886, zwei Jahre später, brechen im ganzen Land heftige Unruhen aus. Die Unruhen von 1886 machen, dass die Gewalthaber sich der Notwendigkeit bewusst werden, in die Verhältnisse zwischen Arbeitgebern und Arbeitnehmern einzugreifen. Dies ist von ausschlaggebender Bedeutung für die radikalen Änderung der Sozialpolitik in Belgien. Am 15. April 1886 unterzeichnet König Leopold II. einen Erlass, durch das ein Gremium gegründet wird, das dafür zuständig ist, die Arbeitsbedingungen in der belgischen Industrie zu untersuchen und neue Maßnahmen zur Verbesserung der aktuellen Situation zu treffen. In seiner Thronrede vom 9. November 1886 verkündet der König, ausgehend von den Tätigkeiten des Untersuchungsgremiums, einen wichtigen Reformplan, von dem verschiedene Punkte während der parlamentarischen Sitzung 1886-1887 ausgeführt werden. Also kommen die ersten Sozialgesetze zustande:

das Gesetz vom 16. August 1887 zur Gründung des Industrie- und Arbeitsrates, zuständig für informative, beratende und vermittelnde Aufträge auf dem Gebiet der kollektiven Konflikte;

- das Gesetz vom 16. August 1887 hinsichtlich die Zahlung der Arbeiterlöhne;
- das Gesetz vom 18. August 1887 über die Unübertragbarkeit und Nichtpfändbarkeit der Arbeiterlöhne.

1888, 1889 folgen mehrere Gesetze. November 1894 wird innerhalb des Ministeriums ein Arbeitsdienst gegründet und künftighin heißt das Departement „Ministerium der Landbauwirtschaft, Industrie, Arbeit und Öffentlichen Arbeiten http://meta.fgov.be/pc/pcf/decf03.htm

beim Post- und Telegraphenwesen oder bei Vorkehrungen gegen Epidemien und Viehseuchen. Leider sei es eine Eigentümlichkeit des Kapitalismus, dass er für die Sicherung des Viehstandes mehr Interesse zeige als für die Not von Millionen Menschen, die in Folge der Ausbeutung in den Fabriken sterben. Es sei dies ein Schandfleck des Jahrhunderts.

Steinbach erwies sich in den Plenardebatten als großer Redner, der mit einem Selbstbewusstsein auftrat, das dem des von ihm vertretenen Ministerpräsidenten in nichts nachstand. Er trat nun einmal nicht als Beamter auf, der in aller Bescheidenheit seine Expertise zum Besten gibt, sondern eben als Vertreter der Regierung, so, wenn er sagte

„*Wären die Arbeiter nicht leichtsinnig, so würden weit weniger Unfälle geschehen als jetzt geschehen. Dieser Leichtsinn muss eben als versicherungstechnisches Moment mitberücksichtigt werden, und es lässt sich nicht leugnen, dass der Leichtsinn nicht ein so großes Verbrechen ist, dass deshalb nicht nur der Verletzte allein, sondern auch Weib und Kind bestraft werden müssten.*"

Oder: *Es ist dies der Schreck vor der Reform, die Ungewohnheit, sich in die neuen Verhältnisse hineinzufinden, eine gewisse Angst, was sich denn aus diesem Gesetze seinerzeit ergeben werde. Natürlich wird es niemand einfallen, ein solches Gefühl nicht gerechtfertigt zu finden. Wohl aber erlaube ich mir, darauf hinzuweisen, dass wir gerade in letzter Zeit mit solchen Gesetzen Erfahrungen gemacht haben, welche nicht so üble sind. Da darf ich z.B. erinnern an den Gesetzentwurf über die Gewerbe-Inspektoren. Hohes Haus! Wie viele Befürchtungen sind damals gehegt worden, als das Gesetz eingebracht, als es im Ausschusse beraten wurde, und wie sind – ich sage das mit größter Freude – die Resultate dieses Gesetzes geworden? Heute schon anerkennt das ganze Hohe Haus ohne Unterschied der Partei, dass die Gewerbe-Inspektoren ein wirklicher Fortschritt gewesen seien, dass das Institut sich rasch eingelebt habe und dass es ein Mittel sei zur Förderung des sozialen Friedens. Es ist damit das Verbindungsmittel zwischen Arbeitgebern und Arbeitnehmern hergestellt worden.*"

Und schließlich„ *Was wir Ihnen vorschlagen, ist nichts anderes als ein Organ, welche den Arbeitgeber befreien soll von der sozialen Verantwortlichkeit, die ihn schon heute trifft, und welches ihm die Mittel an die Hand geben soll, sich von dieser sozialen Verantwortlichkeit mit den geringsten Opfern zu befreien. Heute stehen ja die Sachen in der Tat so, dass gegenüber den Unglücksfällen, wie sie geschehen, gerade die moralisch besten Menschen am schlechtesten daran sind, und zwar einfach aus dem Grunde, weil sie, ohne jede Aufforderung abzuwarten, die Opfer bringen, die ihnen ihr Herz, ihr moralisches Gefühl auferlegt, während diejenigen, die in der Hinsicht härter geartet sind, welche nur dann folgen, wenn eine Rechtspflicht dazu vorhanden ist, sich dieser moralischen Pflicht entziehen.*"

Sachlich war ihm nicht beizukommen, denn seine Sattelfestigkeit und seine

Schlagfertigkeit machten ihn geradezu unschlagbar. Es war dies eine Tatsache, die bei gestandenen Politikern schon zu einem gewissen Unbehagen führte. Schließlich kam es, anlässlich der Entscheidung über das Kapitaldeckungsverfahren zu einem Eklat, als der führende deutschliberale Abgeordnete Ernst von Plener eine gepfefferte Brandrede gegen Steinbach hielt.

Plener selber schildert die Auseinandersetzung mit Steinbach viele Jahre später und mit beachtlich gnädigem Gedächtnis folgendermaßen: „*Der sehr tüchtige und sachkundige Abgeordnete unserer Partei, Handelskammerpräsident Mauthner, hatte in der Spezialdebatte einen ganz erwägenswerten Abänderungsantrag gestellt, während seiner Ausführungen sah ich einen besonders hässlichen Menschen vor dem Redner stehen und höhnisch lachen, nachher kanzelte er den Abgeordneten wie einen Schuljungen ab. Darüber ärgerte ich mich und gab ihm eine scharfe Rüge wegen dieses für einen Regierungsvertreter ganz ungeziemenden Benehmens.*“

Es ist nicht bekannt, inwieweit Plener in den Plan Mauthners und der Wiener Handelskammer mit eingebunden war, das Kapitaldeckungsverfahren im Plenum zu kippen, was es damit politisch auf sich hatte, konnte er aber zweifellos einschätzen. Und dass Steinbach wie ein Löwe für sein Kind kämpfte, das er unter so vieler Mühe bis dorthin gebracht hatte, hätte ihm wohl auch die Sympathie eines sachlichen Beobachters sichern können, der seine Meinung nicht teilte. Wie zuwider ihm, dem perfekten britischen Gentleman, aber dieser schlecht gepflegte und schlecht gekleidete Emporkömmling war, das erhellt schon aus dem argumentum ad hominem, mit dem er ihn als „*besonders hässlich*“ abqualifizierte. Im Rückblick aus der Memoirenperspektive konnte er dann dem Dahergelaufenen eine gewisse Qualifikation nicht absprechen, aber er tat es auf Gutsherrenart, indem er schrieb: „*Steinbach hatte das Talent, die Energie und die Selbstgefälligkeit des ungarischen Juden.*“ Aber nicht vielleicht das Talent eines in gehobenen Kreisen veredelten Vertreters seiner Abkunft. „*Kàlnoky*“ so Plener weiter, den damals amtierenden k.u.k.Außenminister, einen veritablen Grafen, zum Eideshelfer erwählend, „*nannte ihn immer den Juden aus der Königsgasse, das ist eine lange schmutzige Gasse in Budapest mit kleinen Goldarbeiter-, Trödler- und ähnlichen Geschäften.*“ Und wie die Abkunft, so musste auch die Gesinnung eine schäbige sein. „*Rechtzeitig getauft, war er bald ein frömmelnder Katholik geworden.*“ [5]

„*Man hat Steinbach*“ schreibt Graf Schönborn in seinen Erinnerungen, „*als das hinstellen wollen, was die Franzosen einen ‚Arriviste‘ nennen, und was wir etwas deutlicher als ‚Streber‘ bezeichnen. Um seine Karriere zu fördern, um sich in gewissen ausgesprochen katholischen Kreisen Ansehen und Beliebtheit zu verschaffen, habe er religiöse und konservative Anschauungen geäußert, mit denen*

[5] Plener: Erinnerungen. 2. Bd. S 449.

es ihm nicht ernst gewesen sei; ja, es wurde sogar erzählt, und, wenn ich mich nicht irre, in einer Zeitung abgedruckt, Steinbach habe meiner Frau auf ihre Frage, wie er denn so viel anstrengende Arbeit vertrage, geantwortet, ihn stärke der häufige Empfang der heiligen Sakramente. Abgesehen davon, dass meine Frau sich durchaus nicht erinnern kann, eine solche Äußerung von Steinbach gehört zu haben, sieht ihm die letztere gar nicht ähnlich. Steinbach war gewiss in seinem Inneren religiös, auch weiß ich zufällig, dass er nicht nur kurz vor seinem Tode, sondern während einer vor vielen Jahren überstandenen Krankheit spontan nach den Sterbesakramenten verlangt hat und mit ihnen versehen worden ist. Allein ich weiß das nicht von ihm, sondern von einem nahen Verwandten, dem ich zufällig begegnete, als er den Priester auf Steinbachs Wunsch herbeiholte. Er selbst sprach zu mir überhaupt nicht von Kirchenbesuch oder Empfang der Gnadenmittel, obwohl ich viele Stunden im vertraulichen Zwiegespräch mit ihm zubrachte. Was aber die Politik betrifft, so war er nicht der Mann, einer Partei oder einem Führer nachzulaufen.“ [6]

Der Kaiser reagierte auf die Auseinandersetzung auf seine Weise: Am 20. Juni 1886, keine drei Wochen danach, erhielt Steinbach *„in neuerlicher Anerkennung seiner ausgezeichneten Dienstleistung“* das Ritterkreuz des Leopold-Ordens verliehen, das ihm, worauf er verzichtete, den Aufstieg in den Beamtenadel ermöglicht hätte. Es fand sich in dieser zweifellos verdienten Auszeichnung ein Stachel feinster Bosheit für Plener. Sein Vater war nämlich nach Ausscheiden aus der Regierung nicht zu höheren Weihen gelangt, und das wohl ausschließlich deshalb, weil ihn der Kaiser nicht mochte. Und so musste sich der Sohn, ein Gentleman vom Scheitel bis zur Sohle, damals noch mit dem bescheidenen Prädikat eines „Edlen“ begnügen, das schon Großvater Plener nach einer bescheidenen Beamtenkarriere erhalten hatte. [7]

Doch nun zur Sache: Steinbachs Entwurf sah die Versicherungspflicht für alle in Fabriken und Hüttenwerken, Bergwerken, Werften und Stapelplätzen, Steinbrüchen und in den zu diesen Betrieben gehörigen Anlagen sowie mit Einschränkungen auf Baustellen beschäftigten Arbeiter und Betriebsbeamte vor. An Leistungen war vorgesehen: Ersatz des Schadens, welcher durch eine Körperverletzung oder durch den Tod des Versicherten entsteht, Rente bis zu 60 % des Jahresarbeitsverdienstes bei gänzlicher Erwerbsunfähigkeit und eine Hinterbliebenenrente von 20 % für die Frau und je 15 % für die Kinder. Zwischen Unfall und Leistung sollte eine Karenzzeit von vier Wochen liegen.

Die Versicherung sollte in Territorialgesellschaften organisiert sein, die Aufwendungen nach dem Kapitaldeckungsprinzip aufgebracht werden. Die Kosten

---

6 Schönborn, Friedrich: Begegnungen. In: Dt. Revue, 32 Jg. 3. Bd. Stuttgart und Leipzig 1907. S. 281.

7 Siehe Fritz, Wolfgang: Für Kaiser und Republik. Wien 2003. S. 82.

der Versicherung sollten hauptsächlich von den Arbeitgebern aufgebracht werden, die Versicherten aber zu den Aufwendungen beitragen. Zur Einstellung und Entlassung der Versicherungsbeamten sollte es der Zustimmung der Regierung bedürfen.

Der Berichterstatter der Majorität im Gewerbeausschuss, Fürst Liechtenstein meinte, da es sich um die Verstaatlichung eines Zweiges der Versicherung handle, so habe die Regierung nur ihre Pflicht getan, als sie eine Organisation vorschlug, welche alle Vorteile der Privatversicherung in sich vereinige, dagegen die Nachteile glücklich vermeide.

Die Vorteile der Privatversicherung bestünden in einem fünffachen Ausgleich der Gefahr, erstens durch Einbeziehung der größtmöglichen Anzahl von gefährdeten Objekten oder Personen, zweitens durch die Anwendung eines Tarifsystems, mit dem der mutmaßliche mehrjährige Durchschnitt der Schadenssumme jährlich in Form einer gleichmäßigen Prämie im voraus erhoben werde, drittens durch die Vereinigung der verschiedenartigsten Gefahrenklassen und viertens durch das Kapital-Deckungsverfahren. Der fünfte Ausgleich vollziehe sich durch die Rückversicherung.

Die hauptsächlichen Nachteile der Privatversicherung bestünden einmal in den großen Schwankungen der Klienten, zu denen schlechte Orientierung, Reklame und unsolide Unterbietung beitrügen. Eine fernere Schattenseite sei die Verteuerung in Folge des großen Heeres von Agenten und weiter die Auszahlung der Dividenden, welche notwendiger Weise die Prämien verteuerten.

„Die Schattenseiten sind in unserem System vermieden, weil sie auf Gegenseitigkeit und Zwang beruhen und weil ihre Territorien gegen einander abgegrenzt sind.“

Diese fünf Ausgleichungen der Gefahr würden in der von der Regierung geplanten Organisation eben so gut oder besser erreicht, als in der Privatversicherung. Die erste Ausgleichung der Gefahr, nämlich im Raume, werde dadurch gesichert, dass einzelne Territorien der Versicherungsanstalten so abgegrenzt werden, dass ein gewisses Minimum von 50.-60.000 versicherten Arbeitern in einem jeden vorhanden sein müsse. Der zweite Ausgleich werde durch das Tarifsystem hergestellt, für welches das geeignete versicherungstechnische Personal aufgenommen werde, der dritte Ausgleich durch Einbeziehung aller Gefahrenklassen, die sich in einem Territorium befinden, in die Anstalten des betreffenden Bezirkes. Der vierte Ausgleich, das Kapitaldeckungs-Verfahren, sei leicht zu bewerkstelligen durch ein entsprechendes Personal von Versicherungs-Beamten, Verwaltungsbeamten, welche die Kapitalien anlegen und darüber Buch führen. Für den fünften Ausgleich, die Rückversicherung, werde vorgesorgt durch jene Paragraphen des Gesetzes, welche die Ablieferung eines Teiles des Reservefonds jeder Anstalt an einen gemeinsamen Reservefonds vorschreibt.

Steinbachs Entwurf wurde am 4. Dezember 1883 dem Abgeordnetenhaus vorgelegt, die Annahme in dritter Lesung erfolgt am 5.Juni 1886. [8] Im Herrenhaus wurde es am 30. Oktober 1887 beschlossen. Seine Sanktion erfolgte am 28. Dezember 1887, also ziemlich genau vier Jahre nach Einbringung der Vorlage, wobei ein Teil der Verzögerung, fast ein Jahr, durch die Zwangspause verursacht war, welche die Neuwahlen des Jahres 1884 verursachten. Im übrigen war die lange Zeit durch harte und zähe Verhandlungen verursacht, war doch die Opposition in den wichtigsten Fragen anderer Meinung.

Sie wollte die Unfallversicherung statt in Territorialgesellschaften in Berufsgenossenschaften organisieren, die von der Regierung unabhängig wären, statt dem teureren Kapitaldeckungsverfahren strebte sie das billigere Umlageverfahren an, aber die Arbeiter sollten keine Beiträge zu den Kosten leisten müssen. Neben Industriearbeitern sollten auch die Arbeiter im Kleingewerbe, in der Landwirtschaft und bei den Eisenbahnen versichert sein, die Karenzzeit zwischen Unfall und Leistung sollte einen größeren Zeitraum in Anspruch nehmen als vier Wochen. Und zur Anstellung und Entlassung der besoldeten Beamten der künftigen Versicherungsanstalten sollte keine staatliche Genehmigung erforderlich sein.

Was die Organisation der Unfallversicherungsanstalten anbelangt, so sah die Regierungsvorlage, dabei vom deutschen Vorbild abgehend, die Bildung von territorialen Versicherungsgesellschaften vor, während sich die Opposition für Berufsgenossenschaften der Arbeitgeber aussprach.

Solche Berufsgenossenschaften hatten offensichtlich den Nachteil, dass ihre Mitglieder über das ganze Land verstreut waren, sodass ihre Verwaltung in allen Sprachen der Monarchie zu geschehen hätte, von verschiedensten Größe und unterschiedlichster Risikolage; manche waren zu klein, um eine eigene Genossenschaft zu bilden, manche, wie die Schießpulverproduktion trugen ein unverhältnismäßig großes Risiko.

Die Argumente der Opposition hatten einigen Anklang an katholische Sozialromantik, die ganze historische Entwicklung des Versicherungswesens aus Gilden und Zünften, so ihr Abgeordneter Heinrich Prade anlässlich der Generaldebatte am 20. Mai 1886 im Abgeordnetenhaus, weise darauf hin. Die Nationalisten begaben sich damit gewissermaßen auf feindliches Gebiet.

Was aber wohl stärker zählte, war die Tatsache, dass eine solche territoriale Versicherungsgesellschaft, beispielsweise in Böhmen, von der dortigen tschechischen Mehrheit beherrscht würde. [9] Es gehe, wie es Pattai beim gleichen Anlass ausdrückte, den Herren von der nichtdeutschen Nationalität darum, sich auf den ungemischten Gebieten national selbständig entwickeln zu können, auf den gemischten aber, die deutsche Nationalität zu beherrschen.

---

[8] *Wiener Abendpost,* Nr. 126 v. 2 ... 6 ... 1886, SS. 2f.

[9] *Wiener Abendpost,* Nr. 124 v. 31.5.1886, SS. 2f.

Der Christlichsoziale Karl Lueger meinte dazu, die Minorität wolle Berufsgenossenschaften nach dem Muster des deutschen Reiches, sie gestehe aber selbst zu, dass die Einteilung nach Berufsgenossenschaften nicht zentralistisch sei, weil deren Sitz in gewissen Industriezentren sein werde, allein das Interesse einzelner Industriezentren sei nicht identisch mit dem Interesse Österreichs. Hier spielte er auf die Brünner Handelskammer und ihren Abgeordneten Joseph Neuwirth an. Gerade die Anträge der Majorität trügen die Kriterien des Zentralismus an sich, denn das Gesetz beschließe der Reichsrat, die Verordnungsgewalt übe das Ministerium und sämtliche Lokal-Organisationen unterstünden dem Ministerium.

Steinbach rechnete in der Spezialdebatte mit der Sozialromantik in den Vorschlägen der Opposition ab. *„Namentlich liebt man es aber, das Wort Berufsgenossenschaften hier immer in Parallele zu setzen mit den Genossenschaften, welche in früheren Zeiten bestanden haben, mit einem Worte, mit den Genossenschaften des Mittelalters, mit jener genossenschaftlichen Organisation, die für ihre Zeit das Höchste geleistet hat, was überhaupt zu leisten war.* Nun seien aber das, was die Opposition vorschlage, *„gerade solche Versicherungsanstalten wie wir sie auch vorschlagen, nur sind sie anders zusammengelegt. ... Schlägt man denn nicht vor, auch Tarife und Gefahrenklassen einzuführen?. ... Was war denn damals eine solche Genossenschaft? Eine Vereinigung von Gleichberechtigten. ... Und nun proponieren Sie Genossenschaften von Arbeitgebern in erster Linie zum Zwecke, um für die Arbeiter zu sorgen. Ich bin gewiss der Allerletzte, der leugnen würde, dass im Menschen schöne Seiten vorhanden sind, und dass Freigebigkeit und Humanität und alle tunlichen anderen schönen Eigenschaften nicht ausgestorben sind. Aber ich möchte nicht auf die Opferwilligkeit hin ein ganzes genossenschaftliches System zu gründen wagen. ... Nun werden Sie mir vielleicht einwenden: „Ja, es hat Gilden gegeben, es hat Genossenschaften gegeben, in denen Ungleichberechtigte waren, und Sie werden mich auf die Zünfte verweisen. Wenn das geschieht, so haben Sie teilweise Recht. In den Zünften waren Mitglieder erster und Mitglieder zweiter Ordnung: Meister und Gesellen. Aber: Der Geselle des Mittelalters, der Geselle der Zunft hat auf Avancement gedient und bei den heutigen Fabriksarbeitern, gestehen wir das offen, ist das nicht der Fall.*

„In der Tat“, schloss Steinbach, *„was hier versucht wird, ist lediglich der Gebrauch desselben Wortes in zwei ganz verschiedenen Bedeutungen, und dieser Gebrauch geschieht in der Regel ganz unwillkürlich. ... Das, hohes Haus, war es, was ich mir vorzubringen erlauben wollte,“* schloss er, unter Bravorufen von rechts.

Neuwirth meint, er hätte über den Gegenstand noch vieles zu sagen, aber er wisse, dass er auf verlorenem Posten stehe, und überlasse die Rechtfertigung der von ihm vertretenen Anschauungen der Zukunft. Nach dem Schlussworte des

Majoritäts-Berichterstatters Fürsten Alois Liechtenstein wurde zur Abstimmung geschritten, Steinbach siegte auf voller Linie. [10]

Heftig umkämpft war die Frage, ob man zur Finanzierung der Versicherungsleistungen das Kapitaldeckungs- oder das Umlageverfahren verwenden solle. Die Vorteile des Kapitaldeckungs- gegenüber dem Umlageverfahren fasste der Regierungsvertreter Kaan in der Spezialdebatte wie folgt zusammen: Das Deckungsprinzip verlange, dass die Unfälle und Lasten, welche in einem Jahre entstehen, auch in diesem Jahre gedeckt werden. Jene Kapitalien, welche in einem Jahre ausgezahlt werden, müssen in Folge der Unfälle auch durch dieses Jahr getragen werden, und es muss hiefür die so genannte Schadensreserve vorhanden sein. Das Umlagesystem aber sei eine Überwälzung unproduktiver Auslagen auf die Zukunft und auf andere Personen.

In den Materialien zum Gesetzentwurf sei ein Vergleich zwischen beiden System durchgeführt worden, aus dem sich ergab, dass die dauernde Belastung im Beharrungszustande beim Umlageverfahren um 60 % größer ist, als die gleich bleibende Belastung des Kapitaldeckungs-Verfahrens im betreffenden Zeitpunkt. Dazu kommt noch, dass es beim Umlageverfahren keine Reserve gibt.

Der vorzüglichste Fehler des Umlageverfahrens bestehe aber darin, dass man es mit der Last der vergangenen Jahre zu tun habe, und dass es darauf ankomme, ob man diese Last auf mehr oder weniger Lohngulden zu verteilen habe. Beim Deckungsverfahren bleibe die Prämie konstant, möge die Zahl der Arbeiter groß oder klein sein, mögen die Löhne steigen oder sinken. Wenn aber beim Umlagesystem die Zahl der Arbeiter geringer werde – das sei die ungünstigste Zeit für die Industrie – dann steige die Prämie auf das Drei- bis Vierfache und eventuell selbst auf das Doppelte des Beharrungszustandes. Eine Vergrößerung der Lohnsumme ziehe eine Verkleinerung der Prämie nach sich, aber die Verkleinerung bleibe nicht stabil, sondern steige, bis jener Beharrungszustand erreicht sei, welcher der großen Lohnsumme entspreche. Es entstehe also durch dieses System eine Unsicherheit und ein Schwanken der Beiträge. Für die Industrie sei aber das Wichtigste, bei ihren Produktionskosten klare Rechnung machen zu können.

Über die Annahme des Kapitaldeckungsprinzips war im Ausschuss schon Einigung erzielt worden. Dann aber beschloss die Wiener Handelskammer in einem Plenum am 3. Mai 1886 ua., doch noch auf dem Umlageprinzip zu beharren. In zweiter Lesung stellte ihr parlamentarischer Vertreter Max Mauthner einen entsprechenden Abänderungsantrag, weil dies zunächst billiger käme. Außerdem könne man durch moderne Unfallverhütung erreichen, dass die heute kalkulierten Kosten ohnehin niemals eintreten werden. Größere Kosten für die österreichische Unfallversicherung würden die Konkurrenzsituation gegenüber Deutschland mit

---

[10] *Wiener Abendpost,* Nr. 124 v. 31.5.1886, SS. 2f.

seiner Umlageversicherung erschweren. Mauthner monierte, durch die Beiträge zur Unfallversicherung nach dem Kapitaldeckungsverfahren solle nicht nur das versicherte Kapital aufgebracht, sondern auch der Reservefonds gebildet und die Verwaltungsregie bestritten werden. Das sei für den ersten Anlauf zu viel. Das Umlageverfahren richte sich nach dem jeweiligen Bedürfnis und sei viel sicherer als das schwankende Zinserträgnis eines versicherungstechnisch berechneten und fruchtbringend angelegten Kapitals.

Steinbach brandmarkte diese Abweichung von einer bereits gefundenen Linie im letzten Augenblick mit scharfen Worten: *„Es bleibt in diesem Falle gar nicht Anderes übrig, als die Beschlussfassung dieses Gesetzes einfach zu vertagen und abzuwarten, was seinerzeit in der nächsten Session aus der Sache wird.“*

In der Sache sagte er: *„Es wird angeführt, die Lasten der Industrie sind enorm groß nach dem Kapitaldeckungs-Systeme.“* Das seien sich auch nach dem Umlagesystem, *„nur mit dem Unterschiede, dass unsere Nachkommen die Hauptlast tragen werden; welche Nachkommen, das weiß ich freilich nicht. Ob dieselben Industriellen noch im Betriebe sein werden wie die jetzigen oder mindestens ihre Kinder, das weiß ich nicht, kurz, es werden die Nachkommen sein, von denen mein verehrter Herr Vorredner behauptet hatte, dass sie einen viel besseren Industriezustand haben werden als wir, denn er sagte, eine Industrie in ihrer Gesamtheit kann nicht mehr stabil bleiben, noch viel weniger zurückgehen, sondern nur vorwärtsgehen.“*

Er, Steinbach finde ein solches Ausweichen auf die Zukunft begreiflich, schließlich hätten ja auch die unmittelbaren Vorfahren sehr wenig für die Zukunft getan. *„Gerechtfertigt – offen gestanden – kann ich ihn nicht finden. Denn für Dinge, für welche die Gegenwart aufzukommen hat, soll sie auch aufkommen, und dass sie für den Unfall, der sich in der Gegenwart ereignet hat, aufkommen soll, liegt in der Natur der Sache.“*

Werde nun nach dem Kapital-Deckungssystem der Industrie zu viel Kapital entzogen? . *„Was wird“*, stellt Steinbach die Gegenfrage, *„das Resultat dessen sein, wenn wir hier Anlagen suchen? Dass dasjenige, was wir für unsere Anlagen brauchen, auf der anderen Seite frei und wieder der Industrie zufließen wird. Es ist ja ganz begreiflich, dass sich diese Kapitalverteilung in einer anderen Art kaum vollziehen kann, und wenn es geschehen würde, hohes Haus, dass durch die vermehrte Anlage auf diesem Gebiete von unseren Papieren so manches, was jetzt im Auslande ist, hereingezogen und im Inlande verbleiben würde, würden Sie das für ein Unglück halten? Ich glaube, im Gegenteile (Bravo! Bravo! Rechts) Wir würden zufrieden sein müssen, wenn die Zinsen, welche wir zu bezahlen haben, auch im Inlande verwendet würden. (Beifall rechts) und wenn dadurch unsere Zahlungsbilanz sich bessern würde. Also ich gestehe offen, dieses Argument hat mir nie imponiert.*

Ein weiterer Nachteil eines Umlagesystem sei es, wie der Fall Deutschland zeigte, dass es einer Staatsgarantie bedürfe. Eine solche Staatsgarantie lehne die Regierung aber ab, weil „*man es für unrichtig halte, für einzelne Berufskreise die Garantie der Gesamtheit in Anspruch zu nehmen.*"

Auch sei das Umlagesystem eine Sackgasse, weil man von ihm nicht wieder zum Kapitaldeckungssystem übergehen könne. „*Woher sollen die Abgänge beschafft werden? Will man heute schon ein Staatsanlehen in Aussicht nehmen, um unter Umständen dem Defizite des Umlageverfahrens abzuhelfen? Ganz einfach stellt sich das beim Kapitaldeckungssystem. Ich brauche den austretenden Betrieben nur ihren Reservefonds mitzugeben, und es ist keine Schwierigkeit mehr vorhanden und keine Ungerechtigkeit geschehen.*"

Die Einwendungen gegen das Kapitaldeckungssystem seien schlicht übertrieben.„*Mit denselben Einwendungen könnte man jede Gründung einer Versicherungsgesellschaft unmöglich machen, aus dem einfachen Grunde, weil solche Gesellschaften ja in derselben Situation sind wie wir. Es ist eine bekannte Sache, dass z.B. das Kapitaldeckungsverfahren bei den Privat-Unfallversicherungs-Gesellschaften in Deutschland stets geübt wurde, und dass diese Gesellschaften alle recht gut dastehen, und dass sie dabei fortgekommen sind.*

Auch vom großen sozialen Standpunke, hohes Haus, scheint mir das Kapitaldeckungs-Verfahren das einzig richtige zu sein. Ich leugne es nicht, es kostet Opfer, namentlich in der Gegenwart. Ich werde denjenigen, die diese Opfer tragen müssen, keinesfalls ableugnen können, dass sie opferwillig eine große Last auf sich genommen haben. Niemand wird ihnen die Anerkennung versagen können, und jedermann wird ihnen mit Recht sagen dürfen und müssen, sie haben ihre soziale Pflicht im reichsten Maße getan, für die Gegenwart, hohes Haus, ist dies dasjenige, war wir von den Einzelnen verlangen dürfen, verlangen müssen. Wir müssen diese unsere Pflicht erfüllen, damit nicht dereinst eine Zukunft, die noch dunkel ist, uns vorwerfe: ihr hättet uns manches ersparen können, wäre euer soziales Pflichtgefühl ein größeres gewesen. (Lebhafter Beifall und Händeklatschen rechts. Redner wird von vielen Seiten beglückwünscht.)

Nun schob die Opposition anstelle des in der Rednerliste vorgesehenen Redners einen ihrer Stars, Max Menger, einen Bruder des Vaters der Grenznutzenlehre Karl Menger und des linken Rechtstheoretikers Anton Menger vor.

Der erklärte, er sei erstaunt über den Inhalt der eben vernommenen Rede, die nicht ein Volksredner, sondern ein Regierungsvertreter gehalten und welche dennoch das punctum saliens so vollständig umgangen habe. Der Herr Regierungsvertreter mahne die Opposition an eine soziale Pflicht, für welche sie längst mit allem Nachdruck eingetreten sei. Für die Einführung der Unfallversicherung seien ja beide Parteien des Hauses. Die Majorität und die Regierung sagten: Legen wir der Industrie gleich auf einmal alle Lasten auf, welche die Unfallversicherung mit dem Kapitaldeckungs-Verfahren notwendig macht. Die Minorität aber sage: Verteilen wir diese Lasten auf einen längeren Zeitraum, schaffen wir einen allmählichen Übergang zur Unfallversicherung wie in Deutschland.

Menger bedauerte es, wenn gerade durch die Plötzlichkeit der neuen Anforderungen das an sich wünschenswerte Gesetz vom Anfange an diskreditiert würde. Die ungünstigen Zeitumstände, unter welchen die Industrie derzeit zu leiden habe, würden diese Anforderungen noch härter erscheinen lassen, und viele Unternehmer würden denselben nicht gewachsen sein. Der am Umlageverfahren geübten Kritik gegenüber wäre auch zu fragen, ob nicht auch beim Kapitaldeckungs-System Nachzahlungen nötig werden können. Kenne man denn schon die statistischen Unfall-Prozentziffern in Österreich, könne also die Kapitaldeckung schon mit der wünschenswerten Genauigkeit berechnet werden? Ein sehr wichtiger Faktor beim Kapitaldeckungs-Systeme sei ferner das derzeit auftretende Sinken des Zinsfußes, das in seinem jetzigen Umfange noch vor 10 Jahren von niemand vorauszusehen war. Wie stehe es ferner mit der Valuta, mit der Entwertung des Silbers, die durch gewisse Congress-Beschlüsse in Washington außerordentlich gefährdet werden könnte? Wie es vollends mit dem Staatskredite nach 75 Jahren bestellt sein werde, lasse sich absolut nicht voraussagen. Alle diese Umstände seien aber von Einfluss auf das Kapitaldeckungs-System bei der Unfallversicherung. Auch der Einwurf sei nicht leicht zu nehmen, dass die Kapitaldeckung bei der Versicherung der Industrie Kapital entziehe, denn die Industrie sei in Österreich überhaupt kapitalarm. *„Wir sind Freunde der Unfallversicherung"*, schloss Menger, *„aber wir wünschen, dass durch dieselbe nicht eine Krise für die Industrie selbst herbeigeführt werde."*

Der Abgeordnete Fischer verlangte Schluss der Debatte. Sein Antrag wurde angenommen. Zum Generalredner wurde Ernst Plener gewählt, der seine schon erwähnte Brandrede hielt.

Am 2. Juni 1886 kam zum Schluss der Spezialdebatte der Berichterstatter der Majorität Fürst Alois Liechtenstein zu Wort: *„Der letzte Redner in der Debatte"*, so begann er, auf Plener eingehend, *"hat eine scharfe und an Ausfällen reiche Rede gehalten, und zwar war dieselbe nicht bloß gegen die Regierungsvertreter und die Majorität des Ausschusses, sondern auch gegen die Vertreter der Minorität gerichtet, welche in dieser Frage bekanntlich durch volle zwei Jahre mit uns gestimmt haben und immer gegen das Umlageverfahren sich aussprachen.*

Der Herr Abgeordnete hat es auch nicht verschmäht, das Lied von der Feindschaft der reaktionären Kreise gegen die Industrie anzustimmen. An diese Fabel glaubt niemand mehr, weder der, welcher sie sagt, noch diejenigen, welche ihm zuhören, höchstens vielleicht die Wähler, und vielleicht hat der Herr Abgeordnete, indem er an Neuwahlen gedacht hat, dieses Thema angeschlagen. (Gelächter links) Wir hegen keine Feindschaft gegen die Maschinentechnik, wir wollen nicht etwa das Gas abdrehen und Scheiterhaufen aufrichten, was ja besonders bei den teuren Holzpreisen ausgeschlossen ist. Ich möchte überhaupt wünschen, dass eine gewisse Kampfesmethode aufhöre, und ich richte diese Worte sowohl nach rechts als auch nach links.

Wir, die wir hier sitzen, gehören fast alle der besitzenden Klasse an, und ich glaube nicht, dass es zur Würde und zum Ansehen des Parlamentes beiträgt, wenn wir gegenseitig mit Angriffen aufeinander losziehen, welche in übertriebener Weise uns des Eigennutzes oder des Angriffes auf fremde Interessen zeihen.“

Bei der Abstimmung wurde der Abänderungsantrag des Abgeordneten Mauthner abgelehnt.

Über die Frage der Beitragsleistung der Arbeiter zu den Kosten der Unfallversicherung diskutierte der Gewerbeausschuss am 23. Februar 1886, wobei Neuwirth in eingehendster Weise den Standpunkt der Minorität vertrat, dass die Arbeiter, welche nach dem Gesetzentwurfe über die Krankenversicherung ohnehin zu zwei Dritteln zu den Kosten der Versicherung herangezogen würden, von jeglicher Beitragsleistung für die Unfallversicherung frei zu lassen seien. Den gleichen Standpunkt vertraten die anderen deutschliberalen Abgeordneten, während Steinbach und die konservativen Abgeordneten auf dem vorjährigen Beschluss, dass die Arbeiter zu 10 % zu den Kosten der Unfallversicherung heranzuziehen seien, beharrten. Die Minorität vertrat ihren Standpunkt mit der ausdrücklichen Betonung, dass sie aus der Nichtheranziehung der Arbeiter keinerlei Konsequenz in Bezug auf die Teilnahme der Arbeiter an der Verwaltung ziehe, sich vielmehr mit dem Grundsatz, dass den Arbeitern in der Verwaltung ein Drittel der Stimmen zuzuweisen sei, einverstanden erkläre. Die Abstimmung erfolgte mit Majorität im Sinne der Heranziehung der Arbeiter zur Beitragsleistung, worauf Abg. Neuwirth auch hier die Erneuerung des Minoritätsvotums aus der vorigen Session anmeldete.

Die Einigung im Gewerbeausschuss, zu der auch der Vertreter der Handelskammern, Joseph Neuwirth, beigetragen hatte, hinderte die Handels- und Gewerbekammer Wien nicht, auch in dieser Frage in ihrer bereits erwähnten Plenarsitzung mit weiter gehenden Forderungen vorzupreschen, welche sie dann auch im Abgeordnetenhaus relevierte. Sie empfahl *„den Wegfall der Arbeiterbeiträge, ebenfalls wie in Deutschland“, weil dies* zu einer Verdunkelung des wahren Sachverhaltes führen kann, *„daß in Wirklichkeit der Unternehmer die ganze Last trage.“* [11]

In der Debatte sprach sich Prade dagegen aus, weil die Arbeiter diesen Beitrag entweder durch unerreichbare Lohnerhöhungen zu ersetzen suchen oder sich und ihren Familien abdarben müssten. Lueger machte sich im Gegensatz zur Re-

---

[11] *Wiener Zeitung,* Nr. 128 v. 5.6.1886, SS. 9ff.

gierung, mit der er in den übrigen Punkten ja ging, dafür stark, dass man dem Begehren, dass die Fabrikanten allein die Beiträge zahlen wollen, stattgeben sollte, sobald das Recht der Mitverwaltung den Arbeitern unbenommen bleibe.

Der Abgeordnete Sueß war der Auffassung, es sei weder ethisch noch moralisch, sondern geradezu unmoralisch, Beiträge von den Arbeitern zu fordern, wo doch die Überwälzung klar auf der Hand liege.

Steinbach wies darauf hin, dass in der ersten Regierungsvorlage die Beitragspflicht der Arbeiter mit 25 % vorgeschlagen war, dass sich aber die Regierung in ihrer zweiten Vorlage für den Antrag der Majorität des Ausschusses entschieden habe. Der Antrag der Minorität, die Arbeiter von jeder Beitragspflicht zu befreien, habe jedenfalls das eine Moment für sich, dass sich die Verwaltungs-Operation vereinfachen würde. Allein die Regierung konnte von der Beitragspflicht der Arbeiter nicht völlig absehen, weil hiebei das sogenannte ethische oder, wenn man will, moralische Element schwer in die Waagschale falle. Es sei in der Tat dieses Moment der Gemeinsamkeit der Interessen, das Zusammenwirken zum gemeinsamen Zwecke das ausschlaggebende Moment für die Beitragspflicht der Arbeiter. Denn nur dadurch werde der Arbeiter zu der Einsicht kommen, dass die Unfallversicherungs-Kasse von ihm selbst mit erhalten werde, und dass er ein Interesse daran habe, dass diese Kasse geschont werde. Auf das Zusammenwirken bei der Verwaltung müsse schon darum Gewicht gelegt werden, weil darin eine Förderung des sozialen Friedens gelegen sei. Wenn dieses Zusammenwirken nicht auf beiderseitiger Beitragspflicht beruhe, würde ein falscher Verhältnis eintreten. Auch Steinbach glaubte, dass die Kosten der Unfallversicherung zu den Produktionskosten zu zählen seien. Allein daraus folge nur die materiell größere Beitragspflicht der Arbeitgeber, keineswegs die völlige Befreiung der Arbeiter. Steinbach empfahl schließlich dem Hause, im allgemeinen Interesse die Annahme des 10-prozentigen Arbeiterbeitrages und gab die Versicherung, dass die Regierung damit nicht etwas Arbeiterfeindliches, sondern etwas, das im allgemeinen Interesse liege, vorschlagen wolle. Es gab Bravorufe von rechts. In namentlicher Abstimmung setzte er sich knapp mit 133 gegen 122 Stimmen durch.

Was die landwirtschaftlichen Arbeiter anbetraf, so fanden es die Vertreter der Opposition falsch, dass diese, die doch die Mehrheit der Arbeiterschaft stellten, von der Unfallversicherung ausgeschlossen seien. Dadurch bleibe auch der Großgrundbesitz von der Beitragspflicht befreit, welche dagegen die Industrie umso schwerer treffe. Im Königreich Schwarzenberg blieben neun Zehntel der Arbeiter von der Versicherung ausgeschlossen, und die Verunglückten fielen der Armenversorgung anheim, zu deren Lasten die Industrie wiederum einen großen Teil beizutragen habe.

Liechtenstein fand, dass der Arbeiter in der Feldarbeit, sogar in der Forstarbeit und noch mehr im Kleingewerbe, die Gefahren, die ihn bedrohten, im Großen und Ganzen durch einige Geschicklichkeit und Geistesgegenwart vermeiden könne. Jene Gefahren, welchen er in der Maschinentechnik ausgesetzt sei, stehe er jedoch passiv gegenüber. In der Fabrik stehe er diszipliniert wie ein Soldat auf dem Posten, den er nicht verlassen könne, denn seine Kraft, seine Einsicht, seine Geschicklichkeit, seine Geistesgegenwart befänden sich in einem eminenten Missverhältnisse zu der konzentrierten Energie, welche in der Maschine aufgespeichert sei. Der größeren, also weniger vermeidlichen Gefahr müsse daher eine reichlichere Versorgung bei Unglücksfällen entsprechen.

Der galizische Abgeordnete Bilinski bot als Kompromiss an, dass in landwirtschaftlichen Betrieben nur die Maschinenarbeiter versichert sein sollten. Eine Versicherungspflicht für alle landwirtschaftlichen Arbeiter, würde die Durchführung des Gesetzes insbesondere in Galizien nahezu unmöglich machen.

Steinbach erklärte, der Gedanke der Regierung sei wesentlich der des zweiten deutschen Entwurfes, soviel als möglich die Großindustrie und den Großbetrieb in der Landwirtschaft in die Versicherungspflicht einzubeziehen. Schließlich einigte man sich auf den Antrag Bilinski. [12]

---

[12] *Wiener Zeitung*, Nr. 35 v. 13.2.1885, S. 2

Die Krankenversicherung

Das Krankenversicherungsgesetz vom 6. April 1888 bedeutete wie das Unfallversicherungsgesetz die Verstaatlichung eines Teiles des Versicherungswesens mit obligatorischer Mitgliedschaft der Versicherten unter staatlicher Festsetzung der Bedingungen und staatlicher Aufsicht. Der Kreis der Versicherten war aber gegenüber dem der Unfallversicherten erweitert:

Krankenversichert sollten nach § 1 in erster Linie jene Arbeiter und – wie man damals die Angestellten nannte – Betriebsbeamten sein, die auch unfallversichert waren. Dazu sollten noch die Bediensteten der Monopole, die Eisenbahner und Binnenschiffer, die Lehrlinge, und in einer salvatorischen Klausel, alle anderen unter die Gewerbe-Ordnung fallenden Arbeiter, die aus irgend einem Grund nicht unfallversichert waren, also wieder nicht die ArbeiterInnen in der Land- und Forstwirtschaft. [1]

Hatte man bei der Unfallversicherung Neuland betreten, so gab es bei der Krankenversicherung schon Vorläufer. Das bisher vorhanden gewesene, sehr bescheidene Netz an Betriebskrankenkassen, Baukrankenkassen, Genossenschafts-Krankenkassen. Bruderladen und freien Krankenkassen nach dem Vereinsgesetz wurde in das neue System aus Bezirkskrankenkassen mit einbezogen. Mitglieder der Bezirkskrankenkassen waren somit alle versicherungspflichtigen Personen, die nicht schon in einer der anderen Anstalten versichert waren. Unternehmer mit hundert oder mehr versicherungspflichtigen Personen konnten auch neue Betriebskrankenkassen errichten. Den Vereinskrankenkassen wurde vom Gesetz auferlegt, sich in ihrer Gebarung versicherungsmathematischen Grundsätzen zu unterziehen.

Für jede der Bezirkskrankenkassen war ein eigenes Statut zu errichten, sie hatten Rechtspersönlichkeit. Mitglieder waren alle Versicherungspflichtigen, also nur die Arbeitnehmer, in den Organen Vorstand, Überwachungsausschuss und Generalversammlung waren Arbeitgeber und Arbeitnehmer 1:2 vertreten.

Die Bezirkskrankenkassen unterlagen der staatlichen Aufsicht, der Staat haftete aber nicht für ihre Verbindlichkeiten. Die Aufwendungen für die Krankenver-

---

1 Gesetz vom 30. März 1888 betreffend die Krankenversicherung der Arbeiter, RGBl. Nr. 33 v. 6. April 1888

sicherung wurden nach versicherungsmathematischen Grundsätzen von den Arbeitgebern und Arbeitnehmern aufgebracht, wobei der Beitrag der Arbeitnehmer in der Regel drei Prozent des Lohnes nicht überschreiten sollte, die Arbeitgeber zwei Drittel der Kosten zu tragen hatten. Zwei Zehntel des Jahresbeitrages der Kassenbeiträge war in einen Reservefonds einzuzahlen.

An Leistungen der Krankenkassen waren vorgesehen: freie ärztliche Behandlung einschließlich des geburtshilflichen Beistandes, sowie die notwendigen Heilmittel und sonstigen therapeutischen Behelfe, bzw. freie Kur und Verpflegung in einem Krankenhaus in der letzten Klasse, nach drei Tagen und bis zu zwanzig Wochen Krankheit, in Ausnahmefällen auch bis zu einem Jahr, ein Krankengeld in der Höhe von 60 Prozent des im Gerichtsbezirk üblichen Tageslohnes und schließlich die Beerdigungskosten in der Höhe des Zwanzigfachen des durchschnittlichen Arbeitslohnes.

Den Gesetzesentwurf über die Krankenversicherung legte die Regierung dem Abgeordnetenhaus am 10. Februar 1886 vor.

Nach Beratung durch den Gewerbeausschuss gelangte die Vorlage am 5. Juni wieder in das Plenum. *Der vorgelegte Gesetzentwurf*, heißt es in den allgemeinen Ausführungen des Berichtes, *dürfte im Vereine mit dem ihm verwandten Arbeiter-Unfallversicherungs-Gesetze an sich schon und noch mehr als der Ausgangspunkt der künftig anzustrebenden Alters- und Invaliden- dann der Witwen- und Waisenversicherung der Arbeiter eines der wichtigsten Glieder in der Reihe derjenigen sozialpolitischen Maßregeln bilden, welche die österreichische Legislative vom Jahre 1883 angefangen zur Verbesserung des Loses der arbeitenden Klassen und zur gründlichen Heilung der sozialen Schäden unternommen hat.*

Die konservative Majorität des Gewerbe-Ausschusses, Referent Leon von Bilinski, empfahl dem Abgeordnetenhaus die Annahme der in vielen Punkten veränderten Regierungsvorlage. Die liberale Minorität, Referent war Joseph Maria Baernreither, meldete zu mehreren Punkten Anträge an und forderte in einer Resolution die Vorlage eines Gesetzentwurfes, durch welchen die obligatorische Krankenversicherung auf alle, insbesondere die Arbeiter in den land- und forstwirtschaftlichen Betrieben ausgedehnt wird.[2]

In der Generaldebatte im Abgeordnetenhaus sagte Berichterstatter Bilinski auf Anfrage, es habe diesmal keine Enquete unter Einbeziehung von Arbeiterschaft und Unternehmern gegeben, weil eine solche nur bei der Klärung von Sachfragen tunlich sei. Unfall- und Krankenkassen habe man nicht in einem Gesetz erledigen können, weil man sonst kleine Krankenkassen und große Unfallkassen gehabt hätte. Kranken- und Unfallkassen würden in Verbänden organisiert. Statt eines Spezial-Versicherungsamtes, wie von Handelskammerpräsidenten Max Mauthner

2 *Wiener Zeitung,* Nr. 129 v. 6.6 . . . 1886, S. 2.

gewünscht, werde es das versicherungstechnische Büro im Innenministerium geben. Das Haus beschloss daraufhin einstimmig, in die Spezialdebatte einzugehen. [3]

In der Spezialdebatte beklagte sich der radikale Demokrat Ferdinand Kronawetter, seit 1873 Vertreter der Josefstadt im Parlament und nicht zu Unrecht dessen soziales Gewissen genannt, über die Unklarheit des § 1. Ein Kleingewerbetreibender verstehe nicht, wen er zur Versicherung anmelden soll, riskiere aber eine Arreststrafe. Warum könne man nicht sagen, wer ein Dienstbuch hat, fällt unter die Krankenversicherung? Kronawetter schlug vor, *dass jene Herren, welche solche Gesetze, die man nicht versteht, abgefasst haben, mit dem betreffenden Arrest bestraft werden.*

Steinbach antwortete, das Leben werde eben komplizierter, und es gebe Personenkreise, die nicht unter das Gewerbegesetz fallen und dennoch krankenversichert werden müssen. Man definierte daher, die Krankenversicherung gelte für alle Personen, die in Betrieben arbeiten, aber keine Dienstboten sind. Das gelte aber wieder nicht für die in den Genossenschaftskassen Versicherten. Auch bleibe das Gebiet der Armenfürsorge unberührt.

Julius von Gomperz, Textilindustrieller und Brünner Handelskammerpräsident, schlug vor, es seien alle eigenes Betriebskapitel nicht besitzenden, auf Lohn angewiesenen Personen versicherungspflichtig. Das gehe nicht, sagt Steinbach, wegen der land- und forstwirtschaftlichen Bediensteten, der Dienstboten und der Beamten. Max Menger wies auf die armen Diurnisten hin, das waren die Tagschreiber, die vom Leiter einer Kanzlei nach Bedarf aufgenommen wurden, und die, wenn das Diurnium aufhörte, bitterster Not ausgesetzt waren, setzte sich damit aber nicht durch. Baernreither stellt einen Antrag zu Gunsten der land- und forstwirtschaftlichen Arbeiter. Schließlich wurde § 1 in der von Steinbach vorgeschlagenen komplizierten Form angenommen. [4]

Bei der Frage, inwieweit Taglöhner versichert sein sollen, gab es sogar die von Baernreither geforderte Rückverweisung an den Ausschuss, und das gegen Steinbachs Willen. Gomperz war gegen obligatorische Bezirkskrankenkassenverbände, die konnte aber Steinbach retten. [5]

Um die land- und forstwirtschaftlichen Arbeiter gab es in der Spezialdebatte im Plenum wieder eine größere Diskussion. Steinbach war diesmal im Vergleich zur Unfallversicherung einen Schritt weiter gegangen, und hatte im § 3 vorgesehen, dass der Innenminister in gewissen Landesteilen die Landarbeiter der Versicherungspflicht unterziehen dürfe.

---

3 *Wiener Abendpost,* Nr. 33 v. 11 … 2 … 1887, S. 2.

4 *Wiener Abendpost Nr.* 60 v. 15.2.1887, S. 2ff.

5 *Wiener Abendpost* Nr. 63 v. 18.3.1887, SS 1f.

Der Opposition war dies zu wenig, Prade sprach sich dafür aus, die Landarbeiter von Gesetz wegen in die Versicherungspflicht aufzunehmen, wenn der Gesetzentwurf seinen Zweck, sozialistischen und anarchistischen Agitationen entgegenzuwirken, erfüllen solle. Aber auch die Majorität wollte von diesem Vorhaben nichts wissen. Die Grundbedingung dafür, dass sie der Reform die Hand bot, war schließlich gewesen, dass keine Kosten für die von ihr vertretenen Großgrundbesitzer entstünden. Anton von Chamiec verlangte daher, die Landtage sollten zuständig sein. Auch der erst 34-jährige Joseph Kaizl, Prager Wirtschaftsprofessor und gemäßigter tschechischer Nationalist, ein besonders heller Kopf, der es noch bis zum Finanzminister bringen sollte, trat dafür ein, die Krankenversicherung der Landesgesetzgebung zu überlassen, weil sie zur Landeskultur gehöre.

„Es macht den Eindruck“ replizierte Steinbach, *„als ob ich mich in einer ziemlich verlorenen Position befinden würde, und ich darf dem hohen Hause gestehen, dass ich dieses Verlorensein der Position selbst in gewissem Sinne empfinde. Überzeugt, dass die Regierung in ihrem Antrage im Unrechte war, bin ich nicht.“*

Er glaubt, es handle sich bei dem Widerstand gegen die Verordnung um den bekannten Widerwillen gegen die Verordnungsgewalt. Er zitiert Cicero de legibus und übersetzt: *„Ich bekenne, dass in dieser Gewalt etwas Übles steckt, aber das Gute, das wir durch diese Gewalt erreichen wollen, können wir ohne jenes Übel überhaupt nicht haben“.*

Der Grund für Steinbachs Vorgangsweise, so sagt er, liege in den großen Unterschieden zwischen den Regionen. Nur dort, wo bereits geldwirtschaftliche Verhältnisse in der Landwirtschaft eingetreten seien, mache es Sinn, die Krankenversicherung einzuführen. Wo nicht, seien die Landarbeiter Dienstboten, die in Natura gepflegt und verpflegt werden müssen. Die Krankenversicherung sei die Nachfolgerin der Armenvorsorge der Gemeinden. In Deutschland seien mit dem Gesetz vom 5. Mai 1886 die Gemeinden, Gemeindeverbände bzw. Länder für die Einbeziehung der Landarbeiter zuständig. *„Ich gestehe, wir haben nicht gewagt, diesem Beispiele zu folgen.“*

In der Krankenversicherung liege somit eine finanzielle Entlastung der Gemeinden, sodass er den Widerstand mancher Großgrundbesitzer gegen die Krankenversicherung nicht verstehe. *„Man kann den landwirtschaftlichen Arbeitern die Lasten nur dort auferlegen, wo sie im Stande sind, dieselben zu tragen.“*

Worin liege der Vorteil der Krankenversicherung gegenüber der Armengesetzgebung? Die Armenfürsorge trete erst ein, wenn *„alle Ersparnisse, wenn das Hausgeräthe, ja selbst wenn Kleider und Werkzeuge der Krankheit zum Opfer gefallen sind. Darauf wartet die Krankenversicherung nicht. Sie soll ja den Versicherten davor bewahren, dass er der öffentlichen Mildtätigkeit anheimfalle, sie will denselben auf seine eigenen Füße stellen.* Auch das Kaizlsche Argument, *„könnte man kaum vorbringen, denn die Gesundheitsverhältnisse von Menschen* *gehören doch nicht zur Landeskultur. Mein hochverehrter Herr Vorredner stützt sich mit dem ihm in so hohem Maße zu Gebote stehenden Scharfsinne auf die allgemeine Klausel des Staatsgrundgesetzes, wonach alle jene Gegenstände, welche nicht in dem § 11 ausdrücklich dem Reichsrate vorbehalten sind, in den Wirkungskreis der Landtage gehören.* Steinbach meint, die Krankenversicherung gehöre zur Zivilgesetzgebung oder Heimatgesetzgebung, die dem Reichsrat vorbehalten ist, auch Medizinalgesetzgebung oder Gewerbegesetz kommen in Betracht. „*Ich für meinen Teil gestehe ganz offen, dass wir, wenigstens nach meinem unmaßgeblichen Erachten, eigentlich nie zu einer definitiven Lösung der Frage, wie sie hier gestellt ist, werden gelangen können... ich muss gestehen, dass gerade vom juristischen Standpunkte die Kompetenzkonflikte etwas sind, wofür man sich im Interesse der Gesamtheit nie besonders erwärmen kann ...* “. Man sollte wenigstens gewerbliche Arbeiter und Landarbeiter in einer Organisation zusammenfassen, sonst „*erstickt zuversichtlich die neue Organisation in ihren Kosten, weil wir zwei Reihen von ganz verschiednen Kassen haben, die alle zu wenig zu tun haben.* Es müsse jedenfalls, nach deutschem Vorbild, eine Rahmengesetzgebung des Reiches geben.

Baernreither sieht mit Verwunderung, dass Steinbach ein gut maskiertes Rückzugsgefecht angetreten habe, weil der Auffassung der Regierung niemand im Hause beigetreten sei. So habe der Regierungsvertreter, was die Entlastung der Gemeinden anbelange, an einem anderen Ort eine ganz andere Ansicht geäußert. Was die Kompetenzfrage angehe, weist Baernreither Steinbach darauf hin, „*dass vor zwanzig Jahren der bedeutendste juristische Kopf des Abgeordnetenhauses, Dr. v. Mühlfeld, mit weitvorhersehendem Blicke darauf hingewiesen habe, wie dereinst die sozialen Fragen eine Aufgabe der Legislative werden bilden müssen.* Das ist ein hübscher Hinweis des Steinbach-Kenners Baernreither auf Steinbachs jugendliches Vorbild Mühlfeld, den Altliberalen.

Schließlich wurde der gleichlautende Antrag Kaizl und Baernreither angenommen: *§ 3 Die Krankenversicherung der land- und forstwirtschaftlichen Arbeiter und Betriebsbeamten wird durch besondere Landesgesetze geregelt werden* [6]

Für die Landarbeiter war diese Entscheidung höchst betrüblich, denn solche Landesgesetze kamen in der Monarchie nicht mehr zustande, und es dauerte dann bis weit in die Erste Republik hinein, dass dieser Personenkreis tatsächlich in den Genuss der Versicherung kam, wobei die Landeskompetenz auch da noch der Einführung hinderlich war. [7]

Zur Organisation der Krankenkassen hatte im Ausschuss Steinbach auf Frage Neuwirths erklärt, dass man nicht anders als territorial vorgehen konnte, und man glaubte, in den Bezirksgerichtssprengeln den richtigen Umfang für die Kas-

---

6 *Wiener Abendpost* Nr. 41 v. 21.2.1887, SS 1f.

7 Talos: Sozialpolitik. SS. 204ff.

sen gefunden zu haben. Solche Sprengel gebe es an 1000, und es würden somit Bezirkskrankenkassen in dieser Anzahl zu errichten sein. Für besondere Verhältnisse werde man Ausnahmen eintreten lassen. Dies wurde dann in § 12 Abs. 3 des Gesetzes geregelt, wo den politischen Landesbehörden das Recht eingeräumt wurde, innerhalb der Grenzen eines Landes mehrere Kassen zu einer einzigen zu vereinigen oder in einem Gerichtsbezirk mehrere Krankenkassen zu errichten.

Der Abgeordnete Fürnkranz ging weiter und wollte den Kreis der Begünstigten auf die ganze arme, unterstützungsbedürftige Bevölkerung erweitern, womit er aber nicht durchdrang.

Adámek hatte Bedenken gegen die Betriebskrankenkassen, weil diese von den Arbeitern aus Furcht vor erhöhter Abhängigkeit vom Arbeitgeber abgelehnt würden, er wollte nur dafür stimmen, um das Projekt nicht zu gefährden.

Steinbach sagt, er habe in der Regierungsvorlage beabsichtigt, die beiden Klassen-Organisationen der Arbeitgeber und Arbeitnehmer, Betriebskassen und freie Kassen, miteinander in Konkurrenz zu stellen. Mitgliedschaft in beiden Formen befreie von der Mitgliedschaft an der Bezirkskrankenkasse. Im Gegensatz zur Unfallversicherung sei bei der Krankenversicherung schon etwas geschehen, und die Regierung wollte diese Tätigkeit nicht stören. [8]

Kaizl wollte die Betriebskrankenkassen gegenüber den Bezirkskrankenkassen schwächen. Er meinte zu Gomperz gewendet: „*Wären wirklich die Arbeitgeber so human ... so wäre die gesamte Krankenkassen-Gesetzgebung einfach überflüssig, weil dann die Betriebskrankenkassen für alle Fälle ausreichen würden... indem die Arbeitgeber ja freiwillig ihren Arbeitern das bieten würden, was diesen durch das Krankenkassengesetz mühsam gesichert werden soll.*“ Steinbach,der Kaizl seinen „*aufrichtigsten und herzlichsten Dank für die geradezu musterhafte Verteidigung der Bezirkskrankenkassen*“ sagte, Baernreither und Mauthner sprachen sich dagegen aus, der Antrag wurde abgelehnt.

Baernreither war gegen die Aufnahme der staatlichen Eisenbahnkassen in das Gesetz, Steinbach verteidigte dies, weil sie sonst im gesetzfreien Raum stünden, Neuwirth ... „*polemisiert gegen die Ausführungen des Herrn Regierungsvertreters, in welchen er einen etwas gereizten Ton entdeckt haben will. Er bemerkt ferner,* dass es überhaupt seltsam sei, wenn sich die Regierung bei den wichtigsten Fragen konsequent durch Beamte vertreten lasse, die dem Hause nicht verantwortlich seien.Auch Baernreither sagte, er hätte eben gewünscht, *dass es hier ähnlich wie im deutschen Reichstage geschehe, und die Minister selbst, und zwar meist mit schwerwiegendem Erfolge, in die Debatte eintreten.* Der Minoritätsantrag wurde abgelehnt.

---

[8] *Wiener Abendpost* Nr. 65 v. 21.3.1887, SS 2f.

Bei den Vereinskrankenkassen erhebt sich die Frage, ob diese wegen unerlaubter Nebenzwecke abgelehnt werden dürfen, wogegen sich die Opposition sträubt. [9]

Die Freien Hilfs- oder Vereinskassen waren von der Arbeiterschaft nach Einführung des Vereinsgesetzes von 1867 in Eigeninitiative errichtet worden. Die bedeutendste dieser Einrichtungen bestand in Wien. Damit sie als Krankenversicherungen nach diesem Gesetz anerkannt werden konnten, mussten sie sich auf der Grundlage des Vereinsgesetzes von 1852 mit seinen strengen Auflagen zugunsten der Staatsaufsicht umbilden. Dies war insoweit ein Segen, als auch in diese Versicherungen das Knowhow des modernen Versicherungswesens Einzug hielt, insofern aber ein Fluch, als die Kassen so nützliche Nebenzwecke wie die Invaliden- und Altersversicherung aufgeben mussten. Auch entfiel für sie der Unternehmerbeitrag. Schließlich ist noch zu bedenken, dass hier die Arbeiterbewegung einen Teil ihrer Autonomie zugunsten der Staatsaufsicht aufgab. [10]

Kronawetter war also nicht grundlos der Meinung, dass die Regierung die Arbeiterkrankenkassen benachteilige. Der Vertreter des Innenministeriums, Regierungsrat Kaan, betonte, es gehe nur darum, jene Probleme auszumerzen, die darin bestünden, dass die Vereine nicht nach versicherungsmathematischen Grundsätzen vorgingen und für die versprochenen Leistungen viel zu geringe Beiträge verlangten. Gegen die Vereine als solche sei nie vorgegangen worden. [11]

Im Gewerbeausschuss hatte der Abgeordnete Exner gefragt, warum die Arbeitgeber, abweichend von dem Unfallversicherungs-Gesetze nicht auch Mitglieder der Krankenkassen sein sollten, was Steinbach damit beantwortete, dass die Verwaltung der Krankenkassen in die Hände der Arbeiter gelegt werden müsse, welche darauf sehr eifersüchtig seien.

Steinbachs Regierungsvorlage hatte ursprünglich eine Dauer von 13 Wochen für die Krankengeldzahlung vorgesehen, das war aber schon den Abgeordneten im Ausschuss zu wenig gewesen, wobei sich letztlich Bilinski durchsetzte. Auch hatte der Ausschuss erfolgreich verlangt, dass es im Gesetz „*Beerdigungskosten*" statt „*Sterbegeld*" hieß. Der Antrag, Mindestbeerdigungskosten von 10 Gulden in das Gesetz aufzunehmen, scheiterte jedoch.

Eine längere Debatte hatte sich im Gewerbe-Ausschuss um die Frage der Höhe des durchschnittlichen Arbeitslohnes entsponnen. Steinbach erklärte sich gegen die von Anton Chamiec vorgeschlagene ziffernmäßige Minimalbestimmung, weil dies die Voraussetzung hätte, dem Arbeiter auch ein bestimmtes Einkommen zu gewährleisten. Schließlich wurde ein Subcomitee bestimmt, welches vorschlug, den Durchschnittslohn hätte die politische Behörde erster Instanz nach

---

9 *Wiener Abendpost* Nr. 65 v. 21.3.1887, SS 2f.

10 Talos: Sozialpolitik, SS. 68f.

11 *Wiener Abendpost* Nr. 68 v. 24.3.1887, SS 1ff.

Anhörung von Vertrauensmännern zu bestimmen. So stand es schließlich im § 7 des Gesetzes.

Für die Unterstützung der Wöchnerinnen hatte die Regierungsvorlage die Dauer von drei Wochen nach der Niederkunft normiert. Nach längerer Debatte, an der auch der Abg. Dr. Roser als Experte Teil nahm, wurde gegen den Antrag des Referenten Professor Bilinski, welcher vier Wochen beantragte, der Vorschlag des Abgeordneten Belcredi, sechs Wochen für die Dauer dieser Unterstützung zu bestimmen, angenommen, ins Gesetz kam sie aber, nach dem Antrag Biliniski, in Dauer von vier Wochen.

Für Angehörige von Versicherten, die in ein Krankenhaus aufgenommen wurden, war eine finanzielle Unterstützung im Betrag von mindestens der Hälfte des Krankengeldes vorgesehen. Neuwirth verlangte im Ausschuss, dass nur Verwandte in auf- und absteigender Linie als Angehörige gelten sollten, was Steinbacherfolgreich – bekämpfte, weil es unbillig wäre, andere Verwandte und mit dem Erkrankten zusammen lebende und von ihm abhängige Personen von der Wohltat des Gesetzes auszuschließen.

Eine größere Debatte entstand im Ausschuss um die Frage, ob, wie es Steinbach formuliert *„ein Maximum an Kassenleistungen statuiert werden solle.“* Darüber wurde in der Sitzung vom 31. März entschieden, wo eine Reihe von Maxima eingeführt wurden.

Vorsätzliche Herbeiführung der Krankheit, schuldhafte Beteiligung bei Schlägereien und Raufhändeln und Trunksucht führten zum Ausschluss von der Versicherungsleistung. Ursprünglich waren hier noch weitere Ausschlüsse vorgesehen gewesen, aber das scheiterte am sozialen Gewissen der Abgeordneten. Karl Lueger sprach sich gegen den Ausschluss unverheirateter Wöchnerinnen aus und wollte sechs statt vier Wochen Unterstützung. Mit ersterem Begehren setzt er sich durch, nachdem Eduard Sueß darin erinnert hatte, was Jesus von den Pharisäern gesagt hatte. [12] Die Abgeordneten Roser und Pernerstorfer erreichten, dass der Ausschluss der Leistungen wegen sexueller Ausschweifungen nicht in das Gesetz kam. [13]

Kaizl wollte die Bestrafung wegen Simulation nicht im Gesetz, dem schloss sich Türk an, auch mit dem Argument, ein Arbeiter könne als Kranker zur Arbeit gehen, nur um nicht für einen Simulanten gehalten zu werden. Der Antrag wurde angenommen. In diesem Zusammenhang kam es zu einer jener politischen Pöbeleien, wie sie die Deutschnationalen ins Hohe Haus brachten. Türk erging sich *„in weitläufiger Weise über den Mangel an Ärzten, wenigstens an christlichen Ärzten auf dem Land.“* und stellte den nicht zu dieser Sache gehörenden Antrag, eine zweiten Kategorie von Ärzten für das flache Land einzuführen. Eduard Sueß

[12] *Wiener Abendpost* Nr. 45 v. 25.2.1887, SS 2ff.
[13] *Wiener Abendpost* Nr. 55 v. 9.3.1887, SS 2f.

glaubte auch, dass in dieser Sache etwas geschehen solle, als er aber den Ausdruck „*Baderschulen*“ verwendete, schrie Türk, das sei „*eine Beleidigung und freche Verhöhnung des ganzen Ärztestandes*“. Der Präsident und Sueß beteuerten, dies sei nicht beleidigend gemeint, links hörte man „*Rohheit und Gemeinheit*“ schreien, Der Führer der Deutschnationalen im Abgeordnetenhaus, Georg Schönerer, tobte: „*Es gibt auch Judengenossen*“, und Türk ätzte zum Abschluss: „*Das ist der noble Ton, den die Herren im Hause einführen, dass sie einen ganzen Stand als Bader denunzieren.*“ Schönerer flog kurz darauf aus dem Reichsrat und musste vier Monate strengen Kerker über sich ergehen lassen, weil er eine antisemitische Prügelei in einer Zeitungsredaktion veranstaltet hatte.

Das Krankenversicherungsgesetz wurde bis zum 13. Februar 1888 vom Herrenhaus behandelt, wo es schließlich ohne besondere Änderungen in dritter Lesung angenommen wurde. Am 6. April 1888 schrieb das Wiener „*Extrablatt*“: „*Die heutige „Wiener Zeitung“ verkündet die volle Reife einer gedeihlichen Frucht, welche zahlreichen Existenzen Labung und Trost bieten soll in der Notdurft des Lebens. ... Es sind dies zwei Schöpfungen des Kabinetts Taaffe und der gegenwärtigen Reichsrats-Majorität, welche der Regierung wie dem Parlamente ein unbestrittenes Anrecht auf den Dank der Armen und Bedürftigen sichern. Die beiden Gesetze befreien den Arbeiter aus der traurigen Lage eines willenlosen Werkzeuges, das, abgebraucht vom Nutznießer, bei Seite geworfen werden kann, sie sichern ihm Schutz und Beistand auf dem Krankenbette, ein menschenwürdiges Dasein im Unglücke, wenn er im Kampfe ums Dasein kampfunfähig geworden. Es braucht nicht erst hervorgehoben zu werden, welch heilsame Einwirkung auf das soziale und wirtschaftliche Gesamtleben unseres Heimatlandes von der Aufbesserung des Arbeiterloses erhofft werden darf.*“ [14]

[14] *Wiener Abendpost* Nr. 80 v. 6.4.1888, S. 1.

Steinbachs Privatleben

Wie verlief Steinbachs Leben in den Achtziger Jahren, der Zeit seines Aufstieges in der Regierung Taaffe vom kleinen Sektionsrat zum weithin berühmten und ministrablen Sektionschef, wenn man von seinen dienstlichen Taten, welche zum Ende schon die Zeitungen füllten, absieht?

Nebenberuflich war Steinbach mit pädagogischen Aufgaben befasst. Seit 4. Oktober 1877 nahm er an der Prüfung der juristischen Nachwuchsen in Staatsprüfungs-Kommissionen teil. Damals ernannte ihn Unterrichtsminister Stremayr zum Mitglied der judiziellen Kommission. Am 18. August 1881 nahm ihn Unterrichtsminister Eybesfeld in die rechtshistorische Kommission auf. Seit 6. Juli 1888 war er 2., seit 4. Juli 1890 1. Vizepräses der staatswissenschaftlichen Kommission. Das Abprüfen hat ihm offenbar große Freude bereitet.

Mit Ende 1885 legte Steinbach seine Professur an der Wiener Handelsakademie zurück, und begann eine Vortragstätigkeit an der 1754 von Maria Theresia gegründeten Orientalischen Akademie, der Vorläuferin unserer Diplomatischen Akademie, welche er bis zum 30. September 1890 beibehielt. [1]

„Das hohe k.u.k. Ministerium des Äußeren", heißt es in dem entsprechenden Schreiben, *„hat sich mit dem Reskripte vom 17.* [September 1884] *bestimmt gefunden, Euere Hochwohlgeboren zum außerordentlichen Professor für National-Ökonomie und Finanzwissenschaft an der k.u. k. orientalischen Akademie gegen ein Honorar von jährlich 1000 Gulden und einer wöchentlichen Lehrveranstaltung von sechs Stunden zu ernennen."*

Am 12. März 1890 ernennt der Kaiser Steinbach zum Sektionschef. Steinbach nimmt diese Ernennung zum Anlass, seine Funktion als Professor an der Orientalischen Akademie zurückzulegen. Am 11. Dezember 1890 schreibt der Minister des Äußern an den Minister der Justiz: *„Wie Euer Excellenz bekannt sein dürfte, hat der Sectionschef in dem Hochdemselben unterstehenden Ministerium Dr. Emil Steinbach, welcher durch eine Reihe von Jahren in der k.u.k. orientalischen Akademie National-Ökonomie und Finanzwissenschaft vorgetragen hat, sich in Folge der Erweiterung seines dienstlichen Wirkungskreises veranlaßt gesehen, beide Fächer niederzulegen. Ich habe bei dessen Scheiden von der genannten Anstalt,*

[1] Schreiben der Orientalischen Akademie vom 6. Oktober 1890, Z. 55.

welches ich nur lebhaft beklagen kann, vor Allem Euer Excellenz für die demselben ertheilte Ermächtigung zur Abhaltung der oberwähnten Vorträge meinen verbindlichsten Dank auszusprechen. Der hingebungsvolle Eifer, mit welchem Herr Sectionschef Steinbach seiner Aufgabe gerecht wurde, der echt wissenschaftliche und zugleich praktische Geist, von welchem seine Lehrmethode getragen war und das Interesse, welches er seinen Schülern für die ihm anvertrauten wichtigen Disziplinen einzuflößen verstand, charakterisieren in der vortheilhaftesten Weise seine lehramtliche Thätigkeit und haben mächtig dazu beigetragen, Studienerfolge an der Akademie zu erzielen, welche den Zöglingen, wie vorzüglich dem Lehrenden nur zur Ehre gereichen. Sein Wirken sichert ihm somit einen dauernden Anspruch auf meine Anerkennung.“

Mit Rührung berichtet Schönborn noch in seinen Erinnerungen, mit welchem Eifer Steinbach seinen Vorlesungen nachgekommen sei. Da er sich die Zeit dafür nur in den frühen Morgenstunden absparen konnte, nahm er, weil er so zeitlich keinen Appetit hatte und später einfach das Essen vergaß, an solchen Tagen oft bis zum späten Nachmittag keinen Bissen zu sich.

Im September 1883 war Steinbach mit seinem Bruder in Rom. Davon kündet eine Ansichtskarte an einen Herrn C.H. Hobach, die das folgende launige Gedicht enthält:

Abschied sag ich nunmehr der ewigen Stadt Rom
Bald naht die Zeit, wann nach Wien ich komm
Heute Abend da warte ich, bis es pfiff
Alsdann besteige ich kühn das Lokomotiv
Nach Florenz richtet sich sein laufender Schritt,
Es ziehet mich und auch den Robert mit.
So entfliehen wir heute noch dem Gebiete der Malaria,
denn diese reicht bekanntlich nicht bis zur Bellaria.
Uns hat sie jedoch höchst gnädig verschont,
denn nur das Laster wird bestraft, doch die Tugend belohnt. [2]

Vielleicht in diese Zeit fällt, wohl angestoßen durch seine Veröffentlichungen, auch Steinbachs gesellschaftlichen Durchbruch. Wie es dabei zuging, darüber schreibt ein spöttelnder Glossist: *„Als in den Achtzigerjahren der Staatssozialismus, natürlich der k.k.österreichische, in usum delphini destillierte Staatssozialismus, Mode wurde und in die aristokratischen Salons eindrang, da wurde auf einmal Doktor Steinbach ein vielzitierter Mann. Er wurde viel in die aristokratischen Cercles zitiert und dozierte dort vor einem Auditorium der jeunesse dorée als Erzieher für die modernen Ideen, insbesondere vor den Damen im Palais Schönborn*

2 Postkarte vom 26.9.1883, NSt

über Rechtsfragen und Sozialpolitik. Er wurde, ein geistvoller Causeur wie er ist, bald der Bellac der aristokratischen Boudoirs, wo er im angenehmen, parfümgeschwängerten Halbdunkel der sozialen Frage die interessantesten Seiten abgewann und mitunter sogar „furchtbar pikant" war, wie eine kleine Hörerin und Komtesse versicherte. Es war eine diskrete, etwas verdunkelte Sozialpolitik natürlich, die sich entsprechend dem Kreise der Hörer von der Sozialpolitik der übrigen Welt durch wohltuende Dämpfung unterschied. " [3]

Ein Bekannter aus Jugendtagen, ein Kunstmaler, schreibt, wie er ihn, meistens im Hause einer höchst anziehenden, schönen und geistreichen Frau gesehen habe, die als noch junge Witwe einen Kreis von platonischen Anbetern um sich versammelte, meist bejahrten Männer in hohen Stellungen; unter anderen habe man dort auch den Philologen Wilhelm von Hartel und den Grafen Friedrich Schönborn gesehen. Steinbach habe, wenn er auch als Privatmensch außerordentlich bedürfnislos, ja fast ärmlich lebte, einen guten Bissen, noch mehr einen guten Tropfen wohl zu würdigen gewusst. In dieser wohltemperierten, behaglich-vornehmen und von einer kleinen Schwärmerei für die Hausfrau angenehm durchwärmten Geselligkeit habe er sich besonders wohl gefühlt, harmlose Anekdoten erzählt, sich an den fürchterlichsten Kalauern erfreut und nicht versäumt, beim Nachtisch von Zeit zu Zeit mit kundiger Hand die verschiedensten Schnäpse in seinem Gläschen zusammenzugießen, was er dann „Doktorenmischung" nannte.

Der Kunstmaler hatte ihn, im Herbst 1887, in sein Atelier in der Mariahilfer Straße eingeladen, um ihn über seine Meinung betreffend die mögliche Aufnahme eines Bildes mit religiösem Sujet zu fragen. *„Ich sehe ihn noch vor meinem Bild stehen"*, schreibt er, *„ziemlich groß, aufrecht, sehr beleibt, in seinem altmodisch geschnittenen Gehrock, den bebrillten, etwas gedunsenen Satyrkopf mit den schief gestellten, vergnügt und listig funkelnden Äuglein nach der Seite geneigt, das zausige schwarze Bärtchen krauend. Er schien beständig zu lachen, ja wenn er sprach, lachte er meist wirklich, wobei seine Stimme zwischen einem sonderbar schnarrenden Brustregister und einer gequetschten hohen Fistellage hin und herschwankte. Dabei brachte er seine Bemerkungen mit einer, ich möchte sagen: thaddädelhaften Bonhomie vor, so daß Äußeres und Betragen des merkwürdigen Mannes … fürs erste einen unstreitig komischen Eindruck machten"*. Was aber den Inhalt seiner Bemerkungen anbelangt, so habe sein scharfer, kritischer Verstand manchmal etwas geradezu Demütigendes gehabt. *„Man glaubte dann trotz aller Liebenswürdigkeit und Jovialität der äußeren Form zu bemerken, wie der Sprecher sich der Denkweise und Fassungskraft des Zuhörers angepaßt, seinen Geist erst auf das Niveau des Zuhörers eingestellt habe."*. [4]

---

3 Röntgen: „Streifzüge durch die Gerichtssäle. VII Excellenz Dr. Emil Steinbach. *„Das Barreau"* 15.4.1900-

4 A.F.S. „Aus den Erinnerungen eines Malers". Wien 1921.

Steinbach verkehrte, wie wir von König wissen, auch bei der Tochter seines Freundes Wittek, Irma. „*Ihrem heiteren Kreise ... fiel es einmal bei, eine Zeitung herauszugeben, in der jedes Mitglied über jenes Thema schreiben sollte, von dem es nichts verstand. Nur für Steinbach fand sich kein derartiges Thema. Er machte sich schließlich erbötig, über Sport zu schreiben.*“ [5]

Bei solcher Gelegenheit ist wohl auch das nachfolgende Sonett entstanden:

Es fiel mit niemals leicht, das Versemachen
Im Reimen war ich nie ein großer Held
Nie wollt' in mir die Muse recht erwachen
Ach im Akrostichon hab mich zumeist gequält.
Kein Retter naht! Ich mußt' den Mut entfachen
Rief der Befehl mich doch auf's Kampfesfeld;
Oft stritt mit diesen ich, als wären's Drachen.
Skandiert hab' ich und auch die „Füß“ gezählt.-
Tribut hab ich dem Dichtergott entrichtet
Ich reime nun acht lange Tage schon,
Cisternen Tinte habe ich ver-dichtet,
hab' schwer gerungen um die Lorbeerkron'
O wird es jetzt nur milde auch gerichtet-
Nie war so nett noch ein Akrostichon.

---

[5] König. Skizzen. S. 197.

Minister Schönborn

Prazak hielt die Leitung des Justizministeriums bis 1888, als der Statthalter von Mähren, Graf Friedrich Schönborn (1841-1907), ein Bruder des Prager Erzbischofs, als Minister an seine Stelle trat. Schönborn galt als Föderalist und Anhänger des böhmischen Staatsrechtes. Taaffe war, wie Ernst von Plener releviert, mit seiner Frau und ihm persönlich sehr befreundet. Er war im persönlichen Umgang eher scheu und unsicher und nichts weniger als ein tschechischer Heißsporn. [1]

Wie Czedik schreibt, hat Steinbach den neuen Minister sehr gut in das Ressort eingeführt und tatkräftig in der Geschäftsführung unterstützt. Wie sehr Schönborn Steinbachs Arbeit zu schätzen wusste, davon kündet ein Beispiel aus seinen Erinnerungen:

„Stets werde ich mich“, schreibt Schönborn, *„einer von mir präsidierten Sitzung im Justizministerium erinnern, die ich einberufen hatte, um darüber schlüssig zu werden, ob die seit langer Zeit nötig gewordene Reform unseres Strafrechts in Form einer Novellengesetzgebung oder durch eine neue Kodifizierung des ganzen Stoffes erfolgen solle. Es war ein kleiner, aber auserlesener Kreis von erfahrenen, hochgebildeten Beamten. Alles, was die Redner vorbrachten, hatte Gewicht und Bedeutung. Als aber Steinbach als Rangjüngster zuletzt sprach, da war mir zumute, als käme ein Riese, der eine von mehreren mühsam und langsam fortbewegte Last mit einem mächtigen Stoß vorwärtsbrächte.“* [2]

Schönborn [3] beschreibt seinen so geschätzten Beamten als *„groß und breitschultrig, ziemlich beleibt, den mächtig entwickelten Kopf mit einer Fülle schwarzen, leicht ergrauenden Haars bedeckt; die unregelmäßigen Gesichtszüge mit dem etwas struppigen Bart waren gewiss nicht schön, aber interessant, durch rasch wechselndes Mienenspiel belebt; die an sich kleinen Augen waren glänzend, schienen aber durch das bei Kurzsichtigen so häufige Blinzeln noch kleiner. Im ganzen ein merkwürdiger Kopf, noch merkwürdiger allerdings durch seinen ungemein reichen, bunten Inhalt; eine merkwürdige Physiognomie, eine rechte Gelehrtenerscheinung mit etwa eckigen, ungelenkigen Bewegungen, dabei aber weit entfernt*

---

1 Plener, Ernst v.: Erinnerungen. Stuttgart und Leipzig 1921. 2. Bd. S. 361 f.

2 Schönborn Friedrich: Begegnungen. In: Dt. Revue, 32 Jg. 3. Bd. Stuttgart und Leipzig 1907. S. 283.

3 Schönborn: Begegnungen.

von dem gravitätischen, langsamen Gehaben, das den Männern der Wissenschaft so oft eigen ist. Der Mann ... war eben nicht bloß ein Denker und Grübler, sondern von mächtiger, beständig treibender Tatkraft erfüllt; und so war denn seine Sprechweise, seine Art, sich zu bewegen, nicht die eines feierlichen Professors, sondern er zeigte sich als lebendiger, etwas unruhiger Mann, der schon viel gearbeitet, viel geleistet hat, aber noch lange nicht fertig ist, der die Zeit, die uns Menschen hienieden gegönnt ist, als eine Frist zur Arbeit betrachtet und hochschätzt, der aber in allen Studien und Geschäften noch immer genug freie Augenblicke übrighat, um Menschen und Dinge gründlich auszulachen. Immer wieder schlug dem tiefsinnigen, grübelnden Gelehrten der Schalk, der in ihm steckte, ins Genick; und wie überhaupt in seiner Natur merkwürdige Gegensätze vereint waren, war auch sein Witz von verschiedener, wechselnder Art. Steinbach war der scharf treffende Spott, die schneidende Ironie ebenso mundgerecht wie das banale Wortspiel." So flüsterte er ihm während einer Ministerratssitzung, wo es hieß „*die Verhandlungen sind im Zuge*" einmal zu „*Was, im Zuge? Da werden sie ja rheumatisch.*"

Was Schönborn an Steinbach besonders imponierte, das war seine wissenschaftliche Gründlichkeit auch noch in den nebensächlichsten Fragen. So habe er ihn einmal im Burgtheater getroffen, wo ein Stück von Friedrich Hebbel mit biblischem Stoff gegeben wurde. Am nächsten Tage besuchte Schönborn Steinbach in seiner Bibliothek, die „*mit Büchern jeglichen Formats und verschiedenen Inhalts überfüllt war.*" Bei der Gelegenheit warf Schönborn die Frage auf, inwiefern der Dichter mit der Heiligen Schrift übereinstimme, worauf Steinbach „*mehrere uralte Folianten mit den verschiedenen Bibeltexten*" herbeischleppte, und ihm die verschiedenen Varianten vorlas. So erschien ihm der Kollege insgesamt als „*ein theoretisch hoch gebildeter, praktisch erfahrener Fachjurist, der gleichzeitig Philosoph, Soziologe und Volkswirt war, respektable theologische Kenntnisse besaß, in der schönen Literatur verschiedener Zungen sehr bewandert war, die politischen Vorgänge mit Aufmerksamkeit verfolgte, kurz, wie ein sehr feiner, dabei starker Saugapparat alles Interessante, was ihn umgab, in sich aufnahm.*" [4]

Oft gönnte er sich, wie auch Schönborn erwähnt, den Theaterbesuch nicht. Einmal „*besuchte ihn ein Bekannter im Justizministerium, die Bureaustunden waren um ein Geraumes vorüber, alle Beamtenschaft schon zu Hause. Nur Dr. Steinbach saß noch behäbig und vergnüglich über seinen Akten. Der ziemlich korpulente Mann schlug die brillenbewehrten Augen auf, lächelte dem Eingetretenen freundlich zu und sagte:*

Sehen Sie, Bester, die anderen haben Frauen, zu denen sie laufen müssen, der

---

[4] Schönborn: Begegnungen. S. 279 ff.

muß ins Konzert, jener ins Theater, ich sitze hier allein unter den Akten – und so wird man eben Minister.“ [5]

Der mit Steinbach befreundete Jakob Herzog, Gründer und Herausgeber der einflussreichen Wochenzeitung „Montagsrevue“, berichtet, Herzog habe Steinbach einmal besucht, als dieser eine Liste von zu befördernden Richtern bearbeitete. Unter den zur Beförderung Vorgeschlagenen habe sich auch ein Jude befunden, der seines Glaubensbekenntnisses wegen weit hinten gereiht worden war. *„Das ist der Beste“,* habe Steinbach zu Herzog gesagt, *„ich werde ihn als ersten vorschlagen. Ein bisschen Geduld und wir werden sehen, ob ihn der Minister ernennt.“* Herzog wartete, triumphierend kam Steinbach vom Chef zurück. Der Justizminister Graf Schönborn hatte den Juden Kohn ernannt, den ersten jüdischen Landesgerichtsrat in Österreich. [6]

Als Steinbach im Herbst 1889 schwer erkrankte, kamen einander Steinbach und Schönborn noch näher. [7]

Nach Angabe des Extra-Blatt handelte es sich um eine sehr schwere Lungenkrankheit, die ihn an den Rand des Grabes brachte. Er musste sich einer überaus gefährlichen Operation unterziehen, deren Erfolg ein sehr zweifelhafter war. [8]

Aus der amtlichen Wiener Zeitung erfährt man: *„Am 3. Oktober 1889, Mittags, wurde Steinbach von einem Team unter der Leitung von Professor Bettelheim operiert. Nach dem um 2 Uhr aufgelegten Bulletin war durch Eröffnung des Eiterherdes die Aussicht auf Genesung wesentlich gebessert. Viele hohe Persönlichkeiten, darunter der Ministerpräsident und der Justizminister ließen sich über den Erfolg der Operation Bericht erstatten.* [9] Sechs Tage später erfährt man, die Rekonvaleszenz mache rasche Fortschritte. Der Patient nehme reichlich kräftigende Nahrung zu sich und habe heute schon mehr als eine Stunde außer Bette zugebracht. Es sei zu erwarten, dass bei seiner kräftigen Konstitution in nächster Zeit schon die volle Genesung erfolgen werde. Sektionschef Dr. Steinbach werde sich auf ärztliches Anraten zu seiner dringend notwendigen Erholung nach dem Süden – Meran oder Abbazia – begeben. [10]

---

5 Aus einer hdschr. Aufzeichnung (NSt.)

6 *Montagsrevue* v. 27.5.1907.

7 Czedik: Geschichte. 1. Bd. S. 359.

8 *„Illustriertes Wiener Extrablatt“ Abend-Ausgabe.* 20.Jg. Nr. 34 v. 4.2.1891.

9 „Sectionschef Dr. Steinbach“. *Wiener Zeitung* v. 3. Oktober 1889.

10 „Sectionschef Dr. Steinbach“. *Wiener Zeitung* v. 9. Oktober 1889.

Nachtrag und Vorgriff: Die Zivilprozessordnung

„Seit 1861" schreibt Hans Sperl, *„war es ... in Österreich Gebrauch gewesen, dass jeder neu auftretende Justizminister, um modern und fortschrittlich zu scheinen, eine Zivilprozessordnung vorlegte, durchwegs nach dem Vorbilde der deutschen Prozessordnung und von ihr geistig abhängig. Obwohl das Verlangen nach einer neuen Verfahrensordnung ein allgemeines war und ein Postulat aller Parteien bildete, ließen es die Parlamentarier immer bei einigem programmatischen Geschrei bewenden; zu einem Studium der Gesetzesentwürfe, auch nur zu Beratungen in den Ausschüssen, kam es niemals."* [1]

Den Wiener Lehrstuhl für Zivilprozess hielt seit 1875 Anton Menger, ein Bruder von Karl und Max Menger, der auch 1876 den ersten und einzigen Band eines sehr kritischen *„Sytem des österreichischen Ziviprozessrechtes in rechtsvergleichender Darstellung"* vorlegte, sich dann aber vom Verfahrensrecht ab- und dem Sozialismus zuwandte. Als Professor hatte er wenig Zulauf, einer seiner wenigen Getreuen war Franz Klein, Sohn eines beeideten Prätiosen-Schätzmeisters des k.k. Versatzamtes in Wien, der 1885, auf Antrag Anton Mengers, die Lehrbefähigung für Zivilprozess erhielt. 1890/91 veröffentlicht er eine Aufsatzreihe in den *Juristischen Blättern „Pro futuro, Betrachtungen über Probleme der Civilprozeßreform in Österreich"*, die Furore machte.

Steinbach empfahl ihn seinem Freund, dem Justizminister Schönborn, der ihn in sein Ministerium aufnahm. Seit 17. Februar 1891 war er *„in sehr bescheidener Stellung"* dort sich selbst überlassen, konnte dann aber binnen zwei Jahren einen zielführenden, wohl auch genialen Entwurf zuwege bringen. Er entnahm alles aus dem älteren österreichischen Recht, was der Sache dienlich war, verschmolz es mit Bestimmungen der deutschen ZPO aus 1877, ja selbst englische Elemente, wie die Erste Tagsatzung, fanden in seinem Entwurf Platz. Vieles von den Neuerungen, vor allem das Soziale, wie die Manuduktionspflicht, entsprang, wie auch Klein einräumte, dem Ideenkreis des Anton Menger. *„Er hat"* rühmte er ihm nach,

---

1 Sperl, Hans: Franz Klein. Jherings Jahrbücher 1928. *VIIIf=*

„die niederen und unbemittelten, die dienenden Schichten in das Recht eingeführt, in der Gesetzgebung und Rechtspflege Gehör und Geltung für sie beansprucht“ [2]

Schönborn beriet den Entwurf am 20. März 1893 im engsten Kreis, zu dem – neben dem zuständigen Sektionschef Karl Krall und dem Oberlandesgerichtspräsidenten Karl Chorinsky – auch der inzwischen zum Finanzminister aufgestiegene Steinbach gehörte. Er konnte ohne große Änderungen zum Gegenstand der parlamentarischen Behandlung erhoben werden.

Steinbach wird es auch zuzuschreiben sein, dass man nun in dem sozialliberalen Großgrundbesitzer Joseph-Maria Baernreither wieder den richtigen Mann fand, der dann als Berichterstatter des Abgeordnetenhauses den Weg zur Gesetzwerdung mit Glück und Geschick zu vollziehen vermochte.

---

[2] s. dazu Langer, Adalbert: Männer um die österreichische Zivilprozeßordnung 1895. Frankfurt/M … 1990. (Rechtshistorische Reihe 71.), S. 18f.

Installation eines Ministers

Finanzminister der Regierung Taaffe war seit dem 26. Juni 1880 der Pole Julian Dunajewski gewesen. Er hatte das Finanzressort mit starker Hand regiert, eisern für Budgetdisziplin gesorgt, und durch die Verbesserung des Systems der Verbrauchsteuern, die Staatsfinanzen nachhaltig saniert. [1]

Er war auch darüber hinaus ein starker Mann im Kabinett, der einen stramm konservativen und föderalistischen Kurs einforderte. Als er damit, nach langwierigen Auseinandersetzungen in der Frage des böhmischen Ausgleichs, nicht mehr durchkam, überreichte er am 22. Jänner 1891 sein Demissionsgesuch. [2]

Czedik nimmt an, dass den Demissionsgelüsten Dunajewskis nicht so bald nachgegeben worden wäre, wenn nicht die Absicht bestanden hätte, Steinbach gerade dieses Portefeuille anzuvertrauen. [3]

„Steinbach" schreibt Wilhelm König, *„schilderte mir mehrmals seine Überraschung, als er – damals Sektionschef im Justizministerium – eines Tages in seinem Arbeitszimmer den Besuch des ihm so wohlwollend gesinnten Justizministers Graf Schönborn empfing, der ihm mit größter Feierlichkeit und unter Abnahme eines Eides ein Geheimnis anvertraute. Die Bismarcksche Politik hätte an die Schneide eines Krieges mit Russland geführt.* [4]*Am Ballplatz wäre man der Ansicht, daß der Krieg wohl unausweichlich sei und hätte den Kaiser in diesem Sinne informiert. Der Kaiser wäre nun in größter Besorgnis. Die Erfahrung früherer Kriege habe ihn gelehrt, welche Bedeutung der finanziellen Kriegsrüstung zukomme. Nun gelte es diese, insbesondere einen entsprechenden Geldvorrat zu schaffen, der Kaiser wolle aber um jeden Preis alles vermeiden, was zur Verschärfung des Verhältnisses zu Russland beitragen könne. Die gestellte Aufgabe wäre also, große Mengen Goldes unauffällig ins Land zu schaffen."*

Von diesem Zweck, Gold für allfällige Kriege zu horten, war noch mehr als ein Jahr später, am 12. Mai 1892 in den Zeitungen die Rede. Steinbach, dann schon Finanzminister, äußerte dem Abgeordneten Jax gegenüber, er werde bemüht sein,

---

1 s. Fritz: Kaiser. S. 74ff

2 Charmatz, Richard: Österreichs innere Geschichte von 1848 bis 1907. II. Leipzig 1909. S. 71 f.

3 Czedik: Geschichte. 1. Bd. S. 360.

4 Hier wird wohl auf die Bulgarienkrise des Jahres 1887 angespielt, als sich Bismarck weigerte, Österreich gegen Russland zu unterstützen. S. Redlich: Franz Joseph S. 378ff

das Gold nicht abfließen zu lassen und es sei gegenwärtig überall das Bestreben vorherrschend, das Gold in den Staats- und Bankkassen zurückzuhalten. Von einem Kriegsschatz sei in dieser Konversation nicht die Rede gewesen, wohl aber habe der Minister bemerkt, dass die Regulierung der Valuta für einen glücklicherweise nicht in Aussicht stehenden Kriegsfall selbstverständlich von größter Wichtigkeit sei. [5]

Aber zurück zu Steinbachs Unterredung mit Schönborn.

„Der Kaiser", erklärte Schönborn, *„hält Dunajewski ganz und gar nicht für befähigt, diese Aufgabe zu erfüllen, vertraue ihm nicht mehr und habe sich Schönborn anvertraut, ohne noch mit Taaffe gesprochen zu haben. Schönborn habe als den verlässlichsten und begabtesten Mann für diese heikle Mission Steinbach in Vorschlag gebracht. Der Kaiser hätte aus vollem Herzen zugestimmt. Steinbach möge nach Eintritt der Dunkelheit mit Schönborn in geheime Audienz zum Kaiser kommen. Wenn Steinbach annehme, verpflichte sich Schönborn für Taaffes restloses Einverständnis zu sorgen. Steinbach, der Jurist und legislative Sektionschef des Justizministeriums, wehrte sich mit Händen und Füßen gegen die Übernahme des Finanzportefeuilles unter so beispiellos schwierigen Umständen. Andererseits konnte er sich dem Vorhalt Schönborns, daß er dem Rufe des Kaisers gerade der Schwierigkeiten halber wohl Folge leisten müsse, nicht verschließen und so entschloss er sich mit Schönborn zur Audienz zu gehen. Steinbach versprach in dieser Nacht dem Kaiser dem Rufe zu folgen, wenn ihm eine mögliche Lösung des Problems einfallen sollte. Er hat am nächsten Morgen schon um 5 Uhr früh in der Inneren Stadt einen Fiaker gesucht, um in den Prater zu fahren, wo er stundenlang in den Auen hin und her lief, die Lösung des gestellten Problems suchend."*

In den folgenden drei Tagen *„hat Steinbach bei kaum einstündigem täglichem Schlaf die ganze einschlägige geld- und währungstechnische Literatur ... verschlungen. Am dritten Tag war er Herr der Lösung des Problems. ... Es folgte eine neue Audienz mit Schönborn beim Kaiser. ... Wenige Tage darauf hatte Dunajewski demissioniert; die Welt wurde von der Ernennung Steinbachs zum Finanzminister überrascht."* [6]

Das kaiserliche Handschreiben, mit welchem Steinbachs Ministerlaufbahn beginnt, lautet schlicht so: *„Lieber Dr. Steinbach! Ich ernenne Sie zu Meinem Finanzminister. Wien, den 2. Februar 1891. Franz Joseph."* Er erhält es als Anlage zu einem Schreiben des Ministerpräsidenten Grafen Taaffe vom Folgetag, in dem es heißt:

„Mit dem Euer Hochwohlgeboren gleichzeitig zukommenden Allerhöchsten Handschreiben Seiner kais. und kön. Apostolischen Majestät vom 2.l.M. erhalten Euer Hochwohlgeboren Kenntnis von Ihrer Allerhöchsten Ernennung zum Fi-

---

5 siehe *Wiener Abendpost* Nr. 109 v. 12.5.1892, S. 1.

6 König: Skizzen. S. 217 f.

nanzminister. Indem ich Euer Excellenz zu diesem ehrenvollen Beweise des Allerhöchsten Vertrauens Seiner Majestät beglückwünsche, bitte ich sich der gleichen dienstlichen Unterstützung, auf welche ich Seitens Euer Excellenz zählen darf, von meiner Seite versichert zu halten. Es wolle Euer Excellenz gefällig sein, das Ihnen Allerhöchst übertragene Amt alsbald zu übernehmen. Wegen der Eidesleistung wird die weitere Mitteilung erfolgen.“ [7]

Steinbach leistete seinen Amtseid am 5. Februar 1891 um 14 Uhr in die Hände des Erzherzogs Karl Ludwig. Vorher, um 10 Uhr, verabschiedete sich Steinbach von seinen Kollegen im Justizministerium. Als Sprecher der Kollegenschaft fungierte Sektionschef von Giuliani. [8]

In den Gazetten wurde Steinbachs Berufung überaus freundlich aufgenommen. So hob die *„Neue Freie Presse“* die hervorragende Rolle vor, die Steinbach in der Ära Taaffe, vor allem bei der Abfassung der sozialpolitischen Vorlagen gespielt habe. Er sei ein scharfsinniger Jurist mit Interesse für wirtschaftliche Probleme und Sympathie für die Katheder-Sozialisten. Aufsehen habe seine Arbeit *Über die Pflichten des Besitzes* erregt, die eine scharfe Spitze gegen das bewegliche Kapital gezeigt habe. Man müsse abwarten, ob er sich als Finanzminister mehr von seinen Meinungen oder von praktischen Erwägungen leiten lasse. Erfahrung in wirtschaftlichen Dingen habe Steinbach erst in der Vereins-Kommission gesammelt, er sei aber mit Talent und wirtschaftlicher Bildung ausgestattet. Als deutscher Beamter sei er gewiss den politischen Gesinnungen des Herrn von Dunajewski fremd. So könne er durch Maß und Besonnenheit die Vorurteile, die sein Name in manchen Kreisen erwecken möge, zerstreuen und allgemeines Vertrauen erringen. [9]

Ernst Verganis deutschnational-antisemitisches *„Deutsches Volksblatt“* war der Meinung, Steinbach berechtige zu keinerlei Hoffnungen, weil er sich in seiner früheren Funktion stets gegen alle deutschnationalen Anliegen gestellt habe. Gut immerhin, dass er kein nationaler Pole sei. Als getaufter Jude werde er wohl dem Deutschliberalismus nahe stehen. Aber wahrscheinlich handele es sich bei ihm ohnehin nur um ein Übergangsstadium. [10]

„Das Vaterland“, die Zeitschrift Vogelsangs, hob hervor, dass Steinbach sich von Anbeginn an den Arbeiten des Gewerbe-Ausschusses beteiligt war, insbesondere aber beim Arbeiterschutzgesetz und den Arbeiter-Versicherungsgesetzen eine hervorragende Rolle spielte. Auch *„Das Vaterland“* kam auf die *„Pflichten*

---

[7] Schreiben des k.k. Ministerpräsidenten vom 2. 2. 1891, Zl. 128/M.P.

[8] *Fremden-Blatt (Abend-Blatt)* 45.Jg. Nr. 35 v. 5.2.1891, S. 1.

[9] *„Neue Freie Presse“ Abendblatt* Nr. 9498 v.4.2.1891.

[10] *Deutsches Volksblatt (Abend- Ausgabe)* Nr. 748 v. 4.2.1891, S. 2.

des Besitzes" zu sprechen, hier insbesondere auf das Christliche in seinen Auffassungen darüber. [11]

Die *„Arbeiter-Zeitung"*, damals erst im dritten Jahr ihres Erdenwallens und wöchentlich erscheinend, schrieb: *„Der bisherige Sektionschef im Justizministerium Dr. Emil Steinbach ist unstreitig einer der fähigsten Beamten in Österreich. Mit tüchtigen Kenntnissen ausgerüstet, fiel er unter den greisenhaften Figuren, die sonst bei uns Politik machen, durch einen verhältnismäßig modernen Standpunkt auf. Er ist der eigentlich Urheber aller jener Gesetze, die man ‚Sozialreform' nennt, er hat sie nach dem deutschen Original ins österreichische übersetzt. Insbesondere die Kranken- und Unfallversicherung ist ein Kompromiss zwischen der bürokratischen Borniertheit des Hofrates Kaan mit dem gesunden Menschenverstande Steinbachs. Er hat für die Ministerien des Handels, des Inneren, des Ackerbaues die einschlägigen Gesetze gemacht und vertreten, denn die betreffenden Minister verstehen davon absolut gar nichts. So hätte Steinbach fast für jedes Ministerium, gestützt auf gewisse Leistungen, kandidieren können – nur nicht fürs Finanzministerium. Wir zweifeln nicht, dass er das Ding auch erlernen würde, aber er wird es kaum nötig haben. Denn wir meinen, er wird nicht lange Finanzminister sein. Taaffe brauchte einen Namen von gutem Klang, der keine entschiedene Parteifärbung hat, und das ganze Ministerium in guten Geruch setzt, bis die Wahlen vorbei sind."*

Auch die *„Pflichten des Besitzes"* vermögen der *„Arbeiter-Zeitung"* nicht zu imponieren. *„Sand in die Augen"*, fasst das Blatt zusammen. [12]

Die Geheimratswürde, und damit der eigentliche Anspruch auf den Titel „Excellenz", kam am 22. Juli, am 24. vom Ministerpräsidenten angekündigt. [13] Das Hofdekret, gezeichnet von Gustav Graf Kálnoky (1832-1898), von 1881-95 k.u.k. Minister des Äußeren und des Kaiserlichen Hauses, erfolgte einen Monat später.

Die Amtsübergabe des alten an den neuen Finanzminister fand, am 6. Februar 1891 mittags um zwölf statt, *„in dem herrlich restaurierten blauen Saale des k.k. Finanzministeriums"* in Anwesenheit sämtlicher Beamter der Zentralleitung unter Führung des Sektionschefs Benjamin Freiherrn Possanner von Ehrenthal, der Vorstände der Hilfsämter und der Wiener Finanzbehörden, auch Statthalter Graf Kielsmansegg war, in seiner Funktion als oberster Vorgesetzter der niederösterreichischen Finanzlandesdirektion, anwesend. [14]

Dunajewski drückte seinen Mitarbeitern *„die innigste, aus der tiefsten Tiefe meines Herzens geschöpfte Dankbarkeit für alle Ihre Unterstützung, opferwillige Mitwirkung und Hingebung"* aus und bat diejenigen um Verzeihung, die er *„in*

---

[11] *„Das Vaterland"* XXXII. Jg.Nr. 35 v. 5.2.1891. S. 1f.

[12] *„Arbeiter-Zeitung"* III. Jg. Nr. 6 v. 6.2.1891.

[13] Schreiben des k.k. Ministerpräsidenten vom 24. Juli 1891, Zl. 735/M.P.

[14] Siehe *Wiener Abendpost* Nr. 29 v.6.2.1891, S. 3.

der großen Anzahl der verehrten Herren übersehen" und daher nicht ihren Verdiensten entsprechend gewürdigt habe.

Steinbach, der, wie der anwesende Sektionschef Niebauer bemerkte, *„durchaus nicht ohne Befangenheit vor das versammelte Gremium des Finanzministeriums trat"*, und, was bei einem so erfahrenen Redner verwundert, seine Ansprache von einem Zettel ablas, [15] verwies zunächst darauf, dass er ja vielen der Herren kein Unbekannter mehr sei, und setzte fort:

„Erwarten Sie von mir kein Programm. Alles, was ich Ihnen zunächst über die Art meiner Tätigkeit sagen möchte, lässt sich in dem Satz zusammenfassen: Ich werde mein Amt versehen als ein kaiserlicher Beamter, welchen mich nunmehr schon durch lange Jahre nennen zu dürfen mir zur größten Ehre gereicht. Dass ich mir vornehme, mein Amt mit strengster Gerechtigkeit und Unparteilichkeit, und dabei mit jenem aufrichtigen Wohlwollen zu verwalten, für welches bei treuer, gegenseitiger Pflichterfüllung volle Gelegenheit vorhanden ist, das liegt schon in meiner Versicherung, als kaiserlicher Beamter handeln zu wollen."

Niebauer war selber in der Kombination um das Amt eines Leiters des Finanzministeriums gewesen, und zwar sollte er das Haus bis zum Zusammentritt des für die Jahre 1901-1907 neu zu wählenden Abgeordnetenhauses führen, der dann am 9. April geschah. Niebauer hatte den betreffenden Hinweis, wie er schreibt, von keinem Geringeren als dem Präsidialvorstand Witold Korytowski (1850-1923), der selber, von 1906 bis 1908, ein höchst erfolgreicher Finanzminister sein sollte. Den Vorschlag, den neuen Finanzminister aus dem Abgeordnetenhaus zu entnehmen, und inzwischen mit Niebauer Vorlieb zu nehmen, hatte Ministerpräsident Graf Taaffe nämlich von Dunajewski selbst erhalten.

Steinbach wie Possanner wiesen auf Dunajewskis besonderes Verdienst hin, das Defizit beseitigt zu haben, Steinbach bezeichnete dies als *„eine Errungenschaft, welche zu erhalten und zu kräftigen eine unserer Hauptaufgaben ist."*

Darauf fand noch Kielsmansegg Dankesworte für Dunajewski, der wieder Steinbach die Sektionschefs, Ministerialräte und Vorstände der Hilfsämter vorstellte, Possanner versicherte Steinbach *„Eure Exzellenz in Ihrem schweren Berufe mit Allem, was unsere physischen und geistigen Kräfte zu leisten vermögen, zu unterstützen"*, dies auch deshalb, *„weil wir Sie aus unserer bisherigen Wirksamkeit als einen edlen Charakter und wohlwollenden Freund der Beamten kennen und lieben gelernt haben. Seine Exzellenz, der Herr Minister Dr. Steinbach"* heißt es in der *„Wiener Abendpost"* abschließend, *„zog sich hierauf in sein Arbeitszimmer zurück."*

Alexander Spitzmüller, von 1916 auf 1917 ein halbes Jahr Finanzminister und nach dem Krieg letzter Gouverneur der Österreichisch-ungarischen Bank, ein ge-

---

[15] Niebauer: Erinnerungen.

nialer Mann, dem das politische Glück aber wenig lachte, war zur Zeit von Steinbachs Amtsantritt dem Präsidialbüro zur Dienstleistung zugeteilt und hatte auch Gelegenheit, bei Urlaubsvertretung für den Präsidialvorstand unmittelbar mit dem Minister zusammenzuarbeiten.

In seinen Memoiren schreibt er: „*Dem Einflusse der mächtigen und in ihrer Art einzig gearteten Persönlichkeit Dr. Steinbachs ... konnte sich niemand entziehen. Steinbach war unzweifelhaft ein Mann von genialer Begabung und von durchdringendem Verstand. In sozialer Beziehung stand er sehr weit links, war aber gleichzeitig katholisch und von größter Verehrung für den Monarchen erfüllt. ... Ich ... wurde ... weltanschaulich von Dr. Steinbach intensiv beeinflusst.*“ [16], was bei Spitzmüller dazu führte, dass er dem in seinem Elternhaus im Schwange gewesenen Deutschliberalismus abschwor und bis in die Knochen schwarz-gelb wurde.

Im Ministerrat habe Steinbach, „*ein Mann des konservativen Fortschritts*“, wie Spitzmüller sagt, von Beginn maßgeblichen Einfluss gehabt. So habe er unmittelbar nach seiner Ernennung als Referent für den Entwurf einer Thronrede, mit welcher das neue Abgeordnetenhaus eröffnet wurde, fungiert. Nicht nur bei Beratung von Gesetzesentwürfen von sachlicher Wichtigkeit, auch in den politischen und den mit den nationalen Streitigkeiten zusammenhängenden Fragen wusste er sich Gehör zu verschaffen. Oft war sein Votum das ausschlaggebende.“ [17]

Von seiner Zusammenarbeit mit Steinbach erzählt er, man habe dem Minister einen Akt vorgelegt, der eine größere Materialbestellung für ein staatliches Unternehmen zum Gegenstand hatte. Nach Aktenstudium äußerte Steinbach Spitzmüller gegenüber, er habe den Eindruck, dass bei dieser Bestellung gestohlen werde. Spitzmüller empfahl, mit einem führenden Mann dieses Unternehmens, der im Ruf besonderer Tüchtigkeit und Korrektheit stand, zu sprechen. Nach dieser Besprechung sagte Steinbach, er glaube nun erst recht, dass es bei der Beschaffung nicht mit rechten Dingen zugegangen sei und gerade sein so angesehener Gesprächspartner sei selbst in die Machenschaften verwickelt. Da es keine Beweise gab, unterschrieb Steinbach den Akt. Spitzmüller aber hatte viele Jahre später eine Disziplinaruntersuchung gegen eben jenen Beamten zu führen, bei der zu Tage trat, dass er sich schon seit vielen Jahren bei der Leistungsvergabe bereichert habe. [18]

Zum Abschluss noch eine Reduktion der Mitarbeiterfrage auf ihren pekuniären Kern:

---

16 Spitzmüller, Alexander:" ... und hat auch Ursach, es zu lieben.“ Wien ... : 1955. S. 28 ff.

17 Spitzmüller: Steinbach S. 53.

18 Spitzmüller: Steinbach 61.

Eine Gehaltsliste aus dem Jahre 1892 listet Steinbach mit seinen ranghöchsten Beamten auf. Er selbst lukrierte als Minister 527,50 fl monatlich, seine drei Sektionschefs, Andreas Baumgartner, Anton Niebauer und Maximilian Chiari erhielten je 269,50 fl, der ranghöchste Ministerialrat, Ernst Ellinger, brachte es immerhin noch auf 234,50 fl, Eugen Böhm-Bawerk nur auf 172,50 fl, der rangniedrigste Ministerialrat, Adolf Ott auf 120. [19]

Vom 27. Februar bis 21. März 1891 fanden Neuwahlen zum Reichsrat statt, die an die Stelle der zum Eisernen Ring gehörenden Alttschechen die linksliberal-nationalistische Partei der Jungtschechen setzte. Auch viele Christlichsoziale und Deutschnationale waren neu ins Abgeordnetenhaus gekommen. Die parlamentarische Mehrheit der Regierung Taaffe war prekär.

Am 9. April ging die Eröffnungssitzung des eben neu gewählten Abgeordnetenhauses über die Bühne. [20] Und Steinbach, der hier zwanzig Jahre lang als Referent aufgetreten war, hatte nun die Ehre, zum ersten Mal auf der Ministerbank Platz zu nehmen; neben dem Ministerpräsidenten Grafen Taaffe, seinen langjährigen Chefs und Promotoren Prazak und Schönborn. Die Sitzung begann damit, dass Taaffe den Alterspräsidenten, Franz Smolka aus Lemberg, in sein Amt einführte.

Der Alterspräsident wieder bestellte, nach seiner Angelobung, provisorische Schriftführer, von denen einer die Zuschrift seiner Exzellenz des Herrn Ministerpräsidenten zur Verlesung brachte, *„welche die Enthebung Sr. Exzellenz des Herrn Dr. Ritter von Dunajewski von seinem Posten als Finanzminister und die Ernennung Sr. Exzellenz des Herrn Dr. Emil Steinbach zum Finanzminister dem Hause bekannt gibt.“*

Mehr war hier nicht zu tun, denn nach der Verfassung des Jahres 1867 hatte das Parlament bei der Bestellung der Regierung keinerlei Mitsprache. Darauf fand die Angelobung der Abgeordneten statt.

Zur feierlichen Eröffnung der Session des Reichsrates durch Seine Majestät den Kaiser kam es zwei Tage später, wieder mittags um zwölf, im Zeremoniensaal der Hofburg. [21] Dort hatten bereits vorher die Mitglieder beider Häuser des Reichsrates, die des Herrenhauses zur Rechten des Thrones, des Abgeordneten zu seiner Linken, Aufstellung genommen. Darauf erstattete der Erste Obersthofmeister, Prinz zu Hohenlohe, seiner Majestät die Meldung, *„worauf Allerhöchstdieselben Sich aus den inneren Gemächern in den Zeremoniensaal zu begeben geruhten.“*

Unter Vorantritt des Oberzeremonienmeisters, Grafen Hunyady, bewegte sich der Zug in folgender Ordnung: Voran schritten die Minister, unter ihnen Steinbach, mit dem Ministerpräsidenten, nach ihnen die Erzherzoge, darauf, unter Vor-

---

[19] St.A., 1.1c.1892, Personal-Daten, FM. Präs. Ktn. 3237.

[20] *Wiener Abendpost* Nr. 80 v.9.4.1891, S. 2f.

[21] *Wiener Abendpost* Nr. 82 v. 11.4… 1891, S. 1f.

tritt des Obersthofmeisters und des Obersthofmarschalls der Kaiser, in der Marschallsuniform, *„ehrfurchtvollst und mit begeisterten Hoch-Rufen von den Reichsratsmitgliedern begrüßt."* Zu seiner Seite und hinter ihm schritten die Gardekapitäne, der Oberstkämmerer-Stellvertreter und der Oberststallmeister. *„Im Saale angelangt, stellten sich Ihre Exzellenzen die Herren Minister auf der linken Seite an der Estrade des Thrones auf, die durchlauchtigsten Herren Erzherzoge nahmen die Stellung auf der Estrade selbst, ebenso die Obersten Hofämter, die Gardekapitäne und der Generaladjutant auf den Stufen des Thrones und auf der Estrade. Seine Majestät bestiegen den Thron, bedeckten das Haupt, geruhten aus der Hand des Herrn Ministerpräsidenten die Thronrede entgegenzunehmen"*, die von Steinbach verfasst war, *„und dieselbe mit lauter, weithin vernehmbarer Stimme zu verlesen."*

Die Thronrede enthielt Verfügungen über Agenden aus dem früheren und aus dem neuen Arbeitsbereich Steinbachs. Hier gab es eine Vorlage, *„welche die Förderung des Einvernehmens zwischen den Unternehmern und ihren Arbeitern und die möglichste Ausgleichung sozialer Gegensätze auf diesem Gebiete"* bezweckte. Es war das Projekt der Arbeiterkammern, das im alten Österreich nicht mehr zu verwirklichen war. *„Die wohltätigen Wirkungen, welche das erst seit Kurzem in Geltung stehende Gesetz betreffend die Unfallversicherung der Arbeiter geäußert hat"*, ließen es als wünschenswert erscheinen, es *„auf weitere Kreise auszudehnen."* Bei den Finanzen gab es die Verpflichtung, das Gleichgewicht im Staatshaushalt zu erhalten, verbunden mit der Reform der direkten Besteuerung. Was fehlte, obwohl es im Interesse des Kaisers an erster Stelle stand, war die Valutareform.

Am 16. April wählte das Abgeordnetenhaus sein Präsidium, die Ordner und Schriftführer, und stellte sich der Aufgabe, die Allerhöchste Thronrede mit einer Adresse zu beantworten, die jedoch wegen abweichender Meinungen der Deutschliberalen in Fragen Schulwesen und böhmischem Ausgleich nicht zustande kam. Stattdessen entschloss sich das Haus am 8. Mai auf Antrag des Präsidenten, in bemerkenswerter Verleugnung ihres parlamentarischen Selbstwertgefühls, eine Loyalitäts- und Ergebenheitsadresse an den Kaiser abzugeben.

Zwei Budgets in einem Jahr

Es ergab sich nun, dass im Zeichen einer neuen Annäherung zwischen Regierung und Deutschliberalen der Budgetausschuss Plener zu seinem Vorsitzenden wählte. Plener hielt nach seiner Wahl zum Ausschussvorsitzenden eine kleine Rede, die zeigte, wie ehrgeizig er seine neue Funktion nahm. Der Budgetausschuss sei eines der ersten Glieder des ganzen parlamentarischen Systems, die finanzielle Ordnung des Staates werde in seinem Schoße hergestellt, außerdem übe er die vielleicht wirksamste Kontrolle über die Verwaltung aus. [1]

Dass Plener und sein Klub ihre oppositionelle Haltung aufgegeben hatten, zeigte sich, als in der Sitzung des Budgetausschusses vom 8. Juni der geheime kaiserliche Dispositionsfonds zur Beratung kam, den sie bisher stets abgelehnt hatte. So sagte ihr führender Funktionär Heilsberg: *„Im Namen meiner Parteigenossen erkläre ich, dass wir in diesem Stadium der Beratung im Budget-Ausschusse für diese Post ohne weiteres Präjudiz stimmen werden und uns vorbehalten, bei der Generaldebatte über das Budget im Hause zu dieser Budgetpost zum Ausdruck zu bringen.“* Es war dies ein Schwenk, der den Abgeordneten Pacak im Oktober 1891 zu dem prophetischen Zuruf an Plener veranlasste: *„Sie befinden sich auf einer schiefen Ebene. Die volkstümlichen Wege haben Sie verlassen, das Lächeln des Hofes und das Winken einiger Ministerportefeuilles hat Sie bestrickt ... und das Wort wird sich erfüllen: Herr von Plener hat eine große Zukunft – aber hinter sich.“*

Der Ministerpräsident jedoch kommentierte, recht erfreut, die Annäherung der Deutschliberalen an die Regierung im Abgeordnetenhaus mit folgenden Worten: *„Mit besonderer Befriedigung muss ich hervorheben, dass eine große Partei, die zahlreiche deutsche Wählerschaften vertritt und bisher abseits stand, dem Appell der Thronrede folgend, sich wieder aktiv an den parlamentarischen Arbeiten beteiligt.“* [2]

Als Vorsitzender des Budgetausschusses stand Plener mit Steinbach in enger fachlicher Verbindung. Wie er das erlebte, beschreibt er in seinen Memoiren: Der neue Finanzminister war *„Dr. Steinbach, ein höherer Beamter des Justizministe-*

1 *Wiener Zeitung* Nr. 90 v. 21.4.1891, S. 3.

2 *Wiener Abendpost* Nr. 135 v. 16.6.1891, S 2f. Siehe auch Plener: Erinnerungen Bd. 3. S. 5ff.

riums, der als gewandter moderner Jurist galt und der in einigen Vorträgen und Broschüren einen stark kathedersozialistischen Standpunkt mit einer Polemik gegen das bewegliche Kapital und besonderer Wertschätzung der alten vererbten Vermögen zum Ausdruck gebracht hatte. Wegen seiner gesetzgeberischen Fertigkeit wurde er auch mit der Ausarbeitung der sozialpolitischen Vorlagen, insbesondere der Gesetzentwürfe über die Arbeiterversicherung, und mit deren Vertretung im Reichsrat betraut."

Seine Ernennung sei allgemein als Verstärkung des Beamtenelements im Kabinett angesehen worden, „*und wir wussten damals nicht, welch ein politischer Ränkeschmied in die Regierung gekommen war. Mit großer Geschicklichkeit und kriecherischer Liebedienerei wusste er das Vertrauen Taaffes zu gewinnen, dessen körperliches Leiden damals im Zunehmen begriffen war und dessen Pflege und Kost er auf das sorgfältigste überwachte, er übte auch bald tatsächlich einen starken Einfluss auf Taaffe aus, dessen schon etwas erschüttertes Selbstbewusstsein er wieder zu beleben verstand und dem er bewies, dass er noch lange nicht vor der Linken zu kapitulieren brauche. Es war schwer, das Misstrauen Taaffes gegen mich und die Linke noch zu steigern, aber was Steinbach in diesem Sinne tun konnte, tat er, und so hatten wir ... einen neuen und nicht ungefährlichen Gegner im Kabinett, der auch durch seine nahen Beziehungen zum Justizminister Schönborn, der ihn bewunderte und überhaupt leicht zu beeinflussen war, eine weitere Stärkung seiner Stellung erhielt.*" [3]

Am 16. April 1891 legte „*Se. Excellenz der Herr Finanzminister Dr. Steinbach den Staatsvoranschlag für das Jahr 1891 vor und begleitete denselben mit einem kurzen Exposé, welches vom Hause sehr beifällig aufgenommen wurde.*" [4]

Generalberichterstatter Bilinski bezeichnete ihn in dem von ihm verfassten Bericht an das Plenum als den günstigsten seit 1871 und wohl überhaupt seit dem Beginn der konstitutionellen Ära. Er enthielt einen Überschuss der Einnahmen über die Ausgaben von fast 4 Millionen Gulden. „*Rationelle Ersparungen ohne Gefährdung wirklich produktiver Auslagen*", meint Bilinski, „*müssen ... der Regierung eben so warm empfohlen werden als eine Reform der direkten Steuern und Gebühren ... Im Zusammenhange hiemit wird mit so größerer Sicherheit an die Valuta-Regulierung geschritten werden können ...* [5]

Der Voranschlag wurde im Budget-Ausschuss in aller Ausführlichkeit durchgekaut. Der neue Minister ließ sich dort öfters und ausführlich vernehmen, er zeigte auch bei solchen Fragen, wie der Verbilligung von Viehsalz oder des Verkaufs einiger Kasernen Sattelfestigkeit und Urteilsvermögen.

---

3 Plener. Erinnerungen. 2. Bd, 448 ff.

4 *Wiener Abendpost* Nr. 86 v. 16.4 ... 1891, S. 1.

5 *Wiener Zeitung* Nr. 133 v. 13.6.1891, S. 4.

Die Generaldebatte im Plenum des Abgeordnetenhauses zu diesem wenig Gelegenheit für Kontroversen bietenden Budget nützten die Abgeordneten desto mehr für Grundsatzerklärungen zur politischen Lage, als ja die Adressdebatte ausfallen musste. Es wurde also fleißig zum Fenster hinaus geredet, wobei die nationalen Belange der einzelnen Volksgruppen im Vordergrund standen. Steinbach nahm, als er am 18. Juni in der Generaldebatte selber das Wort ergriff, die wolkigen Äußerungen der Vorredner zum Anlass für einigen Spott: *„Ich gestehe ... offen, dass ich ... in einer gewissen Verlegenheit bin. ... es ist nämlich vom Staatsvorschlage wenigstens bisher noch nicht gesprochen worden. ... Ich bin daher in diesem Augenblicke genötigt, gewissermaßen von etwas Neuem zu sprechen, wenn ich Gegenstände des Budgets zur Sprache bringe. ... Wenn von so mancher Seite darüber geklagt wird, dass der Einfluss des Parlamentarismus ein geringer sei, so liegt der Grund vielleicht darin, dass auch diese Institution ... sich gern mit Dingen beschäftigte, für die ihre Natur von vornherein nicht passt, und dafür andere Dinge, für die sie am geeignetsten ist, mehr oder weniger außer Betracht lässt, und dazu, hochverehrte Herren, gehört – glaube ich – in der Tat der Staatsvoranschlag.* [6]

Er bedankt sich bei Generalberichterstatter Bilinski dafür, dass er das Budget als günstig beurteilt hat, und er kann das umso eher tun, als das Budget ja nicht von ihm stammt. Er konzediert seinem Vorgänger, nach genauer Prüfung, wie er betont, dass der zu erwartende Überschuss kein Truggespenst sei, wirklich eintreten könne. Aber: *„Se. Exzellenz, der Herr Abgeordnete Dr. Herbst hat neulich die Güte gehabt, im Budget-Ausschusse zu bemerken, ... ein Finanzminister sei der Natur der Sache nach pessimistisch angelegt und müsse pessimistisch sprechen“* Das sei auch kein Wunder, *"... denn niemand als der Finanzminister kennt besser die Gefahren, denen der Staatshaushalt und sein Gleichgewicht stets ausgesetzt ist ... Um gewissermaßen zu dem, was ich die Ehre habe Ihnen zu bemerken, eine Illustration beizubringen, bitte ich Sie, die Beilagen zu den stenographischen Protokollen der gegenwärtigen Session ... gütigst durchsehen zu wollen, und ich bitte einmal nur eine Art von Addition anzustellen, wenn alles das verwirklicht werden sollte, was hier – ich gestehe es offen – vom besten Willen ausgehend, begehrt wird.“*

Insgesamt kommt er bei einer solchen Addition auf nicht weniger als 44.690.000 Gulden an Mehrausgaben und entgangenen Einnahmen. Ironisch merkt er an: *„Außerdem hat gestern ein hochverehrter Herr Vorredner mich darauf aufmerksam gemacht, dass ich, falls ich über die Frage der Ersatzes für große Auslagen im Unklaren sein sollte, mir darüber beim Verfasser des bekannten Vortrages „Über die Pflichten des Besitzes“ Rat holen möge. (Heiterkeit.) Ich will*

---

6 Text der Rede aus *Wiener Abendpost* Nr. 137 v. 18.6.1891, S. 1.

nicht ermangeln, unter Umständen diesen Rat einzuholen … nachdem die Reform der direkten Steuern auf der Tagesordnung steht und es nötig sein wird, gerade in dieser Hinsicht an die Opferwilligkeit vieler Kreise unserer Staatsbürger Anforderungen zu stellen. (Beifall)

Aufbauende Worte findet er für die im Verlaufe der Diskussion angegriffenen Finanzbeamten: *„Ich selbst bin lange genug Beamter gewesen, um das Maß von Selbstverleugnung kennen zu lernen, das mit diesem Stande notwendig verbunden ist, und ich darf wohl sagen: am größten ist diese Selbstverleugnung im Finanzressort; denn hier muss der größte Eifer, die größte Energie, alles mögliche Wissen aufgewendet werden, um ein Ziel zu erreichen, das den meisten Staatsbürgern im Wesentlichen doch als ein negatives erscheint und das doch dringend notwendig ist zum Bestande des Staates und zur Wohlfahrt seiner Bürger. … Je größer der Kreis ist, von dem man Opfer fordert, um desto weniger fühlt der Einzelne diese Opfer von vorneherein, um desto weniger sieht der die Wirkung seiner Begehren. … Wenn ein Opfer vom Staate verlangt wird, so wird es von allen Seiten gewünscht und angestrebt. In dem Augenblicke, wo es sich darum handeln würde, dieses Opfer fortzusetzen und z.B. mit dem Nachlasse einer Steuer auch die Zuschläge aufzugeben, welche für ein Land oder gar für eine Gemeinde einkassiert werden, erhebt sich sofort allseitiger Protest. Weil die betreffenden Kreise dem Einzelnen, der dabei beteiligt ist, viel näher stehen in Bezug auf Ursache und Wirkung als das bei dem Staatshaushalte der Fall ist. … Ist das zu verwundern? Man identifiziert sich eben mit dem Kreise, dem man angehört, und dasjenige, wofür man zu wirken berufen ist, das wird einem Jeden lieb und wert. Urteilen Sie daher … nicht zu hart über das, was Sie häufig Fiskalismus nennen. … Es ist immer die Last die schwerste, die man gerade tragen muss, und der Wunsch der dringendste, den man gerade empfindet … es liegt aber für den Staat und für sein Wohlsein eine größere Gefahr darin, denn es kann unter solchen Umständen geschehen, dass die Finanzpolitik mehr oder weniger von Zufälligkeiten beherrscht wird, dass zufällige Erwägungen … zu einem maßgebenden Einflusse auf das Budget, auf die Gesamtheit des Staatsvoranschlages gelangen. … Natürlich ist die Staatsverwaltung verpflichtet, solchen Dingen nach Möglichkeit entgegenzutreten, und kommt dabei – ich glaube unverdient – häufig in den Anschein von Härte.“*

Anlässlich der Spezialdebatte über die Zentralleitung des Finanzministeriums äußerte Steinbach, wieder nicht ohne Ironie, es sei ihm geradezu unmöglich, auf alle die einzelnen Fälle einzugehen, welche von den Vorrednern als Beschwerde gegen die Finanzverwaltung vorgeführt wurden, weil es an den erforderlichen Daten fehle, die nähere Bezeichnung auch lückenhaft sei und man der Darstellung selber ihre Einseitigkeit ansehe. *„Hohes Haus! Was ist gerecht?“*, ruft er aus: *„In dem einzelnen Falle hier dasjenige, was dem Vertreter des betreffenden Interesses* *am gerechtesten vorkommt. Die Situation steht hier gerade so, wie sie seinerzeit der alte Sophist Pythagoras hingestellt hat, auch hier ist der Mensch das Maß aller Dinge*".

Bei der Besprechung der Tabaksteuer wies Steinbach mit Behagen darauf hin, dass er schon Bemühungen dahingehend unternommen habe, auch die Aufseher der Tabakfabriken in den Kreis der definitiven Staatsdiener aufzunehmen, gewinnt hier doch seine Lieblingsidee, die arrivierten Arbeiter den Beamten gleichzusetzen, wie er sie dann in seiner Abhandlung „*Genossenschaftliche und herrschaftliche Verbände in der Organisation der Volkswirtschaft*" im Jahre 1901 näher ausführen sollte, praktische Bedeutung.

Die Forderung, Übertreter der Verbrauchssteuer- oder, wie man damals sagte, „Gefälle"-Vorschriften wie Kriminelle zu bestrafen, erscheint ihm etwas übertrieben. „*Natura non facit saltus*", zitiert er eine seiner Lieblingsweisheiten, und auch der Gesetzgeber solle keine zu kühnen Sprünge machen. Wenig Sinn habe es, sich beim Finanzminister über Steuern zu beklagen, die in Anwendung bestehender Gesetze vorgeschrieben worden sind, hier bedürfe es, gerade bei den direkten Steuern, einer Änderung der Gesetze.

Klassisch und durchaus noch zutreffend auch sein Kommentar: „*Wenn die direkten Steuern in Österreich wirklich nach den Sätzen, nach den Reinerträgen entrichtet würden, wie das Gesetz es vorschreibt, da wüsste ich wahrscheinlich nicht, was ich mit all dem Gelde anfangen sollte.*" [7]

Die Zeitungen reagierten ungewöhnlich freundlich auf die Rede des Ministers. Pars pro toto meinte die „*Deutsche Zeitung*": „*Finanzminister Dr. Steinbach hat auch heute wieder bewiesen, welche vielseitige Kenntnisse er ins Feld rücken kann, um eine Versammlung gebildeter Personen anzuregen.*" [8]

Am 10. Oktober 1891 brachte Steinbach seinen ersten eigenen Voranschlag im Abgeordnetenhaus ein. [9] Auch der sah, wie der letzte seines Amtsvorgängers, einen Überschuss vor, aber einen um 2,9 Millionen Gulden geringeren, und wenn man auch noch die Gebarung mit Tilgungsrenten mit einbezog, war er sogar um fast 5 Millionen ungünstiger als der des Finanzministers Dunajewski. Grund für diese Verschlechterung war eine Steigerung der militärischen Ausgaben, womit er wohl einen Herzenswunsch des Kaisers erfüllte, und der Subventionen für die beiden Schifffahrtsgesellschaften.

Wir wissen, dass der Hang zum Militär die erheblichste Schwäche des Kaisers Franz Joseph war. An Dunajewski, den er selber ein bisschen fürchtete, hatte Seine Majestät hier keinen gar zu willfährigen Diener. Steinbach nun, dem, wie wir seiner Arbeit „*Zur Friedensbewegung*" entnehmen können, Optimismus, was

---

7 *Wiener Abendpost* Nr. 152 v. 7.7.1891, S. 1ff.

8 zitiert nach: *Wiener Abendpost* Nr. 150 v. 4.7.1891, S. 1.

9 Zum folgenden siehe *Wiener Abendpost* Nr. 232 v.10.10.1891, S. 2ff.

die militärischen Möglichkeiten der Monarchie anbelangt, nicht zugesonnen werden kann, legte dem alten Herrn in dieser Hinsicht, in kindlicher Anhänglichkeit, nichts in den Weg. Einer Rechtfertigung dieser Haltung ging er in der Budgetrede mit den Worten aus dem Weg: *„Ich habe nicht notwendig, hohes Haus, darauf hinzuweisen, wodurch diese Steigerung bedingt ist, das ist eine Folge der äußeren Verhältnisse, und von diesen habe ich hier nicht zu sprechen.“*

Eine Karikatur im *„Figaro“* vom 12. September 1891 zeigt unter der Überschrift *„Achtzehn Millionen für's Kriegsbudget!“* Steinbach und Wekerle weinend vor einem Grabstein knieend, der die Aufschrift *„Hier ruht unser kleiner Überschuss“* trägt. Auf der anderen Seite sitzt ein riesiger Drache, der die Millionen frisst. Unterschrieben ist sie mit *„Vom Überschuß das Bröckerle – Oh Steinbach! Oh du Weckerle!*

Die Schifffahrtsgesellschaften wurden, obschon als staatsnotwendig erachtet, aus völkerrechtlichen Gründen privat geführt. Bei ihrer Verwaltung sei, wie Steinbach ausführte, *„viel und schwer gefehlt“* worden, aber man konnte sie seines Erachtens *„unmöglich einfach dem Untergange überlassen, denn sie werden im Auslande mit dem Staate, dem sie angehören und dessen Flagge sie tragen, identifiziert.“*

Im Übrigen glich Steinbachs Budget dem des Vorjahrs, und er bekannte sich auch zu den Dunajewskischen Spargrundsätzen. Was, wie die erhöhten Militärausgaben, im ordentlichen Haushalt anfiel, das musste auch aus ordentlichen Einnahmen bedeckt werden. *„Anlehen zu nicht erwerbswirtschaftlichen Zwecken sollten“* nach seiner Auffassung *„überhaupt in der Finanzverwaltung tunlichst vermieden werden.“* Sie kamen nur für Investitionen in Betracht, wie zum Beispiel die gerade in Angriff genommenen Stadtbahnbauten.

Eine Wiederkehr der alten Defizitwirtschaft hätte eine Minderung des Ansehens des Staates zur Folge, sie würde den Kredit des Staates schmälern, und damit würde es auch mit der vorgesehenen Valutaregulierung schlecht aussehen. *„Ja noch mehr. Gerade nachdem es gelungen ist, das Gleichgewicht in unserem Staatshaushalte herzustellen, müsste befürchtet werden, dass in dem Falle, als es nun wieder verloren ginge, sowohl im Innern als auch nach außen der Eindruck erregt werden müsste, als ob bei uns eine defizitlose Verwaltung überhaupt nicht möglich wäre, als ob wir nicht genug Ernst und Willensfestigkeit hätten, um diese wertvolle Errungenschaft für uns zu erhalten.“*

Steinbachs Budgetrede endete mit den Worten: *„Meine Herren! Wenn das Defizit für ein Jahr schwindet, dann ist deshalb das Budget noch lange nicht ein gutes, und wenn es für mehrere Jahre geschwunden ist, so kann man auch daraus noch lange nicht schließen, dass wir uns in günstigen Finanzverhältnissen befinden. Die Herbeiführung geordneter Finanzverhältnisse erfordert Schonung und Selbstbeschränkung. Es ist ja besser geworden, wenn man die heutigen Finanz-*

verhältnisse mit jenen vergleicht, wie sie vor zwanzig, dreißig Jahren bestanden haben. Wer wird das leugnen? Diejenigen, die dazu beigetragen haben, dieses Resultat zu erreichen, können mit Stolz darauf zurücksehen, sie können sich dessen rühmen und sie haben Grund dazu. ... Mir, meine Herren, ... würde es sehr wenig ziemen, als Epigone der Leistungen meiner Vorgänger mich hinzustellen und zu rühmen, wie herrlich weit wir es gebracht haben ... Ich kann also, hohes Haus, nur damit schließen, dass ich nochmals auf die Verschlechterung unseres Budgets dem Vorjahre gegenüber hinweise und darauf aufmerksam mache, dass es aller Anstrengung bedürfen wird, um ein neuerliches Eintreten des Defizits zu verhindern. ... "

Alle, die noch so berechtigte finanzielle Anliegen an den Staat hatten, waren bei solchen Budgetgrundsätzen in einer misslichen Lage. So auch seine eigenen, langjährigen Kollegen, die Beamten.

Zwar sprach sich Steinbach in der Budgetdebatte, auf Anfrage durch den Abgeordneten Dr. Promber, sehr positiv über die Beamtenschaft aus: „*Von meinem Standpunkte aus bin ich nämlich nicht bloß berechtigt, sondern auch verpflichtet, die Tüchtigkeit des österreichischen Beamtenstandes anzuerkennen, anzuerkennen, dass hier um verhältnismäßig wenig Lohn sehr große und sehr bedeutende Dienste geleistet werden, und anzuerkennen, dass es eine der schönsten Verwendungen öffentlicher Mittel wäre, wenn man namentlich den niedrigeren Rangstufen unseres Beamtenstandes eine ausgiebigere Verbesserung ihres Loses angedeihen ließe.* Geschehen konnten freilich nur Kleinigkeiten, wie die Erhöhung der Adjuten der Steueramtspraktikanten oder die Errichtung selbstständiger Gebührenbemessungs-Abteilungen. [10]

So war es auch reine Heuchelei, wenn die *Presse* in diesem Zusammenhang schrieb: „*Die Beamtenschaft kann gewiss keinen wärmeren Förderer ihrer gerechten Bestrebungen besitzen als Dr. Steinbach. Ist derselbe doch aus ihrem Schoße hervorgegangen ...* "

So widersprüchlich ging es auch zu, als man am 14. Dezember den Pensionsetat besprach. Das Pensionsnormale, so der Abgeordnete Geßmann, bestehe schon seit 120 Jahren. Der Geldwert sei seit jener Zeit auf ein Sechstel gesunken, die Pensionen aber seien sich gleich geblieben. Steinbach äußerte dazu, er habe sich ausrechnen lassen, was eine Pensionserhöhung nach den Vorschlägen der Abgeordneten koste, nämlich fast zwei Millionen Gulden. „*Ich kann Ihnen nicht verhehlen, meine Herren, dass mir dieser Betrag nach der gegenwärtigen Finanzlage zu hoch ist.*" Er habe deshalb ein billigeres Projekt in Auftrag gegeben. Ähnlich die Verhältnisse bei den Beamtengehalten, insbesondere jenen der Ärmsten unter den Armen, der Diener. [11]

---

[10] *Wiener Abendpost* Nr. 243 v. 23.10.1891, S. 2.

[11] *Wiener Abendpost* Nr. 286 v. 14.12.1891, S. 3f.

Wenig Lust zeigte der neue Finanzminister auch, seine Aufmerksamkeit organisatorischen Fragen zuzuwenden. Der Forderung, den Kampf gegen Schmuggel und Abgabenhinterziehung bei Bier-, Branntwein-, Zucker- und Petroleumsteuer mit einem strengen *Gefällsstrafgesetz* aufzunehmen begegnete er mit dem hinhaltenden Vorschlag, die schlimmeren Fälle dem allgemeinen Strafgesetz einzuverleiben, das damals gerade wieder reformiert werden sollte. Er hatte auch nicht vor, sich in die Reform des Abgaben-Exekutionswesens einzubringen.

Und seine Äußerungen zu den Fragen der Verwaltungsreform im Finanzressort lesen sich für den Fachverwandten wie Töne aus jüngeren Tagen: Eine Kommission habe bereits ein Elaborat vorgelegt, womit er, Steinbach, den Obersten Rechnungshof begrüßt habe. Es sei indes nicht klar, ob man von der Kameralistik zur Doppelten Buchführung übergehen solle. Im Königreich Italien habe man damit keine guten Erfahrungen gemacht. Die neuen Gebührenbemessungs-Abteilungen habe er nicht zu dem Zweck eingerichtet, die Einnahmen aus den Gebühren zu erhöhen. Es gehe vielmehr darum, das Gebührengesetz besser anzuwenden und damit Rekurse zu vermeiden.

Im übrigen kam es ihm darauf an, Heißsporne, die mehr Investitionen ohne Rücksicht auf die Finanzierung oder schärfere Steuern für das mobile Kapital verlangten, zu dämpfen: *„Ich darf hier darauf aufmerksam machen, dass die Finanzlage eines großen Staates ja sehr schnell verdorben werden kann, gebessert werden kann sie aber nur sehr langsam. Das ist eine Wahrheit, die sich aus der Finanzgeschichte der verschiedenen Staaten zur vollen Evidenz ergibt. ... Also, hohes Haus, halten wir die Mitte!"*

Scharf replizierte Steinbach auf den Beitrag des jungtschechischen Abgeordneten Gregr in der Generaldebatte. Gregr hatte nämlich gemeint, die Bruttoeinnahmen, welcher der österreichische Staat aus den Ländern der böhmischen Krone beziehe, beliefen sich auf 185 Millionen Gulden, die für diese Länder verwendeten Summen nur auf 67 Millionen. Die Differenz von 118 Millionen Gulden sei der Tribut, die Böhmen an den Zentralstaat zu entrichten hätte. Mit diesen Tributen hätte man in den 360 Jahren, seit sich Böhmen bei Österreich befinde, das Königreich, welches vor der Vereinigung zu den reichsten Ländern gehört habe, sich nun aber in wirtschaftlichem Rückgang befinde, auf die höchste Kulturstufe bringen können. *„Wenn die Ahnen der gegenwärtigen böhmischen Bevölkerung hätten ahnen können, dass das Königreich Böhmen nichts Anderes werden würde als eine Citrone des österreichischen Staates, die Königswahl im Jahre 1526 würde anders ausgefallen sein."* [12]

„Es sind mir selten Ziffern vorgekommen", sagte Steinbach, *„denen der Stempel der Unrichtigkeit so auf die Stirn geprägt war, wie diesen Ziffern. ... daß der*

[12] *Wiener Abendpost* Nr. 288 v. 16.12.1891, S. 2.

Herr Abgeordnete die Steuern auf die großen Konsumationsartikel: auf Zucker, Bier, Branntwein, natürlich am Orte der Produktion in Rechnung gestellt hat, was gewiss falsch ist, daran zweifle ich nicht." Falsch war es, weil diese Steuern von den Konsumenten im Bereich der ganzen Monarchie wirtschaftlich zu tragen waren. Man hob sie nur dort ein, wo sie produziert wurden. „*dass die Aufteilung der Auslagen des Eisenbahnbetriebes nach einem recht abenteuerlichen Schlüssel vorgenommen und vielleicht auch ganz außer Acht gelassen worden ist, das mag von vorneherein angenommen werden. ... Wie viel ist denn bei der Berechnung auf die genannten Länder von den Militärauslagen und der Staatsschuld gerechnet worden? Solche Berechnungen ... haben ... gar keine Berechtigung. Wozu müssen sie führen? Zu einem bellum omnia contra omnes. Man sollte wahrhaft denken, dass heutzutage bei der heutigen entwickelten Gesellschaft die Hervorhebung der Interessen der Gesamtheit dasjenige wäre, worauf das Hauptgewicht zu legen ist.*" Und schließlich, mit Blick auf die Behauptung vom Rückgang der böhmischen Wirtschaft: „*Dieses Land, das sich im Verhältnisse zu den übrigen Ländern geradezu einer musterhaften Agrikultur erfreut, welches das allerindustriereichste Österreichs ist, von welchem die übrigen Länder und selbst die andere Reichshälfte den größten Teil ihrer Bedürfnisse beziehen, dieses Land soll nun plötzlich ein solches sein, das nur das allgemeine Bedauern hervorrufen kann.*" [13]

Der „*Figaro*" vom 10. Oktober 1891 gibt Steinbachs Budgetrede folgendermaßen wieder: „*Alsdann, meine Herren, ich hab' Ihnen heuer wieder a klan's Überschüssel mit'bracht.- Hihi! – Damit S' auch a Freud hab'n. – Hihi! Es wär' aber bald net z'samm'gangen, denn der Herr von Bauer, Ex'zlenz, das is a eig'ner Herr! –Hihi!- Na, san m'r froh, daß's so gut 'gangen is, wenigstens brauchen m'r sich net die Köpf zerbrechen wegen der z'wider'n Steuerreform, mir bleiben schön bei die alten Steuern. – Hihi! Alsdann bitt'schön, nur fleißig Steuerzahlen! 'pfehl mich! Hihi!*"

Die Beratung des Voranschlags folgte einem neuen, konzentrierten Verfahren, welches die sonst übliche Verschleppung bis tief in das neue Finanzjahr hinein verhinderte. Und zwar wurde der Staatsvoranschlag sofort der Vollberatung unterzogen und nur eine beschränkte Anzahl von Einzelvoranschlägen, wie Landesverteidigung, Unterricht oder Eisenbahnen der Ausschussberatung zugeführt. [14] Oppositionelle, wie Kaizl und Menger, zeigten sich zunächst skeptisch, stimmten aber zu, als Steinbach sagte: „*So lange ich die Ehre haben werde, das Finanzministerium zu verwalten, wird mein Bestreben dahin gerichtet sein, das Budget früh genug einzubringen, damit dasselbe vor Beginn des Budgetjahres Gesetz werden könne.* [15] Schon am 17. Dezember war es dann auch unter Dach und Fach.

---

[13] *Wiener Abendpost* Nr. 289 v. 17.12.1891, S. 2

[14] Plener: Erinnerungen. Bd. 3, S. 14.

[15] *Wiener Zeitung* Nr. 34 v. 13.10.1891, S. 2f.

Das unendlich schwierige Geschäft der Steuerreform

Die Börsesteuer gehörte wie die Personal-Einkommensteuer zu den gewindelosen Schrauben im steuerpolitischen Getriebe der Ära Taaffe, an denen man drehen und drehen konnte, ohne sie weiter ins Holz zu bekommen.

Ausgegangen war die Bewegung für eine Börsesteuer vom Börsenkrach des Jahres 1873, als, wie es der galizische Abgeordnete Witold Lewicki (1859-?) in der Generaldebatte formulierte, eine erbitterte Stimmung gegen das Börsenspiel um sich gegriffen habe, welche schließlich in einer Forderung nach einer Börsesteuer ausklang.

Die Steuer sollte demnach den Charakter einer Strafe für das Börsespiel und die Ausschreitungen des mobilen Kapitals haben, und etwa gar dazu führen, dass das Börsespiel aufgegeben werden müsse.

1887 hatte nach einigen vergeblichen Bemühungen sich der aufstrebende Professor Leon von Bilinski der Sache angenommen. Im neuen Abgeordnetenhaus beriet man die Vorlage am 4. Februar 1892. Sie bestand aus zwei Gesetzentwürfen, dem Gesetz für die Besteuerung des Umsatzes von Effekten, es sah einen Tarif von 10 Kreuzern für jeden sogenannten Schluss vor, ganz gleich wie hoch das gehandelte Papier war, und dem Gesetz über die Entrichtung von Stempelgebühren von ausländischen Aktien udgl. Man hatte also die ordnungspolitischen Anliegen zur Gänze aufgegeben. Es blieb nur noch eine eher bescheidene Verkehrssteuer übrig.

Der jungtschechische Abgeordneter Karel Kramar (1860-1937), ein Fabrikant aus Semily, 1918 erster Ministerpräsident der Tschechoslowakischen Republik, sprach sich in der Generaldebatte mit dem Argument für die Steuer aus, wolle man das Spiel an der Börse abschaffen, so müsse man zuerst die ganze bestehende Wirtschaftsordnung umändern, deren Grundzug ja die Übervorteilung des Schwächeren durch den Stärkeren sei. Bis dahin werde die Börse sein, was sie sei, nämlich gleichzeitig eine notwendige Verkehrsanstalt und eine Spielhöhle. Er halte es daher für vereinbar, bei dieser Gelegenheit dem Staat zu einer notwendigen Einnahme zu verhelfen.

Steinbach betonte, dass der vorliegende Entwurf nicht Sache des Finanzministeriums sei, dass die Regierung diese Initiative aber dennoch begrüße. Dies, von der Willkommenheit einer neuen Einnahme abgesehen auch aus finanzpolitischen Gründen, werde damit das österreichische System der Verkehrssteuern doch um ein weiteres Element ergänzt und damit komplettiert. Von der Idee, die Börsesteuer als Strafsteuer zu betrachten, halte er nichts; sei es doch eine Ehre für einen anständigen Staatsbürger, zum Staatshaushalt beizutragen.

„Nun, meine hochverehrten Herren, was die Frage der Beschränkung des freien Verkehres und namentlich seiner Auswüchse anbelangt, so darf ich mir darin eine gewisse Erfahrung zuschreiben. Ich habe die Gelegenheit gehabt, diese Frage zu wiederholten Malen und genau zu studieren. Ich darf auf die Gesetze hinweisen, die zu Stande gekommen sind, wie z.B. das neue Wuchergesetz, das Anfechtungsgesetz, welche beide diese Frage in den Bereich ihrer Regelung ziehen mussten. Ich darf darauf hinweisen, dass ich in meiner früheren Eigenschaft als Sektionschef des Justizministeriums weiteren Entwürfen in der Beziehung – ich erinnere nur an den Entwurf über den Ratenhandel, ich erinnere an den Entwurf über die Güterschlächterei – nicht fern gestanden bin, aber das darf ich den Herren sagen: Schwierigere Fragen als diese Fragen des Eingreifens der Gesetzgebung in den freien Verkehr lassen sich kaum denken, und wenn man auf dem einen oder anderen Punkt eingreift, so muss das mit der größten Behutsamkeit geschehen, weil man sonst fürchten müsste, Vieles zu zerstören, was zum Wesen der heutigen Verkehrsordnung gehört."

Verkehrsfreiheit sei eine Errungenschaft: Welche Mühe habe es zum Beispiel gemacht, sie für Getreide und Vieh zu erreichen. *„Wenn irgend eine Institution besteht, so fühlt man die schlimmen Seiten, die Nachteile dieser Institution, während man dagegen die Vorteile gar nicht empfindet, sich vielmehr an sie gewöhnt. So ist es auch dazugekommen, dass die Nachteile des freien Marktes, insbesondere des Effektenmarktes, der Börse, heute lebhafter empfunden werden, dass die Auswüchse, die ohne Zweifel vorhanden sind, von allen Seiten verurteilt werden ... Aber wenn Sie sich heute die Situation vorstellen müssten, wie unser Kredit, der Staatskredit namentlich, sich gestalten müsste, wenn ein freier Markt für seine Titel nicht vorhanden wäre, dann, meine Herren, werden Sie wohl zugeben, dass auch dieser Zustand seine großen Bedenken hätte."* Man müsste dann die Bevölkerung dazu zwingen, Staatsanleihen zu zeichnen und die Zinsen dafür entgegen zu nehmen, eine Vorstellung, die für Heiterkeit im Plenum sorgte.

Karl Lueger meinte, die Vorlage werde in der Bevölkerung nicht ernst genommen. Man betrachte sie als Gegengeschäft für die geplante Subventionierung der Donaudampfschifffahrtsgesellschaft. Und was solle man davon halten, dass ein armes Dienstmädchen für ein Rudolphs-Los genauso viel zu berappen habe, wie ein reicher Bankier für einen Abschluss über 5000 Gulden? Er, Lueger, schlage daher vor, wenigstens einen Gulden pro Schluss zu nehmen. Er sei überhaupt kein Freund der Börse in ihrer jetzigen Gestalt, und es würde ein Glück für die Bevölkerung sein, wenn die Staaten nichts mehr zu leihen bekämen; dann würde man auch die Börsen, deren Notwendigkeit der Herr Finanzminister betont habe, nicht mehr benötigen.

Die bürgerliche Presse nahm Steinbachs Verteidigung des Börsenhandels begeistert auf. So schreibt die *Neue Freie Presse* vom 4. Februar: *„Die Debatte über das Börsesteuergesetz ist durch eine interessante und wichtige Rede des Finanzministers auf ein höheres Niveau gehoben worden. Herr Dr. Steinbach hat mit jenem Ernste, der einem Finanzminister ziemt, die wohltätigen Wirkungen des Effektenverkehrs hervorgehoben ... Seine Rede wird sympathisch wirken, weil sie ein unabhängiges und reifes Urteil verrät, das eben so weit entfernt ist von der unbedingten Bewunderung wie von der Verwerfung der Börse."*

Die Gesetzesanträge wurden schließlich, mit einigen Verbesserungen bei der Effektenumsatzsteuer, angenommen.

In Österreich sah es auch mit den direkten Steuern übel aus: Es gab die Grund- und Gebäudesteuern, die Erwerbsteuer von 1812, und schließlich die Einkommensteuer von 1849, die in der ersten Klasse die Erträge von Gewerbebetrieben, in der zweiten die von Selbständigen und in der dritten die aus gewissen Kapitaleinkünften mit jeweils zehn Prozent besteuerte. Alle diese Steuern waren Ertragssteuern, die für Steuerzwecke ermittelten Erträge hatten wenig mit den realen Einkünften zu tun und zahlreiche Geldeinkommen, welche nicht auf diesen Leisten passten, wurden überhaupt nicht besteuert.

Die Steuerpflichtigen halfen sich auf österreichische Weise. Sie sabotierten dieses Steuersystem, wo sie konnten, und so wurde damit, wie der Innsbrucker Ökonomieprofessor Eugen von Böhm-Bawerk, der im Finanzministerium diese Fragen leitend behandelte, und sein Stab ermittelten, bei aller Bemühung der Steuerämter, gerade ein Drittel der zu erwartenden Steuerleistung erzielt. [1]

Finanzminister Dunajewski hatte daran nichts geändert. „*Systemlos immer*", schreibt Joseph Schumpeter über ihn „*und brutal sehr oft, hat er doch kraftvoll das Budget in Ordnung gebracht und diese Ordnung gegen das Parlament verteidigt. Österreich war an seiner Hand endlich seit hundert Jahren wieder so weit gekommen, kein Geld zu brauchen.*

Damit war Währungs- und Steuerreform überhaupt erst möglich geworden, und für die letztere Aufgabe, zu der ein anderer Geist als der seine gehörte, zur Bewältigung einer Steuerreform also, die nicht auf Erhöhung der Staatseinnahmen ausging, sondern nur auf eine gerechtere, modernere, zweckmäßigere Art der Verteilung der Lasten, holte er sich den Innsbrucker Gelehrten Eugen von Böhm-

---

1 Näheres hiezu s. Gratz, Alois: Die österreichische Finanzpolitik von 1848-1948. In; Hundert Jahre österreichischer Wirtschaftspolitik. Hrsg. v. Hans Mayer. Wien 1949.

Bawerk"[2], der 1889 zunächst im bescheidenen Rang eines Referenten die Arbeit aufnahm.

Was hier zu geschehen hatte, war, mit den Worten Schumpeters ausgedrückt: „*Vor allem war in dem Chaos von Steuergesetzen Ordnung zu machen und eine Reihe von schreienden Missbräuchen zu beseitigen. Deren Zentrum war die alte Erwerbsteuer, die schließlich in einen Zustand geraten war, in dem auch vom Standpunkt des pflichttreuen Beamten vom Zensiten korrektes Fatieren überhaupt nicht verlangt werden konnte und nicht verlangt wurde. Aber dann sollte Österreich überhaupt herausgeführt werden aus dem Sumpf der Steuerunmoral und veralteter Besteuerungsmethoden und endlich ein System direkter Steuern bekommen, welches modernen Anforderungen entsprach.*"

Steinbach, der für die Reform politisch Verantwortliche, kam am 18. Juni 1891 im Abgeordnetenhaus zum ersten Mal darauf zu sprechen.

Ihre Aufgabe sei eine möglichst gerechte Verteilung der Lasten, Ergebnis könne keinesfalls eine Ermäßigung der direkten Steuern sein, zumal man ja andererseits die indirekten Steuern nicht über Gebühr erhöhen könne, nur weil ihre „*Erhebung eine so viel leichtere und bequemere ist.*" Es müsse also eine progressive oder degressive Personal-Einkommensteuer kommen, und es solle aus den Mehrerträgnissen dieser Steuer ein möglichst großer Teil zur Erleichterung der Realsteuern und der Erwerbsteuer, namentlich in den niedrigen Sätzen, verwendet werden.[3]

In der trivialen politischen Praxis lief das auf ein Heranziehen der Großbürger zu Gunsten der Kleinbürger, eine Schlechterstellung der deutschliberalen Wählerschaft und eine Besserstellung konservativ-christlichsozialer Kreise hinaus. Der Vorsitzende der Deutschliberalen und des Budgetausschusses Ernst v. Plener parierte diesen Angriff auf seine Klientel geschickt, indem er Steinbach schon bei der ersten Sitzung des Budget-Ausschusses mit dem Antrag einer Resolution konfrontierte, in welcher die Regierung aufgefordert wurde, die Erwerbsteuer für die drei untersten Stufen der Steuerträger zu ermäßigen, wobei er natürlich keine Gegenfinanzierung anbot.

Am 19. Februar 1892 brachte Steinbach im Abgeordnetenhaus seinen Entwurf betreffend die direkten Personalsteuern ein.[4]

Er begann in seiner Begleitrede mit einem Lob der „*opferwilligen Arbeitsfreudigkeit der Beamten, die mit der Ausarbeitung dieses Entwurfes in technischer Hinsicht betraut waren,*" gab zu, dass er „*mit einem gewissen Gefühle der Befangenheit*" vor die Abgeordneten trete, handle es sich dabei doch „*um ein Werk, das*

---

2 Schumpeter, Joseph: Eugen von Böhm-Bawerk. In: Neue österreichische Biographie 1815-1918, 1.Abt. 2.Bd. Wien 1925 ... S. 75ff.

3 *Wiener Abendpost* Nr. 137 v. 18.6.1891, S. 1ff.

4 Zum Sitzungsverlauf s. *Wiener Abendpost* Nr. 40 v. 19.2.1892. S. 3ff.

schon öfter der Behandlung der österreichischen gesetzgebenden Körper vorlag und das nicht zum Resultate gediehen ist." Und mit einer ihn sehr schmückenden Bescheidenheit fügte er an: „*Ich bitte, hohes Haus, die Versicherung entgegenzunehmen, dass mir ein Gedanke, als ob ich vielleicht vermeinen würde, es besser getroffen zu haben als meine Vorgänger, vollständig fern liegt.*"

Er hatte es schon deshalb besser getroffen, weil er ja nicht gleich seinen Vorgängern, mit der Einkommensteuer neue Einnahmequellen für den Staatsschatz zum Sprudeln bringen musste: wie etwa Finanzminister Philipp Krauss [5] im revolutionären Jahr 1848 oder Ignaz von Plener, der den fertigen Entwurf eines Einkommensteuergesetzes dem Reichsrat vorgelegt hatte, ohne ihn freilich diesem schmackhaft machen zu können.

Nach Niederlage und Reichsteilung griff der erste cisleithanische Finanzminister, Karl Brestel, Pleners Entwurf wieder auf, sein Gesetzesantrag lag schon, vom Reichsrat beschlossen, dem Kaiser zur Unterschrift vor, als das Bürgerministerium mit allen seinen Plänen und Intentionen stürzte.

Der Finanzminister des letzten deutschliberalen Kabinetts, Sisino Pretis-Cagnodo, war noch mit einem Versuch der Wiederbelebung befasst und der junge und ehrgeizige Abgeordnete Ernst von Plener hatte Anteil an diesen Bemühungen. Auch sie blieben vergeblich, und der harte Realist Julian Dunajewski holte sich das Geld zur Ausweitung der Staatsausgaben dort, wo es leichter zu haben war, bei den indirekten Steuern.

Nun also ein neuer Anlauf. Voraus schickt Steinbach das, was den Angelpunkt seiner Strategie bildet, „*dass das gesamte Mehrerträgnis zu Steuernachlässen verwendet wird*", und zwar an der Grundsteuer, der Gebäudesteuer und an der allgemeinen Erwerbsteuer. An letzterer nur, sofern sie nicht das bei den Wiener Meistern vom Grund verhasste, oft von Juden ausgeübte Hausier- und Wandergewerbe betrifft. Lebhafter Beifall unterbricht seine Ausführungen immer wieder, und das geht so weiter, die ganze Rede lang.

Positive Ziele seien „*die gerechte Ausgleichung der Steuerlast, und zwar durch Heranziehung derjenigen steuerkräftigen Elemente, die bisher der Steuerleistung nicht unterworfen waren, zweitens durch eine bessere Abstufung der Steuer nach der tatsächlichen Leistungsfähigkeit und drittens durch die Entlastung der bisher Überbürdeten und insbesondere der wirtschaftlich Schwachen und Bedürftigen.*" Das vierte und für ihn, Steinbach, wichtigste Ziel bestehe aber darin, „*die Bevölkerung zu einer gesunden und vorurteilsfreien Mittätigkeit an der Besteuerung zu erziehen und die wahrlich stark zurückgebliebene Steuermoral zu heben.*" Und er steigert sich zu der geradezu bombastischen Weiterung hinaus:„*Jeder der da glaubt, dass die Menschheit auf der Erde eine Aufgabe zu erfüllen habe, wird*

[5] Zur Geschichte all dieser Finanzminister verweise ich auf mein Buch: Für Kaiser und Republik. Österreichs Finanzminister seit 1848. Wien 2003.

diesen Standpunkt mit mir teilen." Man müsse, meint er, als Voraussetzung für alle Steuermoral „*das Gesetz so reformieren, dass der Bevölkerung die Ehrlichkeit möglich wird. Dann wird man sie auch von ihr fordern können und fordern müssen.*"

Hier gebe es nun die Auswahl zwischen modernen Methoden der Tarifbesteuerung, wie sie in Frankreich, Bayern und Hessen ganz brauchbare Dienste geleistet hätten und dem System der Repartition nach dem preußischen Gewerbesteuergesetz vom 24. Juni 1892. In Österreich wolle man eine Kombination zwischen Repartition und einem elastischen Steuertarif wählen. An die Stelle von Erwerbsteuer und Einkommensteuer werde für die Gewerbebetriebe eine neue Erwerbsteuer treten, deren Erträgnisse für jeweils zwei Jahre kontingentiert werden, was bedeute, dass man ihr Gesamterträgnis festlege, und zwar mit dem Betrag, den die Gewerbebetriebe nach dem alten System zu entrichten gehabt hätten. Davon werden aber diejenigen Nachlässe abgezogen, die sich aus der neuen Personalsteuer ergeben.

Die Gesamtsumme der zu erwartenden Erträge, genannt Hauptkontingent, werde nun nach dem Maßstab der bisherigen Steuerleistung auf die Steuerbezirke, und mit einem Verfahren, das man als Repartition bezeichnete, auf die einzelnen Gewerbebetriebe aufgeteilt. Die Aufteilung sollten sogenannte Erwerbsteuer-Kommissionen vornehmen, von denen die Hälfte von den Steuerpflichtigen unmittelbar, ein Viertel von der Handels- und Gewerbekammer gewählt und ein Viertel vom Finanzminister ernannt werden sollte. „*Die Mehrheit der Mitglieder durch Wahl aus den Kreisen der Interessenten hervorgehen zu lassen, schien hier aus dem doppelten Grunde nötig, weil es sich einerseits bei der Aufteilung des Kontingents unter die Steuerpflichtigen gewissermaßen um eine interne Angelegenheit der Letzteren handelt, und weil andererseits die zutreffende Zuteilung des Steuerquantums jene intime Personen- und Sachenkenntnis voraussetzt, die im eigenen Kreise der Steuerpflichtigen am meisten zu Hause ist.*"

Die Kommission wieder hatte sich bei der Zuteilung der individuellen Steuerquoten an den elastischen Tarif zu halten, der je nach Gattung der Gewerbe, Ort und Umfang der Ausübung, Anzahl der Beschäftigten und Betriebsmittel, Ober- und Untergrenzen der Besteuerung setzte. Für die „*Schonung der schwachen Elemente*" gab es Bestimmungen über Herabsetzung und Befreiung der Steuer.

Neben dieser allgemeinen Erwerbsteuer gab es eine besondere Erwerbsteuer der der öffentlichen Rechnungslegung unterworfenen Unternehmungen, die Besoldungssteuer, die ziemlich parallel aus der zweiten Klasse der alten Einkommensteuer übernommen worden war, und die Rentensteuer, früher dritte Klasse.

Die Besoldungssteuer war für Löhne und Gehälter über 600 Gulden zu zahlen, das war schon ein mittleres Einkommen, der normale Fabriksarbeiter oder Verkäufer blieb von ihr frei. Zur Besoldungssteuer kam aber für den bessergestellten Angestellten noch die neue Einkommensteuer, worauf aber im Tarif Rücksicht genommen wurde. Bei den Beamten war ihre sogenannte Aktivitätszulage steuerbefreit.

Die Rentensteuer hatte bisher fast nichts eingebracht, und sehr viel besser sollte es damit auch nicht werden, weil die meisten Zinserträgnisse gesetzlich steuerfrei gestellt waren. Blieben noch, neben einigen anderen, weniger bedeutenden Einnahmen die Sparzinsen, denen ein stark reduzierter Steuersatz von 2 % zugewiesen war.

Nun, als die große Errungenschaft, die neue und echte Personal-Einkommensteuer: Sie sollte das gesamte einer Person aus was für Quellen auch immer zufließende Einkommen umfassen, davon konnten alle sachlichen Gestehungskosten und Lasten einschließlich der Schuldzinsen in Abzug gebracht werden. Es gab ein recht großzügiges Existenzminimum von wieder 600 Gulden, die Progression stieg von 6/10 Prozent auf 4 % an. Um diese 4 % zu erreichen, musste man aber schon die gewaltige Summe von 100.000 Gulden und mehr verdienen, was mindestens 200.000 Euro nach heutigem Geld entspricht.

Auch für diese Steuer gab es Kommissionen, die sich je zur Hälfte aus Vertretern der Steuerpflichtigen und des Finanzministers zusammensetzten. Der Rechtszug von diesen Steuerkommissionen ging zu einer eigenen, ebenfalls zur Hälfte durch Wahl bestellten Berufungs-Kommission.

Unklar war noch, was die neue Steuer bringen sollte. Steinbachs Erwartung schwankte zwischen 10 und 16 Millionen Gulden.

Er schlug nun vor, das Gesamterträgnis beider Personalsteuern in einen Topf zu werfen. Aus diesem Topf sollte der Staatsschatz so viel bekommen, wie er im letzten Jahr vor Geltung der neuen Gesetze aus den alten erhalten hätte. Der Rest sollte für Ermäßigungen der Grund- und Gebäudesteuern, sowie der Allgemeinen Erwerbsteuer verwendet werden.

Der lebhafte Beifall, mit dem Steinbachs Steuerentwürfe im Abgeordnetenhaus begrüßt wurden, fand in den Gazetten des Folgetages reichlichen Widerhall. Pars pro toto die *„Neue Freie Presse“: „Man kann den Entschluss der Herrn Finanzministers, sich an ein Problem zu wagen, um dessen Lösung sich seine Vorgänger vergeblich bemüht hat, nur mit der größten Sympathie aufnehmen. Die Vorlage entfaltet sehr viele fesselnde Züge und ist in vielen Punkten von einem wahrhaft humanen Geiste erfüllt.“* [6]

Die Gesetzesanträge gerieten darauf in die Mühlen der parlamentarischen Behandlung, wobei das Hohe Haus von dem zweiten großen Vorhaben des Finanzministers Steinbach, der Valutareform, sosehr in Anspruch genommen war, dass zunächst nichts weiter ging.

---

6 Ein ausführlicher Pressespiegel befindet sich in der *Wiener Abendpost* Nr. 41 v. 20.2.1902, S. 1f.

Vom 13. bis 20. Mai 1892 führte man im Steuerausschuss die Generaldebatte über die Erwerbsteuer ab. Man beschloss, zur Vorbereitung der Spezialdebatte ein Subcomité von sieben Mitgliedern einzusetzen, denen auch der Obmann des Ausschusses, Max Menger, angehören sollte. Das Subcomité sollte eine Enquete abhalten und die Handelskammern und landwirtschaftlichen Gesellschaften, auch gewisse Genossenschaften, Gewerbevereine und Gemeinden zu Gutachten einladen. [7]

Am 6. Februar setzte der Steuer-Ausschuss auch für die Personal-Einkommensteuer ein Komitee ein, das aus sieben Mitgliedern, darunter Adolf Beer (1831-1902), einem Geschichtsprofessor, der schon gemeinsam mit Steinbach an der Wiener Handelsakademie unterrichtet hatte, bestehen sollte. Am 7. März beantragte Beer im Auftrage des Subkomitees für die Erwerbsteuer, den Steuer-Ausschuss für permanent zu erklären, also über die Session des Abgeordnetenhauses hinaus tagen zu lassen, was in der Praxis bedeutete, dass er von Mitte Mai bis Ende Juni, wenn das Abgeordnetenhaus bereits vertagt war, weiter arbeiten sollte. Darüber hinaus sollte man sich, wie Minister Steinbach bemerkte, nicht festlegen. Der Antrag wurde angenommen [8].

Tatsächlich tagten der Steuer-Ausschuss und seine Subkomitees in der Zeit von seiner Eröffnung am 26. Mai bis zu seiner Schließung am 30. Juni nicht weniger als 29 Mal. Der permanente Ausschuss arbeitete mit drei Subkomitees, neben den beiden schon besprochenen noch einen für die Steuer von den zur öffentlichen Rechnungslegung verpflichteten Unternehmungen. Es sollten wöchentlich vier Plenarsitzungen abgehalten werden, die übrige Zeit den Arbeiten der Subkomitees gewidmet sein.

Im Oktober nahm der permanente Steuerausschuss seine Arbeiten wieder auf. In den kommenden Tagen konnte der Steuerausschuss mangels Beschlussfähigkeit nicht tagen, weil eine erhebliche Anzahl von Mitgliedern fehlte. Steinbachs Amtszeit neigte sich ihrem Ende zu. Auch Steinbachs Nachfolger, Ernst von Plener, sollte es nicht vergönnt sein, die Gesetzwerdung der Steuervorlagen zu erleben. Dieses Glück widerfuhr erst, am 25. Oktober 1896, einem altgedienten Mitstreiter Steinbachs, dem Finanzminister Leon von Bilinski.

---

7 *Wiener Zeitung* Nr. 118 v. 21.5.1892, S. 3.

8 *Wiener Zeitung* Nr. 55 v. 8.3.1893, S. 4f.

Die Valutareform

Österreichs Währung, die schon im Gefolge der napoleonischen Kriege einen Staatsbankrott hinnehmen hatte müssen, war auch in den Jahren nach 1848 ein stetes Sorgenkind.

Damals, als mit der Revolution auch die Wahrheit über die Lage der österreichischen Finanzen an das Licht der Öffentlichkeit trat, versuchten viele, ihre Banknoten in Silber umzuwechseln. [1] Bevor noch alle Silbervorräte der Nationalbank hinweggespült waren, verlieh ein Regierungszirkular am 22. Mai 1848 den Banknoten Zwangskurs. Diese Maßnahme war freilich nur im Inland durchsetzbar, im Ausland wurde österreichisches Papiergeld künftig mit einem Abschlag, einem Agio angenommen, das in den folgenden Jahren wie eine Fieberkurve die Befindlichkeit der österreichischen Volkswirtschaft widerspiegelte, und bei seiner Unvorhersehbarkeit dem Außenhandel ein gewisses glücksspielhaftes Element anfügte.

Es versuchten auch die Finanzminister Karl Ludwig von Bruck und Ignaz von Plener, durch Valutareformen die Währung wieder frei konvertibel zu machen, beide Reformen scheiterten jedoch an den kriegerischen Verwicklungen der Monarchie, das erste Mal an der von 1859, die Österreich die Lombardei kostete, das zweite Mal an der von 1866, mit welcher Österreichs Rolle als deutsche und italienische Großmacht endete.

Zur Finanzierung des zweiten Krieges hatte Pleners Nachfolger Johann Graf Larisch-Mönnich (1821-1884) Staatsnoten in beträchtlicher Höhe auflegen müssen, die nun neben den Banknoten ein weiteres Element der österreichischen Währung bildeten. [2]

Mit der Verfassungsreform von 1867 wurde Ungarn eine mit Österreich nur noch lose verbundene, eigene staatliche Einheit, man blieb aber bei der gemeinsamen Währung. Es dauerte allerdings noch bis 1878, bis die österreichische Nationalbank in eine Österreichisch-ungarische Bank umgebildet war.

---

1 Zur folgenden Darstellung siehe Kamitz, Reinhard: Die österreichische Geld- und Währungspolitik von 1848 bis 1948. In: Hundert Jahre österreichischer Wirtschaftsentwicklung 1848-1948, hrsg. v. Hans Mayer. Wien 1949. S. 127 ff.

2 Kamitz: Geld- und Währungspolitik. S. 142.

Indes begann ab 1870 der Wert des Silbers im Vergleich zum Gold zu fallen, was einerseits mit der Vergrößerung der Weltsilberproduktion, andererseits mit der Verdrängung des Silbers durch das Gold als Geldmetall zusammenhing.

Schon am 21. Dezember 1878 war auf diese Weise das Disagio, welches den Gulden nun durch dreißig Jahre begleitet hatte, verschwunden, ab 17. Februar 1879 stellte man die Kursnotierungen ein, weil der Wert des Silbers unter den Kurs der Silbermünzen sank. Man musste sogar den Privaten verbieten, sich Guldenmünzen gegen einen Schlagschatz von 1 % prägen zu lassen, weil sie damit einen von Jahr zu Jahr beträchtlicheren Kursgewinn verbuchen hätten können. Eine Deflation im Inland konnte nur verhindert werden, indem man weiterhin Silbermünzen aus österreichischen Bergwerken ausprägte.

Seit 1879 war denn also der österreichische Gulden streng genommen keine Silberwährung mehr, sondern eine Papierwährung, aber keine, wie das mit Papierwährungen so zu gehen pflegt, unterbewertete, sondern eine überbewertete. Eine Währungssanierung, was nach internationalem Vorgehen die Einführung des Goldstandards bedeutete, stand auf der Tagesordnung.

Weil nun jedoch in der Wertrelation zwischen Gulden und Gold nunmehr ebenfalls ein Agio zu beobachten war, das die Exportwirtschaft, insbesondere auch den ungarischen Getreideexport, begünstigte, war man in Ungarn an einer Änderung der Verhältnisse nicht interessiert.

Erst als 1887 auch das Goldagio stark zu sinken begann, was sich umgekehrt als eine Erschwernis des Exportes auswirkte, drängte man in Ungarn auf eine Währungsreform, die als desto dringender erschien, als in den USA eine Lobby zur Wiedereinführung des Silbers als Geldmetall auftrat. Es begannen darum in der zweiten Hälfte des Jahres 1889 die entsprechenden Verhandlungen der beiden Finanzminister. [3]

Am 13. Dezember 1889 lag dem Finanzminister Julian von Dunajewski auch ein Gutachten des Sachverständigen der Wiener Handelskammer, Richard von Lieben, vor, das zu dem Schluss kam, dass nur die Goldwährung den an ein modernes Geldwesen gestellten Ansprüchen genüge. Man müsse daher die Silberausprägung von Staats wegen aufgeben und zunächst ein Gesetz beschließen, welche das Gold zur Grundlage der österreichischen Währung erkläre. Das vorhandene Silber sei teils abzustoßen, teils in Gold umzuwechseln.

Dunajewski zeigte jedoch kein besonderes Interesse an dieser mehr Ungarn als Österreich tangierenden Frage, möglicherweise wollte er ihre Lösung hinausschieben, um ein Faustpfand für die anstehende Erneuerung des Zoll- und Handelsbündnisses zwischen den beiden Staaten zu gewinnen.

---

3 zum Folgenden siehe: Pressburger, S.: Das österreichische Noteninstitut 1816-1966, 2.Teil, 2. Bd., S. 554 ff.

Der ungarische Finanzminister Alexander Wekerle versuchte darauf, von sich aus zur Lösung der Frage beizutragen, indem er die österreichisch-ungarische Bank dazu animierte, selbst Silber in Gold umzuwandeln, wozu sich das unter dem bereits amtsmüden Gouverneur Alois Moser stehende Institut aber nicht entschließen konnte.

Als im Jahre 1892 Steinbach Dunajewski ablöste, war das Silber nur noch 75,36 % der Silbermünzen wert. Nun war es also höchste Zeit, die österreichische Währung auf Gold umzustellen, zumal außer Österreich-Ungarn nur das doch rückständigere Russland diesen Schritt noch nicht getan hatte.

„Was Dunajewski unterlassen hatte", schreibt Charmatz, *„suchte der neue Finanzminister Steinbach nachzuholen. Die Reformbedürftigkeit der österreichisch-ungarischen Valuta stand außer Frage und die Volkswirtschaft musste unter der Entwertung des Silbers und unter der Papiergeldwirtschaft beträchtlich leiden. Die wissenschaftliche Diskussion über die Valutareform wurde seit Jahren mit Lebhaftigkeit geführt und eine ganze Flut von Broschüren und Schriften beweist das Interesse, das die Gelehrten und Politiker dem Probleme entgegenbrachten. Allerdings ging nun von Ungarn ein starker Ansporn aus, denn die ungarischen Getreideexporteure wünschten und forderten die Verbesserung der Geldverhältnisse. Über die Gestaltung der neuen Valuta herrschten die verschiedensten Meinungen, und die Goldwährung hatte nicht weniger Feinde als Freunde."*

Der neue Finanzminister Steinbach hatte indes mit seinem Bekenntnis zur Valutareform keine Eile. Ein solches schien ja, wie wir wissen, nicht einmal in der kaiserlichen Thronrede auf. Wie Steinbach später vor dem Abgeordnetenhaus erklärte, sei man sich damals noch gar nicht sicher gewesen, ob man die Valutareform überhaupt in Angriff nehmen wolle. Erst als die Handelsverträge abgeschlossen und die Verhältnisse in Amerika eingetreten seien, habe man sich dazu entschlossen. [4]

Erstmals äußerte er sich am 1. Juni 1891 dazu im Abgeordnetenhaus, und zwar in Beantwortung einer Anfrage seines alten Freundes Joseph Maria Baernreither. Andere Redner, darunter solche Schwergewichte wie Bilinski und Neuwirth, schlossen sich der Interpellation an.

Steinbach wies zunächst darauf hin, dass Beratungen über die Valutafrage ja schon im Artikel XII des neuen Zoll- und Handelsbündnisses mit Ungarn aus dem Jahre 1887 vorgesehen, und nach einigen Verzögerungen am 21. Februar 1889 aufgenommen worden seien. Seither habe das österreichische Finanzministerium statistisch und währungshistorisch daran gearbeitet, über den Gegenstand der Verhandlungen könne aber nichts verlautet werden. Er, Steinbach, habe der Frage seit Antritt seines Amtes die größte Aufmerksamkeit zugewendet, ihm komme es vor

---

4 siehe *Wiener Abendpost* Nr. 159 v 14.7.92, S. 2ff

allem darauf an, zu einer stabilen Valuta zu gelangen, weil die Währungsschwankungen in Geschäften mit dem Ausland zum Nachteil der österreichischen Kontrahenten ausfielen. Praktisch komme nur Gold als Währungsmetall in Betracht, es seien hier aber vier Fragen zu beantworten: die Frage der Relation zwischen alter und neuer Währung, die Frage der Goldbeschaffung, die Frage der Golderhaltung und endlich die Frage der budgetären Opfer. In der Frage der Relation stünden entgegengesetzte Interessen einander gegenüber, bei denen Gerechtigkeits- und Billigkeitsmomente so wie das allgemeine Wohl zu berücksichtigen seien, die Geldbeschaffungsfrage sei eine rein finanzpolitische, die heikelste Frage sei die der Golderhaltung, wobei die Vorfrage geklärt werden müsse, welche Art von Goldwährung man denn haben wolle: die reine englische, die hinkende deutsche oder die zur Doppelwährung neigende amerikanische. Die budgetären Opfer seien sicher bedeutende, die Frage sei an sich schwierig. [5]

Joseph Kaizl, nunmehr Abgeordneter der aufstrebenden Jungtschechen, lobte den Minister dafür, *„dass er ungeachtet der im Ausschusse herrschenden unfreundlichen Stimmung dennoch den Mut gefunden, sich ganz entschieden für die Valuta-Regulierung auszusprechen und auch den Übergang zur Goldwährung als die einzige mögliche Reformmaßregel zu bezeichnen.“* Er sollte es sich bald anders überlegen.

Plener warf Steinbach in fortgesetzter Debatte am nächsten Tag vor, nur einige allgemein ausweichende Bemerkungen vorgebracht, auf die Schwierigkeiten der Reform hingewiesen und gar keine positiven Andeutungen über seine Stellung zur ganzen Reform gegeben zu haben. Steinbach hatte, so vermutet Plener noch in seinen Memoiren, selbst gar keinen Plan, fürchtete den Widerspruch der Klerikalen und eines Teiles des Polen herauszufordern und habe daher die Sache, genauso wie sein Vorgänger, dem ungarischen Finanzminister Wekerle überlassen. Er, Plener, habe diese Haltung Steinbachs offen getadelt und ein führendes Vorangehen der Regierung in dieser Frage verlangt. [6]

Die *„Presse“* schrieb zu dieser Debatte: *„Der ungarische Finanzminister Dr. Wekerle hat erst jüngst das Entgegenkommen betont, welches er in dieser Frage von Seiten der österreichischen Finanzverwaltung gefunden habe. ... Dr. Steinbach und Dr. Wekerle bringen alle Eigenschaften mit, besitzen die volle Befähigung und die schöpferische Kraft, um das große Problem einer gedeihlichen Lösung zuzuführen.“* [7]

Hier noch ein paar erläuternde Worte zu Steinbachs ungarischem Pendant. Alexander oder ungarisch Sandor Wekerle (1848-1921), ein Donauschwabe, war zwei Jahre jünger als dieser, auch Jurist, mit besonderem Interesse für Fragen des

---

5 *Wiener Zeitung* Nr. 123 v. 2.6.1891, S. 8.

6 Plener: Erinnerungen Bd 3, S. 4 f.

7 *Wiener Abendpost* Nr. 125 v. 4.6.1891, S. 1.

Finanzwesens und der Volkswirtschaft. 1886 wurde er Staatssekretär im ungarischen Finanzministerium, 1887 in den ungarischen Reichstag gewählt. Seit 1889 Finanzminister, 1892 als erster Nichtadeliger und zudem Angehöriger einer Minderheit, Ministerpräsident, war er eine prägende Gestalt der ungarischen Politik seiner Zeit, mit vor allem wirtschaftspolitischen Erfolgen.

Was die Stabilisierung der Valuta anbelangte, so ließ sich Steinbach nicht in die Karten blicken. Ja, er stimme dem ungarischen Finanzminister zu, dass dies zu geschehen habe, und ja, die Vorarbeiten, von denen er am 1 Juni im Ausschuss gesprochen habe, seien abgeschlossen *„Aber, hohes Haus, ich bitte doch die Verhältnisse zu berücksichtigen, wenn ich nunmehr dem, was zu sagen ich die Ehre hatte, die fernere Erklärung beifüge, dass weitere Erörterungen über diesen Gegenstand vor der Öffentlichkeit im gegenwärtigen Augenblicke kaum tunlich sind"* Diskretion tue Not, weil die Geldbeschaffung für die Gestaltung der Marktverhältnisse von der allergrößten Bedeutung und die freieste Beweglichkeit zu ihrer Ausnützung erforderlich sei.

Anfang 1892 äußerte der Kaiser in seiner ungarischen Thronrede: *„Seit Jahrzehnten trägt Ungarn und die ganze Monarchie die Nachteile einer ungeregelten Valuta. Die gestärkte finanzielle Kraft des Staates macht es nunmehr möglich, bei der günstigen Gestaltung der Lage des allgemeinen Geldmarktes die Regelung der Valuta anzubahnen."*

Damit war der Startschuss gegeben. Schon der *Wiener Zeitung* vom 28. Februar 1892 konnte man entnehmen, der k.k. Finanzminister habe die im Artikel XII des Zoll- und Handelsbündnisses vorgesehene Kommission zur Beratung der Währungsfrage auf den 8. März nach Wien einberufen.

Sie bestand aus 35 Experten, Wirtschaftsprofessoren wie Karl Menger, Chefs der großen Banken, wie Länderbank-Generaldirektor Samuel Hahn, Männern der Öffentlichkeit, wie dem Herausgeber der *Neuen Freien Presse,* Moriz Benedikt. Auch die fünf Fragen, welche den Experten jeweils gestellt werden sollten, enthielt die amtliche Verlautbarung.

Schon die bloße Einberufung der Kommission brachte Hymnisches in den Gazetten. So schrieb die *„Presse": „Der Herr Finanzminister Dr. Steinbach genießt den unbestrittenen Ruf eines auf der Höhe seiner Zeit stehenden Nationalökonomen, und was der Minister in der kurzen Zeit geleistet, da er im Amte sitzt, flößt Bewunderung ein für die stählerne Arbeitskraft seines Geistes."* [8]

Am 8. März 1892 versammelten sich die Experten zum ersten Mal im Budgetsitzungssaal, Steinbach hielt eine Dankesrede an sie und stellte ihnen den Verhandlungsmodus vor: Es werde jeder von den zugezogenen Experten über die einzelnen Fragen einvernommen werden, wobei es den Experten freistehe, sich

---

[8] Eine Presseschau befindet sich in der *Wiener Abendpost* Nr. 48 v. 29.2.1892.

über einzelne Fragen jeder Äußerung zu enthalten. Dem Vorsitzenden sowie auch den Mitgliedern der Enquete sollte es freistehen, erläuternde Zwischenfragen zu stellen. Die Vernehmung der Experten werde in alphabetischer Reihe erfolgen, Abstimmungen solle es keine geben, um dem Reichsrat nicht vorzugreifen. Die Öffentlichkeit solle über die Beratungen durch offizielle Berichte informiert werden. Parallel war die Vorgehensweise in Budapest unter Finanzminister Wekerle.

Die Enqueten fanden in der Zeit von 8. bis 17. März 1892 statt, die Ergebnisse fanden sich täglich in der *Wiener Zeitung oder* der *Abendpost.*

Die erste Frage: „*Welche Währung soll bei Regelung der Valuta zur Grundlage genommen werden?*" wurde in Österreich wie in Ungarn mit überwältigender Mehrheit zu Gunsten des Goldes entschieden.

Die zweite Frage, *ob zusätzlich auch Silber in Umlauf kommen solle*, beantworteten die Herren pragmatisch mit der Feststellung, dass bei dem gewaltigen Silberbestand der Monarchie die provisorische Beibehaltung von Silbermünzen unvermeidbar wäre.

Eindeutig abgelehnt wurde der in der dritten Frage angesprochene *weitere Umlauf von Staatskassenscheinen.*

Zu keiner präzisen Antwort kam man auf die höchste heikle, die verschiedensten divergierenden Interessen berührende Frage, *wie der Wechselkurs zwischen Gulden und Gold anzusetzen wäre.* Man war sich aber einig darüber, dass eine leichtere Münzeinheit als der Gulden gewählt werden sollte, nämlich der Halbgulden, genannt Krone. [9]

Hervorgehoben sei die Einvernahme des Professors Karl Menger in der siebenten Sitzung der österreichischen Enquete am 15. März 1892. [10] Menger meinte, dass das gegenwärtige Geldwesen große Schäden verursache. Eine ziffernmäßige Berechnung dieser Schäden würde die Öffentlichkeit für die Valutareform einnehmen. Die ebenfalls vorhandenen Übelstände der Goldwährung wären leicht zu mildern oder gar zu beseitigen, wenn es gelänge, die Wertbeständigkeit des Goldes zu sichern. 360.000 Kilogramm Gold, das seien ein Sechzehntel bis ein Achtzehntel des monetären Weltgoldbestandes, würde Österreich benötigen, um die Goldwährung einzuführen, 54.000 Kilogramm seien im Land. Er empfehle, mit der Einführung so lange zu warten, bis der größte Teil des erforderlichen Geldes sich im Besitz der beiden Regierungen befinde, was, wenn man bei der Anschaffung mit der nötigen Vorsicht vorgehe, ohne weiteres einige Jahre brauchen könne.

Steinbach leitete persönlich die vielstündigen Sitzungen von Anfang bis zum Schluss, aber er mischte sich nur wenig in die Diskussionen ein. So zum Beispiel, als der Experte Lieben die Auffassung vertrat, das anzunehmende Verhältnis zwi-

---

9 Kamitz: Geld- und Währungspolitik. S. 150 ff.

10 *Wiener Zeitung* Nr. 62 v. 16.3.1892, S. 1.

schen Gulden und Gold könne erst im letzten Moment, zum Zeitpunkte der dritten Lesung im Herrenhaus bekannt gegeben werden, nach dem dann geltenden Tageskurs des Goldes. Steinbach machte ihn in aller Höflichkeit und Bescheidenheit darauf aufmerksam, dass sich dies politisch nur so bewerkstelligen ließe, dass die Regierung ein Verordnungsrecht zur Festlegung des maßgeblichen Goldkurses erhalte. Experte Lieben meinte darauf, *er sei weit davon entfernt, in staatsrechtlichen Fragen eine bestimmte Meinung abzugeben. Wenn der von ihm vorgeschlagene Vorgang also unzulässig wäre, so ließe sich nicht vermeiden, dass schon die Gesetzesvorlage die Fixierung der Relation enthalte, allein, es würde für den Verkehr eine Periode bangen Zweifels entstehen, so lange es nicht feststeht, ob die Ziffern angenommen werden.* [11]

In seiner abschließenden Ansprache hob Steinbach hervor: *„Die stattgefundenen Beratungen haben in der Richtung ihres wissenschaftlichen und praktischen Wertes die Erwartungen erfüllt, ja übertroffen, welche von denselben gehegt werden durften. Jeder von Ihnen, meine hochverehrten Herren ... scheidet von diesem Saale mit dem Bewusstsein, dass es keine leere Formalität war, welcher er seine Unterstützung geliehen, sondern dass er an einem Stücke ernster, pflichtgetreuer Arbeit teilgenommen hat, welche den Zweck hat, das Wohl der Monarchie und ihrer Völker zu fördern."* [12]

„Die Kommission", schreibt die *Neue Freie Presse* vom selben Tag, *„ist gleichsam über sich selbst hinausgewachsen, und ihre Verhandlungen sind vom ersten Tage bis zum letzten bedeutsam und interessant gewesen ... Der Herr Finanzminister hat die Verhandlungen mit unermüdlicher Ausdauer, mit sichtlichem Interesse und unerschöpflicher Geduld vom Anfange bis zum Ende geleitet ... Man kann nur der Wahrheit gemäß konstatieren, dass sich der Herr Finanzminister im Verlaufe der Verhandlungen durch sein ganzes Wesen und durch das Verständnis, welches aus seinen Bemerkungen hervorleuchtete, das Vertrauen erworben habe, dass er den Ernst und die Fähigkeit besitzt, die schwierige Aufgabe, welche ihm das Geschick zugewiesen hat, zu bewältigen."* [13]

Am 14. Mai 1892 hatte Steinbach *„auf Grund Allerhöchster Ermächtigung die Ehre, dem Hohen Hause Gesetzesentwürfe betreffend die Regelung unserer Währungsverhältnisse und die Konvertierung einiger Kategorien der Staatsschulden zur verfassungsmäßigen Behandlung zu überreichen."* [14]

Die Valuta-Vorlagen umfassten sechs Gesetzesentwürfe, darunter das eigentliche *„Gesetz, womit die Kronenwährung festgestellt wird."* – Hier findet sich auch die Relation zwischen Gold und Kronenwährung, zwischen Gulden und Krone

---

[11] *Wiener Zeitung* Nr. 60 v. 13.3.1892, S. 3.

[12] *Wiener Zeitung* Nr. 64 v. 18.3.1892, SS 1ff.

[13] Ein Pressespiegel befindet sich in: *Wiener Abendpost* Nr. 64 v. 18.3.1892

[14] Zu dieser Sitzung siehe *Wiener Abendpost* Nr. 111 vom 14.5. 1892.

und die Bestimmung, dass die Silbermünzen bis auf weiteres in Geltung bleiben – und das *„Gesetz durch welches der Finanzminister ermächtigt wird, ein Anlehen zur Beschaffung von effektivem Golde behufs der Ausprägung von Landes-Goldmünzen der Kronenwährung für Rechnung des Staates aufzunehmen."*

Das Protokoll vermerkt bei Auftreten Steinbachs lebhafte Bewegung im Plenum. Steinbach räumte zu Beginn seiner Rede ein, von *„einer gewissen Befangenheit"* erfasst zu sein, dies deshalb, weil *ein „großer Teil unseres Publikums"* von einem gewissen *„Währungsfatalismus beseelt"* sei. Keiner zweifle an der Reformbedürftigkeit der gegebenen Währungsverhältnisse, aber man halte den Weg der Reform für zu mühsam.

Als Ziel der Reform bezeichnete es Steinbach, *„aus der österreichischen Währungsgesetzgebung das aleatorische Element zu beseitigen",* sie also zu stabilisieren. Es sei merkwürdig, dass die Instabilität der Währung als etwas ganz Natürliches empfunden werde. Er aber sei der Ansicht, *„das Geld soll doch, wenn es seine Funktionen richtig erfüllen soll, weder billiger noch teurer werden, das Geld soll ja konstant bleiben";* genauso konstant wie der Meter als Längenmaß. Das sei freilich nicht einfach, weil ja auch die Geldmetalle, Gold und Silber, den größten Wertschwankungen unterliegen, aber man könne doch zumindest die Währung den Schwankungen des Silberpreises entziehen.

Was sollte nun geschehen? Zunächst war ein Gesetz zu erlassen, das keinen anderen Inhalt hatte, als die Kronenwährung in Österreich-Ungarn festzustellen. Alles weitere sei künftigen legislativen Schritten vorbehalten.

Diese Maßnahme habe zwei Gegner: zum einen die Vertreter der Schuldnerinteressen, die der Meinung seien, man solle den Wert der Papierwährung auf den Silberpreis heruntersinken lassen, was zu einer Preisrevolution führen würde. Die andere Richtung, welche die Gläubigerinteressen vertrete, sei der Meinung, man solle warten, bis das Silber wieder wertvoll geworden sei, was man durch Beschränkung der Umlaufmittel und ähnliche erreichen könne.

Er, Steinbach vertrete aber die Auffassung, der Geldwert solle weder steigen noch sinken, und weder Gläubiger noch Schuldner sollten zu kurz kommen. Um dies zu erreichen, müsse man zunächst die Währung von den Schwankungen des Silberpreises loslösen, indem man die weitere Ausprägung von Silbergulden gesetzlich einstelle. Auf der anderen Seite wolle man die weitere Steigerung des Geldwertes dadurch verhindern, dass die sogenannte Relation festgesetzt werde, indem man die Währung an das Gold als das wertbeständige Metall anschließe. Seien diese beiden Maßnahmen in Angriff genommen, so müsse man als Nächstes einen Vorrat an Gold anschaffen, *„um dadurch das Substrat für die endgültige Stabilisierung des heutigen Geldwertes durch seinerzeitige Aufnahme der Barzahlungen zu finden."*

Worin bestehe nun die Relation? Sie sei in zwei Sätzen des ersten Gesetzes festgesetzt, die da lauteten: *„Auf ein Kilogramm Münzgold gehen 2952 Kronen, demnach auf ein Kilogramm feinen Goldes 3280 Kronen."* Und: *„Es können ... alle Zahlungen, welche gesetzlich in österreichischer Währung ... zu leisten sind, von dem Zeitpunkte an, da gegenwärtiges Gesetz in Kraft treten wird, nach Wahl des Schuldners in Landesgoldmünzen der Kronenwährung dergestalt geleistet werden, dass das Zwanzigkronenstück zum Werte von 10 Gulden und das Zehnkronenstück zum Wert von 5 Gulden gerechnet wird."*

Warum aber die Relation schon jetzt festlegen, und nicht erst dann, wenn der entsprechende Goldvorrat bereits angeschafft sei und die Barzahlungen beginnen könnten? Damit würde man aber *„den Staat in eine Valuta-Spekulation der allerweitesten und allerausgedehntesten Richtung hinein"* bringen, wobei man noch erwarte, *„dass diese Spekulation in einer gewissen Richtung ausgeht."* Weil man aber erwarte, dass der Geldwert steige, *„wäre ja das Gold, welches in der Zwischenzeit angeschafft worden ist, bei Aufnahme der Barzahlungen viel weniger wert als der Preis, zu dem es angekauft worden ist, und, meine hochverehrten Herren, zum Wahrer dieser Valuta-Spekulation, die schlecht ausgehen soll, machen Sie den Finanzminister, der dann seinerzeit vor das Haus treten soll mit dem Bekenntnisse: die Barzahlungen werden jetzt aufgenommen, aber an dem Golde, das wir angehäuft haben, haben wir so und so viele Millionen verloren."*

Wie wurde die Relation konkret festgestellt? *„Sie werden vielleicht staunen"*, erklärte Steinbach, *„dass ich darüber sehr wenig sagen werde. .... Ich bitte mir zu verzeihen, dass ich ... an diese Frage mehr als Jurist herangetreten bin, dass ich bei der Frage immer das Verhältnis von Schuldner und Gläubiger im Auge gehabt habe. ... Nun, wie ich an die Sache von meinem juristischen Standpunkte herangetreten bin, war mir eines klar ... Man müsste auf jede einzelne Forderung eingehen"*, was nicht praktikabel sei.

Also, wie viele empfohlen haben, den Tageskurs wählen? Aber *„der Tageskurs ist etwas Zufälliges, und wenn Sie glauben, dass der Tageskurs sich ohne Einflussnahme nur nach dem Verhältnisse von Angebot und Nachfrage richtet, so ist das unrichtig."*

Man musste also auf einen Durchschnittskurs kommen, und *„er umfasst die Zeit vom Jahre 1879, da wir unsere Währung von dem Silber losgelöst haben* [15]*, bis zum gegenwärtigen Zeitpunkte ... es ist das einzige Auskunftsmittel, für das ein objektives Argument spricht; denn für die übrigen Kurse sprechen entgegengesetzte Interessen-Standpunkte. Diese entgegengesetzten Interessen-Standpunkte aber zu sanktionieren, mich für den einen oder für den anderen zu entscheiden, das, meine hochverehrten Herren ... habe ich nicht übers Herz gebracht."*

[15] Damals wurde die Privatprägung von Silbermünzen verboten.

Welche Gründe sprachen dafür, die Valuta-Reform gerade jetzt in Angriff zu nehmen? Erstens dass *„unsere Währungsverhältnisse, namentlich in Bezug auf das Verhältnis zur ungarischen Reichshälfte, einer Regelung dringend bedürfen."* Ein zweiter Punkt sei der Abschluss der Handelsverträge, den die Monarchie gerade mit einer Reihe wichtiger Mächte abgeschlossen hatte. Nun müsse das System der Handelsverträge und die Stabilität der Zollsätze durch die Stabilität der Geldverhältnisse ergänzt werden. Ein dritter Punkt sei die von Amerika ausgehende Unsicherheit des Silberpreises, die erst vor zwei Jahren die Währung in Turbulenzen gebracht hatte, weil die Amerikaner eine ganze Jahresproduktion für 70 Millionen gekauft hatten.

„Und nun, meine Herren, gestatten Sie mir Ihnen zum Schlusse, noch Eines zu sagen: Die Verhältnisse sind so gestaltet, dass je mehr ich mich mit dieser Angelegenheit beschäftigt habe – und ich darf Sie versichern, sie ist mir seit dem Tage meines Amtsantrittes schwer auf dem Herzen gelegen – mir die Gefahren längeren Zögerns desto bedenklicher erschienen sind. Jeder Tag hat in dieser Beziehung die Last der auf mir ruhenden Verantwortung vermehrt, und so, meine Herren, ist es gekommen, dass ich jetzt bereits mit diesen Vorlagen an Sie herangetreten bin. Der Umstand allein, dass ich es tue, meine hochverehrten Herren, mag Ihnen ein Beweis sein für die Ernstlichkeit meiner Überzeugung in dieser Frage, denn wahrlich, es wäre leichter und bequemer gewesen, die Sache auf sich beruhen zu lassen und nichts zu tun, und ich glaube nicht einmal, dass einen in Zukunft deswegen sehr große Vorwürfe getroffen hätten."

Die *„Neue Freie Presse"* vom Folgetag schwärmte: *„Das Abgeordnetenhaus wird und muss die Vorlagen annehmen, weil sie das Wohl des Reiches fördern, zu einer kaum geahnten Blüte der Monarchie führen, das Ansehen des Staates erhöhen, das Kraftgefühl des Volkes vermehren werden ... Die Goldwährung wird das schönste Denkmal der parlamentarischen Arbeit sein, sie bedeutet die Genesung und den Fortschritt, den Anbruch einer neuen Zeit der sozialen Klärung und frischen Lebensmutes. Der 14. Mai wird in der Geschichte Österreichs nie vergessen werden."*

Steinbach begnügte sich nicht mit der Präsentation der Valuta-Vorlagen im Parlament, er besuchte persönlich die Klubs der Parteien, und die von ihm dort gehaltenen Reden fanden ein breites Presse-Echo.

Sein erster Besuch galt dem unter der Führung des Grafen Hohenwart stehenden Klub der Konservativen. Hier sprach er sich gegen Dogmatismus in der Währungsfrage aus. Immer erwiesen sich die Verhältnisse als stärker als der Wille des Gesetzgebers, wenn dieser sich in einen Widerspruch mit den gegebenen Verhältnissen setzte. Mit dem Gold komme man aus den Gefahren des schwankenden Silberpreises und aus der Isolation gegenüber dem Weltmarkt.

Hier berührte er auch die Frage, ob mit dem angekauften Gold ein Kriegsschatz geschaffen werde, was er für wirtschaftlich ganz unrationell hielt. Der wahre Kriegsschatz sei, wie der große Lorenz von Stein sagte, zu Kriegsbeginn keine unbedeckten Noten zu haben. Unser gegenwärtiges Papiergeldwesen biete deshalb die größten Gefahren, und es wäre trotz des Bestehens friedlicher Verhältnisse nicht zulässig, diesen Zustand beizubehalten.

Ob die Goldbeschaffung nicht ein Ungleichgewicht im Staatshaushalt mit sich bringen könne, wollten die Abgeordneten wissen, wie sich der Währungswechsel auf die Preisbildung auswirke, wie man verhindern könne, dass das teuer angeschaffte Gold wieder abströme, oder wie die Kosten zwischen Österreich und Ungarn zu verteilen seien. In keinem Fall, meinte Steinbach, dürfe die Goldbeschaffung zu einem Defizit führen, sei das zu besorgen, so müsse man zu steuerlichen Vorsorgen greifen. Die geplante Reform der direkten Steuern sei aber keine solche Vorsorge.

„Die Ausführungen seiner Exzellenz des Herrn Finanzministers", schreibt die *Wiener Abendpost* vom 21. Mai, *„wurden vom Club mit lebhaftem Beifall aufgenommen. Der Club-Obmann sprach im Namen des Clubs der Konservativen schließlich Sr. Exzellenz seinen Dank für die ebenso lichtvollen wie beruhigenden Ausführungen aus."*

Steinbachs nächster Besuch galt der *„Freien Agrarvereinigung"*, zu der sich auch die klubfreien Abgeordneten gesellten. Die tschechischen Abgeordneten der Vereinigung blieben der Sitzung fern. Den Vorsitz führte Hofrat Georg Lienbacher (1822-1896) aus Kuchl im Salzburgischen. Die Vereinigung hatte 15 Fragen für Steinbach vorbereitet. Hier war insbesondere der Idee entgegenzutreten, Österreich könne mit einer unbedeckten Papierwährung das Auslangen finden. Insgesamt hielt sich in der Agrarvereinigung die Begeisterung über die Goldwährung in Grenzen.

Am 22. Mai 1892 erschien Steinbach in Ernst von Pleners *„Club der vereinigten deutschen Linken."* Er führte wieder die Gründe an, die für die Einführung der Goldwährung zum jetzigen Zeitpunkt sprächen, räumte ein, dass die *„Gestaltung der Verhältnisse bis zur Aufnahme der Barzahlungen ... in ihrer Totalität derzeit noch nicht übersehbar"* sei. Unbekannt sei zum Beispiel die Menge des gegenwärtigen Vorrates an Silbercourantgeld. *„Die effektive Goldbeschaffung werde gewiss manche Schwierigkeiten bieten"*. Die schließlich erfolgende *„Aufnahme der Barzahlungen erscheint dem Herrn Minister überhaupt nicht als ein Mittel zur Herstellung eines guten und gesunden Währungszustandes, sondern vielmehr als ein Symptom des erreichten guten Zustandes."* Was dafür geschehen könne, sei *„die Erhaltung ungeschmälerter Zahlungsmittel, die Hintanhaltung jeder Verteuerung, insbesondere des Zinsfußes."* [16]

[16] *Wiener Zeitung* Nr. 120 v. 24.5.1892, S. 3f.

Am 23. Mai 1892 debattierte das Abgeordnetenhaus die Valutagesetze in Erster Lesung. Ernst von Plener verwies darauf, dass seine Partei seit ihrem Bestand für die Ordnung des österreichischen Geldwesens eingetreten sei.

Was er nicht erwähnte, woran man aber wohl dachte, war, dass ja sein eigener Vater, Ignaz von Plener, in den frühen Sechziger Jahren Pionier dieser Bestrebungen gewesen war. Der Sohn absolvierte damals sein juristisches Doktoratsstudium, Lorenz von Stein übte einen so großen Einfluss auf ihn aus, dass er sich besonders für ökonomische Fragen zu interessieren begann. Außerdem konnte er seinem Vater zusehen, wie er die Bankakte entwickelte, den Versuch, zum Zwecke der Währungssanierung die Schuld des Staates an die Nationalbank zurückzuzahlen. *„Die auf dem Altar der Geldstabilität dargebrachten Opfer sollten sich freilich letztlich als nutzlos, ja als schädlich erweisen. Die Rückzahlung der Schuld an die Nationalbank, insgesamt verschlang die Staatsschuld fast die Hälfte der Staatseinnahmen, führte zu einer drastischen Beschränkung des Notenumlaufs und damit zwar zum gewünschten Fallen des Silberagios, aber auch zu einer steigenden Beeinträchtigung der Konkurrenzfähigkeit der zusätzlich durch die Missernten in den Jahren 1863 und 1864 geschwächten Wirtschaft gegenüber dem Ausland. Vergeblich waren auch Pleners Bemühungen, den Abgang im Staatshaushalt dauerhaft zu decken. Nicht mehr als ein paar kleinere Verbrauchsteuererhöhungen wurden ihm zugestanden. Seine großen Steuerreformprojekte, die er am 5. Oktober 1863 vorlegte, wurden vom Parlament als zu weitgehend abgelehnt. Wesentlichen Einfluss auf die Höhe des Defizits konnten nur Abstriche bei Heer und Marine haben. Aber gerade die Sparsamkeit beim Heeresbedarf sollte sich schließlich als fatal erweisen, als am 3. Juli 1866 bei Königgrätz die Österreicher mit veralteten Hinterladern anzutreten hatten.“* [17]

Plener junior verlangte, genau wie Steinbach, ein Aufhören der Agio-Schwankungen sowohl nach oben als auch nach unten. Da die Vorlagen keinen umfassenden Plan für *„die mit diesem Gegenstande zusammenhängenden Operationen“* enthalte, werde es Aufgabe des Ausschusses sein zu prüfen, ob man über die Goldbeschaffung hinaus *„einzelne Bestimmungen bereits festsetzen“* könne. *„Die Papiergeldwirtschaft,“* resümierte Plener, *„ist ein unglückliches Überbleibsel trauriger Erlebnisse unserer Finanzgeschichte, und wenn sie beseitigt wird, so wird dadurch das Ansehen unseres Staates in ganz Europa steigen, und jeder, der daran wirklich seine Hand angelegt hat, hat sich um das Vaterland verdient gemacht.“* [18]

Die Christlichsozialen saßen seit 1891 mit 14 Mandaten im 353-köpfigen Abgeordnetenhaus. Karl Lueger, mittlerweile zu ihrem Obmann aufgestiegen, zeigte sich, wie seine Gesinnungsgenossen, als strenger Gegner der Valutareform. Er

[17] Fritz: Kaiser, S. 42 f.
[18] *Wiener Abendpost* vom 23.5. 1892, S. 2.

hatte bereits eine Versammlung in der Volkshalle darüber abgehalten, sich dabei sogar des Antisemitismus enthalten, aber man hatte seine Rede trotzdem als „*dummes Geschimpfe*“ abgetan. Das den Sozialaristokraten nahe stehende katholische „*Vaterland*“ hatte die Veranstaltung sogar als „*eine gemachte Demonstration*“ bezeichnet und behauptet, die dort beschlossene Resolution sei schon vorher in einer ausländischen Zeitung gestanden.

So geärgert schenkte er dem in Amt und Würden des Finanzministers lauschenden Steinbach nach allen Regeln der demagogischen Kunst ein: Das Papiergeld sei „*nichts Verächtliches, sondern vielmehr ein Zeichen für die Macht und Kraft des Staates.*“ Gold hingegen sei nur „*eine Ware.*“ Nur die „*Feinde Österreichs*“ würden „*die Einführung der Goldwährung poussieren.*“ Wer wolle die Goldwährung? „*Der Bauer nicht, der Gewerbetreibende nicht, eben so wenig der Fabrikant oder der Arbeiter. Nur die goldene Internationale und ihre Satelliten wollten die Goldwährung, um das Volk wieder auszubeuten.*“ Durch die Einführung der Goldwährung entstehe „*eine neue Zinsenlast von über acht Millionen.*“ Wenn dann die Barzahlungen aufgenommen würden, werde Gold kaum zu bekommen sein und Plener müsse, „*selbst wenn er selber Finanzminister wäre, wieder nach dem Papiergulden greifen; dieselben wirtschaftlichen Grundsätze, die für den Vater gegolten haben, gelten eben auch für den Sohn.*“ Schließlich müsse Österreich „*im Falle einer kriegerischen Verwicklung ein Agio zahlen,*“ wie es noch nicht erlebt worden sei. „*So lange der Finanzminister den Staatsbeamten nicht eine Million für Unterstützungen gewähren könne, so lange er deren Witwen keine angemessenen Pensionen zahle, so lange der Staat für die zugrunde gehenden Weinbauern und Gewerbetreibenden kein Geld habe, insolange könne an die Einführung der Goldwährung nicht gedacht werden; so lange sei die Einführung der Goldwährung ein Verbrechen und eine Gewissenlosigkeit.*“ [19]

Steinbach äußerte sich noch am selben Tag dazu, wobei er völlig sachlich blieb und die Flegeleien Luegers mit Schweigen überging. Die Vorredner, sagte er, wünschten sich, sofern sie positive Vorschläge machten, vor allem „*eine möglichst weitgehende Vermehrung unserer Zahlungsmittel.*“ Dagegen habe er, Steinbach, nichts. Aber „*einer unkontrollierte Vermehrung der Zahlungsmittel, die am Ende gar nicht in den Händen des Staates liegt, wie bei der freien Silberprägung oder durch unbedeckte Noten*“ könne er „*nur auf das Bestimmteste widerraten.*“ Eine geordnete Währung sei, wie auch die nationalökonomische Literatur aller Richtungen zeige, nur auf metallistischer Grundlage möglich. Keiner könne sagen, was genau passiere, wenn man die unbedeckten Zahlungsmittel vermehre, bis auf eines, dass dann „*alle Produzenten und Konsumenten der Spekulation völlig preisgegeben*“ seien, was „*auf den Volkswohlstand zerstörend*“ wirke.

---

19 *Wiener Abendpost* Nr. 118 vom 23.5. 1892, S. 3.

Außer diesem, nicht ernstzunehmenden, hätten die Kontraredner keinen positiven Vorschlag gemacht. Auch hätten sie es vermieden, *„von den Gefahren des heutigen Zustandes zu sprechen"*, die gerade in den *„Schwankungen des Silbers"* lägen.

Zu den Bedenkenträgern in Fragen der Valutaregulierung gehörten auch die Agrarier, welche befürchteten, die Preise für landwirtschaftliche Güter könnten, wie es in Deutschland nach Einführung der Goldvaluta gewesen war, fallen. Lueger war in seiner Propaganda damit hausieren gegangen. Das stimme zwar, räumte Steinbach ein, hänge aber nicht mit der Goldwährung zusammen, weil die agrarischen Produkte überall in Europa billiger geworden seien, was möglicherweise mit der amerikanischen oder indischen Konkurrenz zu tun habe. Ein Vergleich zwischen Österreich und Deutschland sei aber auch schon deshalb nicht möglich, weil Deutschland die Goldwährung sehr plötzlich eingeführt habe, und das mit einer Relation von 1:15 1/2. Und außerdem importiere Deutschland seine Agrargüter, während Österreich-Ungarn ein Agrarexporteur sei, und man müsse *„auf diese Export-Interessen eine bedeutende Rücksicht nehmen."*

Ein Gegner der Valutenregierung von besonderem Gewicht war Joseph Neuwirth, zum einen als unbestrittener Fachmann, zum anderen als Vertreter der Unternehmerschaft und Deutschliberaler. Er hielt seine große vielstündige, wissenschaftlich tief fundierte Rede im Abgeordnetenhaus am 24. Mai, bekannte sich weiterhin zum Bimetallismus, der zum Beispiel in Frankreich geübten Praxis, Gold und Silber gleichzeitig als Geldmetalle einzusetzen, und wollte eine bedeutende Steigerung des Wertes des Guldens herbeiführen und deshalb auch die Relation bis auf weiteres noch nicht festlegen. Was das betraf, hoffte er auf ein internationales Abkommens, welche die Relation zwischen Gold und Silber festlegte.

Neuwirth hatte gegen die Goldwährung vor allem sozialpolitische Bedenken. Wer garantiere die künftige Kaufkraft des Guldens, wer die Höhe der künftigen Arbeitslöhne? Er bezweifelte nicht die ehrlichen Absichten des Finanzministers, dem er bei der Gelegenheit Rosen streute, den Geldwert zu stabilisieren, bezweifle aber, dass er es durchsetzen könne. Neuwirth, ein älterer Herr schon, dem nur noch eine zweijährige Lebensfrist gegeben sein sollte, sprach mit solcher Leidenschaft, dass er seine Rede sogar einmal für zehn Minuten unterbrechen musste, weil er zu erschöpft zum Weiterreden war. [20]

Obwohl es sehr spät geworden war, und sich nach Neuwirths mehrstündiger Rede eine gewisse Erschöpfung im Plenum breit gemacht hatte, ergriff Steinbach noch das Wort.

---

[20] *Wiener Abendpost* Nr. 119 vom 24.5. 1892, S. 1f

„Das hohe Haus möge mir gestatten“, begann er, *„auf eine der bedeutendsten Reden kurz zurückzukommen, welche in der Währungsfrage in diesem hohen Hause gehalten worden sind. Ich bitte mir zu verzeihen, wenn ich etwas cursorisch vorgehen muss. Man antwortet auf eine solche Redeleistung nicht ex abrupto, wie ich es im gegenwärtigen Augenblicke zu tun genötigt bin, andererseits liegt mir aber doch daran, gegenüber diesen höchst bedeutenden Ausführungen sofort Stellung zu nehmen, um nicht den Eindruck, den solche Ausführungen haben müssen, allzu lange vom Standpunkte der Regierung unwidersprochen zu lassen.“*

Zu Neuwirth, dem er versicherte, *„dass ich die Gefühle der Freundschaft, die er mir gegenüber ausdrückte, auf das herzlichste erwidere“*, meinte er in der entscheidenden Sachfrage, nämlich, wie sich die Währungsreform auf die Bezüge der Arbeiter und Beamten auswirken werde: *„Was mutet man uns zu? Einen stark steigenden Geldwert zu schaffen. Was für Folgen hat das? Gewiss nicht die Produktion fördernde. Gegen alle diese Maßregeln, welche zum Besten der arbeitenden Klassen getroffen werden und die nicht zugleich den Zweck haben, die Produktion zu fördern, gegen diese Maßnahmen habe ich von vorneherein ein sehr tief begründetes Misstrauen. Auf diese Art fördert man überhaupt die Lohnbewegung nicht. Die Lohnbewegung kann nur ihren steigenden Weg fortsetzen, wenn in der Tat die Produktion blüht, und wenn die Möglichkeit geschaffen wird, auf diesem Wege eine Grundlage zu schaffen, auf der sich das Einkommen der arbeitenden Klassen entwickeln kann.“*

Nur praktische Erwägungen sind es auch, die Steinbach für die Goldwährung sprechen lassen. *„Ich bitte, meine Herren, halten Sie mich für alles Mögliche, nur nicht für einen enragierten Monometallisten. Ich stehe von vorneherein auf dem Standpunkt, dass es ein großes Glück wäre, wenn es gelingen würde, endlich zwischen den verschiedenen Nationen eine Einigung herbeizuführen zu dem Zwecke, um sich über die Währung auf gemeinsamer Grundlage zu vereinigen.“* [21]

Am 25. Juni, nach dem Befürworter Menger, ergriff, unter großer Aufmerksamkeit des Hauses, wie der Chronist notierte, der Professor der Geologie Eduard Sueß, Schöpfer der Ersten Hochquellenleitung und Autor des Standardwerkes *„Der Boden der Stadt Wien“* das Wort. Er *„erklärt sich als Gegner der Goldwährung und sei ein solcher durch jahrelange Studien und die Erfahrungen anderer Länder geworden.“* Hier sprach vor allem der Geologe, der daran zweifelte, dass für eine Goldwährung genug von dem gelben Metall vorhanden sei. Und von dem wenigen Gold werde immer mehr für industrielle Zwecke verbraucht und stehe damit für Währungszwecke nicht zur Verfügung. Die Warenbilanz im Goldland Deutschland sei negativ und diese Passivität nehme zu, dasselbe in England. Hingegen könnten in Indien und Amerika die Staatsmänner mit Silber eine einheitli-

---

[21] *Wiener Zeitung* Nr. 121 v. 25.5.1892, S. 2 ff.

che Währung einführen. Was nun Österreich angehe, so habe es große Schulden und kein Gold. Jeder Staat, der im Laufe der letzten Jahre versucht habe, die Barzahlungen aufzunehmen, und große Schulden an das Ausland hatte, sei entweder an dem Versuche gescheitert oder habe seine Währung verloren.Aus allen diesen Gründen sprach sich auch Sueß für den Bimetallismus aus.

Steinbach replizierte auf Sueß mit keiner geringeren Ehrfurcht als auf Neuwirth. In der Sache war er aber nicht zu überzeugen. Zugegeben, große Gefahren lauerten auf dem Weg zur Goldwährung. *„Aber eines kann ich bei der Sache nicht aus dem Auge lassen, dass das Warten, dass das Nichtstun wenn möglich noch gefährlicher ist als irgend ein Vorgehen in der ganzen Sache."* Eine Relation müsse schon jetzt festgesetzt werden, weil sonst der Spekulation Tür und Tor geöffnet seien, und da helfe nur eine obligatorische Relation, an die man sich halten müsse. Prophetische Worte sprach Steinbach, was einen Kriegsfall anbelangt: „*. . . wenn es je zu einem Kriege in der Zukunft kommen sollte, werden die Fragen der Wertsteigerung des Goldes diesen Krieg verhältnismäßig nicht mehr viel kümmern, denn das Aufgebot von Mitteln, und zwar nicht bloß von kriegerischen, sondern auch von finanziellen Mitteln wird so kolossal sein, dass nach meiner Meinung derzeit gar kein Staat existiert, der sich ein genaues Bild machen kann, wie seine finanziellen Verhältnisse im Falle eines Krieges sich gestalten würden."*

Die Zeitungen waren voll des Lobes für die Art, wie Steinbach mit den Bedenken des Professors Sueß umgegangen war. *„Herr Dr. Steinbach"*, schrieb denn auch das *„Fremdenblatt"* vom 27. Mai, *„hat mit seinen Ausführungen, wie es im Volksmunde heißt, ‚den Vogel abgeschossen'. Er hat dadurch auch die Erste Lesung der Valuta-Vorlagen in einer Weise zum Abschlusse gebracht, wie sie für die Regierung und für das fernere Schicksal dieser Gesetzentwürfe und somit des Reformwerkes selbst sich gar nicht glänzender gestalten konnte."*

Nach Abschluss der Ersten Lesung beschloss das Abgeordnetenhaus, die Valuta-Vorlagen einem 36-köpfigen Ausschuss zuzuweisen. Dieser tagte erstmals am 30. Mai 1892. Obmann war der Pole Apollinar Ritter von Jaworski (1825-1904), Gutsbesitzer in Skwarzawa, der dem Abgeordnetenhaus schon seit 1871 angehörte. Am 11. Juli konnte schließlich die Beratung der Valutagesetze in zweiter Lesung im Plenum aufgenommen werden. Der Referent des Ausschusses, Stanislaus Szczepanowski, ein Grubenbesitzer aus Lemberg, hatte in einer 48-stündigen Parforce-Arbeit den schriftlichen Bericht fertig gestellt.

Er gab am Beginn seines Vortrages dem Glauben Ausdruck, die Wichtigkeit des Gegenstandes nicht besser hervorheben zu können, als durch den Hinweis auf die Tatsache, dass es seit der Existenz des Abgeordnetenhauses in Österreich keine geordneten Valuta- Verhältnisse gegeben habe. Die Ordnung des Geldwesens habe dem Hause bei allen finanziellen und wirtschaftlichen Reformen als eine abschließende Tat vorgeschwebt. So wie das Einbringen der vorliegenden Gesetze nur möglich geworden sei durch die Gesundung der allgemeinen volkswirtschaftlichen Lage des ganzen Reiches, so könne auch das Ziel nur erreicht werden mit Hilfe aller volkswirtschaftlichen Faktoren. [22]

Nun trat der Abgeordnete Josef Schlesinger (1831-1901) im Plenum auf, ein Professor der Hochschule für Bodenkultur in Wien, letztes Jahr im Alter von schon sechzig Jahren als Vertreter der niederösterreichischen Stadtgemeinden auf der Liste der Christlichsozialen in das Abgeordnetenhaus gewählt.

„Seine Idee“, schreibt Pressburger, *„war die Schaffung von ‚Volksgeld‘. Es sei nicht nötig, meinte er, sich um Deckung für die Notenausgabe zu kümmern. Im Wege dieses Volksgeldes könne man die ganze österreichische Staatsschuld in 66 Jahren tilgen. Nach 20 Jahren würde der Staat bereits mehr als die Zinsen von 600 Millionen ersparen. Finanzminister Dr. Steinbach bemühte sich, diese kindlichen Anschauungen zu widerlegen, die ihm deshalb zu schaffen machten, weil die Christlichsoziale Partei in ihren Versammlungen eine lebhafte Propaganda für dieses ‚Volksgeld‘ tätigte.“* [23]

Vor dem Ausschuss suchte er die Ansicht zu widerlegen, dass Gold stabiler sei als Silber. *„Die Großkapitalisten werden“* so meinte er, *„es schon verstehen, unser mit großer Opfern erworbenes Geld im Werte herunterzudrücken.“* Die Valutaregulierung sei gegen die Interessen der großen Masse der Bevölkerung. Die Regierung und die Majorität des Abgeordnetenhauses stünden den Interessen der Hochfinanz freundlich gegenüber. Die liberale Partei habe kein Herz für das Wohl der großen Volksmassen, und wenn sie für die Goldwährung stimmen werde, so zeige sie, dass ihr die Interessen des Großkapitals höher stehen, als jene der breiten Schichten der Bevölkerung.

Schlesinger beschwerte sich darüber, dass sein Antrag auf kostenlose Tilgung der Staatsschulden im Valutaausschuss gar nicht zu Beratung gekommen sei. Es liege darin eine brutale Vergewaltigung der Minorität seitens der Majorität, welche das Fortbestehen der Staatsschuld im Interesse der Kapitalisten wolle. Er erklärte sich für die Beibehaltung des Papiergeldes, dessen Wert sich dadurch gezeigt habe, dass es heute höher stehe als der Silberwert. Solange die österreichische Staatschuld nicht getilgt sei, liege eine Gefahr der Einführung der Goldwährung darin, dass durch die Bezahlung der Zinsen nach dem Auslande in Gold das Gold aus dem Lande wieder abfließen werde. Jeder wirkliche Volksvertreter müsse deshalb die Einführung der Goldvaluta weit von sich weisen. Die Kosten derselben wären viel besser zur Linderung des Notstandes in der Bevölkerung, zu Flussregulierungen und zu Unterstützung des verarmenden Kleingewerbes zu verwenden. [24]

---

22 *Wiener Abendpost* Nr. 156 v.11.7.1892, S. 2.

23 Pressburger: Noteninstitut. II.2. S. 590 f.

24 *Wiener Abendpost* Nr. 156 v.11.7.1892, S. 2.

Am 14. Juli vormittags sprach Steinbach wieder zu den Abgeordneten.[25] Es war nicht mehr viel zu sagen. Er wollte sich daher darauf beschränken, jene Punkte näher zu besprechen, welche in der Generaldebatte vorgekommen waren.

Tendenz der Vorlage sei, so wiederholte er, eine Stabilisierung der Valuta, also weder ein Steigen noch ein Fallen, weil beides bedenkliche Folgen haben würde. Hier erhebe sich die Frage, warum man dann, wie es Lueger ausdrücklich gefordert habe. nicht alles beim Alten lasse. Nun sei es richtig, dass derzeit tatsächlich kein Goldagio bestehe, dass sogar unsere Papierwährung überwertig geworden sei. Das sei ein ganz unerhörter Zustand, weil bei Papierwährungen doch in der Regel gerade das Gegenteil, die Unterwertigkeit, eintrete. Dafür gebe es eigentlich keine Rezepte und es könne dazu kommen, *„dass uns irgend jemand den Rat gibt, wir möchten doch wieder ... Defizit machen, damit doch diese überwertige Währung nicht ihr unglückliches Steigen weiter fortsetze.“* Man könne, weil man doch nun die Handelsverträge geschlossen habe, auch nicht mit Schutzzöllen gegen die Überwertigkeit der Währung gegenüber dem Silber vorgehen.

Steinbach zitierte Professor Sueß, der am Vortag vom Kontraktion und Inflation gesprochen hatte, und behauptete, was die Gegner der Valutaregulierung gefordert hätten, sei die Inflation. Wobei er abdämpfend anfügte: *„Meine verehrten Herren, ich will damit gar nichts Böses gesagt haben; das ist ein Mittel, das objektiv beurteilt werden muss.“*

Die Inflation sei zunächst von den schlimmsten Wirkungen für die Leute begleitet, welche, wie Arbeiter oder Beamte, fixe Bezüge hätten. Die Wirkung einer Inflation käme etwa auf dasselbe heraus, als wenn man 300 Millionen Papiergeld ausgeben würde. Niemand wisse, was dies für Folgen hätte, man wisse nur, dass eine solche Maßnahme durch die österreichische Gesetzgebung nur unter Zustimmung beider Ministerien und unter Genehmigung beider Legislativen erlaubt sei. Was sei aber das von Herrn Professor Schlesinger vorgeschlagene Volksgeld anderes als Papierzettel?

„Nun ist das eine merkwürdige Geschichte. Es ist doch auf der Welt nichts Neues. Sehen Sie, Frankreich hat ja in den zwanziger Jahren die merkwürdigsten Erfahrung mit John Law gemacht. Sie wissen, dass man damals eine bedeutende Vermehrung des Papiergeldes vorgenommen hat, und welche die entsetzlichen Folgen dieses Umstandes waren. Freilich hat man es nicht Volksgeld genannt; aber, meine hoch verehrten Herren, der Name Volksgeld hat mich an etwas anderes erinnert, er hat mich an die zwei großen Reden erinnert, die Mirabeau am 27. August und am 27. September 1790 für die Ausgabe der Assignaten gehalten hat. Diese Reden sind wirklich merkwürdig; denn natürlich hat man Mirabeau sofort vorgehalten: Du willst ja dasselbe tun, was John Law getan hat. Und er hat

[25] siehe *Wiener Abendpost* Nr. 159 v 14.7.92, S. 2ff.

sich gegen diese Vorwurf sehr lebhaft zu verteidigen versucht und hat zum wiederholten Male darauf hingewiesen, es sei ganz was anderes, wenn etwas Derartiges von einem verschuldeten Despotismus begangen werde, als wenn es zum Besten des Volkes begangen werde."

Das Protokoll vermerkt Heiterkeit im Saale.

„Meine hoch verehrten Herren, die Finanzgeschichte kennt in der Hinsicht keine Politik. Sie kennen das Ende der Assignatenwirtschaft; Das hat genau dasselbe Resultat gehabt wie seinerzeit die Affäre mit John Law."

Er könne hier einem drastischen Beispiel einen Augenblick folgen, das *„der verehrte Herr Abgeordnete Lueger gestern gebraucht"* habe. Lueger habe gesagt, das Papiergeld sei eine sehr kräftige Speise, er habe sogar von Knödeln gesprochen.

Wieder Heiterkeit im Saale.

Nun sei es ja wahr, dass die ersten Dosen nicht die fatalen Wirkungen hätten wie die späteren. Aber so wie es bei einer sehr nahrhaften Speise gehe, wenn sie jemand sehr gut schmecke, so esse er häufig zuviel davon. Wenn diese Öffnung einmal aufgemacht sei, dann gehe es wie bei einem Damm, der zu brechen beginne, um das Nachströmen des Wassers brauche sich niemand mehr zu sorgen. *„Ich möchte nicht, dass der Weg betreten werde; denn ich fürchte sehr, ganz abgesehen von unserer bestehenden Gesetzgebung er könnte nur zu den schlimmsten Konsequenzen führen."*

Nun könnte man ja, so werde gesagt, statt Papier zu drucken Silber prägen. Aber was wäre die Folge? Zunächst, dass unsere Währung wieder dem Silber näher werde, und alle seine Schwankungen wieder mitmachen müsse. Und kein Mensch wisse, was das Schicksal des Silbers sein werde. Auch Professor Sueß nicht, obwohl er ein Buch darüber geschrieben, das er, Steinbach, mit Gewinn gelesen habe. Da habe eben der verehrte Herr Prälat Treuinfels Recht gehabt wenn er gesagt habe, *„unsere Währung hängt heute vom Auslande ab, und das ist etwas, was wir nicht dulden können."*

Steinbach kam auch auf die Gefahr eines Goldagios in der Übergangsphase zu sprechen. Er bedankte sich bei Plener dafür, diese gestern in seiner Rede schon angesprochen zu haben. *„Darauf hat mein hoch verehrter Freund Neuwirth – ich bedaure, dass er nicht anwesend ist- wie er das so ausgezeichnet versteht, über die Angelegenheit etwas Alarm geschlagen. "*

Womit hänge nun dieses Goldagio zusammen?

„Da kommt vor allem in Betracht das Vertrauen, welches das Ausland in unsere Verhältnisse setzt... ferner ... der Zusammenhang unserer Währung mit dem Silber... endlich der Einfluss der Handels- und der Zahlungsbilanz auf unsere Währung."

Von diesen Momenten versuche man eines nach dem anderen wegzuräumen. Das dritte Moment werde aber erst dann definitiv weggeräumt sein, wenn die Situation soweit gediehen sei, dass man die Barzahlungen aufnehmen könne. Es sei daher ganz und gar unrichtig, wenn gesagt werde: *„wie sich während der Übergangsperiode ein Agio zeigt, ist die Affäre misslungen. Deswegen habe ich immer auf die Notwendigkeit einer Übergangsperiode hingewiesen; deswegen habe ich immer gesagt: es ist nötig, die Leute an die Goldwährung zu gewöhnen; es ist nötig, Gold in den Verkehr zu setzen; es ist nötig, die Thesaurierungslust zu befriedigen; es ist nötig, unsere Zahlungsbilanz zu erproben... wir dürfen in der Hinsicht durchaus nicht erschrecken, hier mehr als anderswo, gilt der Grundsatz: Bange machen gilt nicht."*

Was hatte es denn mit dem Argument auf sich, *„es geschehe in diesem Parlament alles, was Ungarn will... aber wenn Sie die Güte haben, die Verhandlung im Abgeordnetenhause zu lesen, so werden Sie finden, dass dort immer das Umgekehrte gesagt wird."*

An diesem Tag wurde noch die Generaldebatte über die Valutavorlagen abgeschlossen. [26] Berichterstatter Szczepanowski hielt ein Schlusswort. Er sagte einleitend, das das *„Übermaß von unverdienter Anerkennung welche der Bericht befunden habe ihn sehr demütig gestimmt habe und er eine Gewissenspflicht fühle, selbst die Unterlassungen des Berichts anzudeuten."* Er sei nämlich schuld daran, dass der Vorschlag des Abgeordneten Schlesinger auf Schaffung eines Volksgeldes und Amortisation der österreichischen Staatsschuld nicht in den Bericht aufgenommen worden sei.

Schon am 15.Juli begann die Spezialdebatte mit der Spezialberatung des Artikels I des Gesetzentwurfes, durch welchen die Kronenwährung festgestellt wird. [27]

Die Auseinandersetzung mit den Opponenten gegen die Goldwährung führte Steinbach auch in den Clinch mit einem alten Weggefährten, dem Prinzen Alois Liechtenstein, der als Referent in Sachen Arbeiter-Unfallversicherung noch eng mit ihm zusammen gearbeitet hatte. Er hatte inzwischen mit seiner Herkunftspartei, den Konservativen, gebrochen, und war zu den Christlichsozialen übergegangen, deren Ottakringer und Hernalser Wähler er seit Beginn der Legislaturperiode im Abgeordnetenhaus vertrat. Damit hatte der Rote Prinz, der schon seit langen Jahren von seinen Standesgenossen mit Scheelsucht betrachtet wurde, für diese endgültig das Maß des Erträglichen überschritten.

Andererseits, so hätte man von seiner Warte aus einwenden können, gingen Steinbach und mit ihm das Regime Taaffe den sündigen Weg an der Seite der Liberalen, des Großkapitals, und verrieten ihrerseits die alten Ideale.

---

[26] *Wiener Zeitung* Nr. 161 v.15.7.1892.

[27] *Wiener Zeitung* Nr. 162 v. 16.7.1892, S. 1ff.

Am 15. Juli, schon in der Spezialdebatte zu den Valutengesetzen, äußert sich Liechtenstein in aller Schärfe zu diesem Vorhaben:

Die Goldwährung sei aus drei Gründen abzulehnen: Sie sei eine teuere Maßregel, deren Erfolg zweifelhaft, und die in volkswirtschaftlicher Beziehung gefährlich sei. Auch hätte man besser getan, den Überschuss im Budget für die Beamten und die Landwirtschaft zu verwenden.

Die Initiative dazu sei von den Ungarn ausgegangen, die ihr Agio zum Goldpreis aufrecht erhalten und damit den Nachteilen der Handelsverträge entgehen wollten. Die Handelsverträge würden aber ohnehin keine lange Zukunft haben, und so hätte man mit den Goldvaluta hauptsächlich den Interessen der haute finance gedient, die mit dem Zufließen und Wiederabfließen des Goldes die besten Geschäfte machen würden. Den Zweck der Agioerhaltung hätte man mit der Ausprägung von Silbermünzen weit besser erfüllt. [28]

Ähnlich der Kalterer Gutsbesitzer Baron Josef Dipauli, ein Klerikaler, der schon seit 1877 die Tiroler Stadtgemeinden im Reichsrat vertrat. Er zweifelte auch daran, dass der Staat mit dem vorgesehenen Goldanleihen das Auslangen finden könne. [29]

„Ich bezweifle gar nicht", spöttelte Steinbach in seiner Gegenrede, *„dass der hoch verehrte Herr Baron über die Angelegenheit eingehende Studien gemacht hat; aber Eines darf ich beifügen: Ich glaube, dem hochverehrten Herrn Baron fehlt das, was viele Herren in diesem Hause in reichem Maße haben, nämlich die geschäftliche Erfahrung gerade auf diesem Gebiete."* Was sollte denn der Staat mit dem vielen Gold machen? *Ich bitte nur zu erwägen: Wenn ich die Staatsnoten fundiert habe, wenn die Salinenscheine gedeckt sind ... was soll der Staat mit dem mehr angeschafften Golde machen? Er kann doch unmöglich dafür Silber kaufen und sich das Silber hinlegen. Und er kann ebenso wenig das Gold auswerfen. Das sind eben Dinge, die aus dem geschäftlichen Leben hervorgehen; das Mehr von Gold ... muss aus dem Verkehre kommen."*

Und nun zu einer Frage, die nicht nur Dipauli, sondern auch Professor Schlesinger und Liechtenstein gestellt hatten. Warum konnte man nicht einen Teil der Staatsschuld in Papier und Silber zurückzahlen? Weil, sagt Steinbach, *„die Zurückzahlung der Staatsschulden zu den allerentsetzlichsten Dingen führen würde. ... Man muss ja bedenken, dass sich das Kapital einmal in gewisse Anlagen hineingefunden hat und dass es schwer ist, ihm dieselben zu entziehen."*

Szeczpanowski, der dem ironischen Stil Steinbachs gern eine etwas derbere Spitze gab, nannte Liechtenstein: *„Seine Durchlaucht, den sozialen Reformer von Hernals,"* was allgemeine Heiterkeit auslöste. Auch spottete er darüber, dass Liechtenstein von einer vernünftigen Inflation gesprochen hatte. Das sei gerade so,

[28] *Wiener Abendpost* Nr. 160 v. 15.7.1892. S. 2f.

[29] *Wiener Abendpost* Nr. 160 v. 15.7.1892. S. 2.

wie wenn man von einer besonnenen Leidenschaft oder von einem kühlen Fieber sprechen wolle. Schließlich wurde, am 16. Juli, der so heiß umkämpfte Artikel I doch noch, auf Antrag Luegers in namentlicher Abstimmung, mit 175 gegen 84 Stimmen in der Ausschussfassung angenommen. [30]

Eine Auseinandersetzung gab es wieder über die Frage, was auf den neuen Münzen stehen sollte. Hier hatte der Ausschuss einen Kompromiss gefunden, der dahin ging, auf den Münzen eine Umschrift anzubringen, die auch Böhmen berücksichtigte. Der deutschnationale Abgeordnete Ernst Bareuther sprach sich unter Beifall dagegen aus. Er werde, sagte er, mit den böhmischen Abgeordneten gern in allen freiheitlichen und wirtschaftlichen Fragen Hand in Hand gehen, auf den staatsrechtlichen Boden werde er ihnen nie und nimmer folgen. Der Jungtscheche Gustav Eim widersprach: Das Münzrecht sei ein Regale der böhmischen Krone, die Aufnahme des Wortes *Rex Bohemiae* in die Münzaufschrift eine Forderung des nationalen Rechtes und der nationalen Ehre des böhmischen Volkes.

Steinbach meinte dazu, die Regierung habe sich mit der Fassung des Ausschusses einverstanden erklären können, ohne dass jetzt behauptet werden könnte, sie halte etwa die erste Fassung für unrichtig. Was die frühere Fassung anbelange, so habe sie ihr Vorbild in jenen Goldmünzen, die seit dem Jahre 1870 ausgeprägt worden seien, die gegenwärtige Fassung finde ihre Begründung in dem *Allerhöchsten Handschreiben vom 14. November 1868.* Nicht möglich sei es aber, wie dies der Abgeordnete Borcic beantragte, auch Kroatien mit aufzunehmen, weil dies eben im Allerhöchsten Handschreiben nicht vorgesehen sei. Er bitte, der gegenwärtigen Frage nicht eine Wichtigkeit zu verleihen, die sie nicht habe. Schließlich wurde der Antrag Bareuther mit 134 gegen 81 Stimmen abgelehnt und der Ausschussantrag unverändert angenommen.

Ein heikler Punkt war das Quotenverhältnis, mit dem die Kosten der Währungsumstellung zwischen Österreich und Ungarn geteilt werden sollten. [31]

Vereinbart war 70:30, der Abgeordnete Wilhelm Pfeiffer, Gutsbesitzer in Rumburg, meinte, nach der Bevölkerungszahl und den Gebietsflächen ergebe sich der einzig gerechte Quotenschlüssel mit 54,3 zu 45,7. Dass Österreich mehr als 54,3% zahle, sei ein Tribut an Ungarn.

Der Abgeordnete Lueger ätzte, wenn man das Verhältnis mit Ungarn mit einer Ehe vergleiche, so sei dies eine Ehe, in der die Frau das Regiment führe. Er wolle nur konstatieren, dass Ungarn seinen Aufschwung auf Kosten Österreichs genommen habe, und da sei es patriotisch, Österreich aus dieser Rolle zu befreien, die Ehe zu scheiden und wegen Verschuldens der Frau den Mann von den Alimenten zu entheben. Aber auch dieses Gesetz wurde vom Parlament angenommen. [32]

---

[30] *Wiener Abendpost* Nr. 161 v. 16.7.1892. S. 2.

[31] *Wiener Zeitung* Nr. 164 v. 19.7.1892. S. 1f.

[32] *Wiener Abendpost* Nr. 163 v. 19.7.1892. S. 2.

Als nächstes stand nun, noch am 19.Juli, die Beratung des Anleihegesetzes zur Beratung. Hier meldete sich gleich zu Beginn der Jungtscheche Jan Vasaty, ein Prager Rechtsanwalt, zu Wort, und meinte dass alle diese Maßnahmen gegen das Gefühl des böhmischen Volkes geschähen, um das selbe zu verletzen. Das Schulwesen, die Landwirtschaft, das Verkehrswesen, die Flussregulierung seien in Böhmen vernachlässigt, weil die Mittel fehlten, und hier sollten Millionen für die Goldanleihe geopfert werden. Das sei eine absolute Misswirtschaft. [33]

Der schlesische Abgeordnete August Kaiser, Professor der landwirtschaftlichen Mittelschule in Oberhermersdorf, meinte, für die Deutschen in Österreich könne es sich nicht um irgendwelche Hofratsstellen handeln, sondern sie müssten ihr volles nationales Recht, und in den deutschen Landesteilen nicht nur Gleichberechtigung, sondern die Zuerkennung der ersten Stelle verlangen. Aus Mangel an Vertrauen gegen die Regierung werde er mit Begeisterung gegen die Goldanleihe stimmen. [34]

„Es liegt mit nichts ferner," meinte dazu Steinbach, *„als einem der hochverehrten Herren bestreiten zu wollen dass er sein Misstrauen zu gegenwärtigen Regierung ausspreche; die Herren wissen ja: zum Vertrauen kann man jemand eben so wenig zwingen als zur Liebe. Andererseits ist der Anlass, bei welchen dieses Misstrauen ausgesprochen wird, auch gewiss vollständig dem Ermessen der hoch verehrten Herren anheim gestellt."*

Aber, so meinte Steinbach, wer für das Gesetz stimme, erweise ja nicht der Regierung Vertrauen, sondern erstens der Staatsschulden – Kontroll- Kommission des Reichsrates und zweitens der Gesetzgebung.

Zum eigentlichen Gegenstand sagte Steinbach, die Regierung bitte um die Ermächtigung, ein Anlehen aufzunehmen, welches erforderlich sei, um im effektiven Gold einen Betrag von 18 456 000 österreichischer Goldgulden zu erlösen. Das seien 70% des Betrages von 312 Millionen Gulden. Warum habe man den Betrag mit einem Mal verlangt? Um volles Vertrauen in den Ernst des Willens der Regierung zu erwecken.

Und er schließt mit einem groß angelegten politischen Bekenntnis:

Ich habe am ersten Tage, als ich das Amt des Finanzministers angetreten habe, in meiner Antrittsrede vor meinen Beamten gesagt, ich fühle mich als kaiserlicher Beamter. Wenn ich also gefragt werde, von welchem Standpunkte ich diese Angelegenheit behandle, so sage ich mit Ruhe und gutem Gewissen: ich erlaube mir, diese Vorlagen vor dem Hause zu vertreten, weil ich sie für die Gesamtheit Österreichs für wohltätig halte (Beifall)*weil ich glaube, dass diese Vorlagen in der Tat geeignet sind, das Wohl, namentlich das wirtschaftliche Wohl, meines teuren Vaterlandes zu fördern. Wenn ich so handle, so glaube ich einerseits als kaiserli-*

---

[33] *Wiener Abendpost* Nr. 163 v. 19.7.1892. S. 2f.

[34] *Wiener Abendpost* Nr. 163 v. 19.7.1892. S. 3.

cher Beamter, andererseits als Ehrenmann zu handeln (Bravo!*) Und es freut mich, wenn auch diese meine letzte Eigenschaft von so manchem der verehrten Mitglieder des hohen Hauses anerkannt wird.* (Bravo!) *Wenn Sie mich aber, meine hoch verehrten Herren, weiterfragen, und wenn Sie mir gegenüber die Interessen der einzelnen Parteien in den Vordergrund stellen- und das gilt von allen Parteien- so kann ich darauf nur erwidern: Als Parteimann bin ich schwarzgelb durch und durch* (Beifall) *und nichts als schwarzgelb, und wenn ich etwas vertrete, so vertrete ich es, weil ich glaube, dass es im Wohle und im Interesse meines Gesamtvaterlandes und im Wohle aller Völker Österreichs liegt* (lebhafter Beifall und Händeklatschen). [35]

Der Artikel I des Gesetzes wurde schließlich mit 177 gegen 97 Stimmen angenommen.

Am 21. Juli 1892 nahm schließlich das Abgeordnetenhauses des Reichsrates die Valutavorlagen, worauf sich das Abgeordnetenhaus spät wie nie vertagte.

Positiv war wie immer das Presseecho auf die Valuta-Verhandlungen. Die *Sonn-u. Montagszeitung* schrieb: *„Wir zählen zu den Gegnern zwar nicht jeder, sondern der projektierten Valuta-Regulierung, aber das kann uns nicht abhalten, der Wahrheit die Ehre zu geben, dass die betreffenden Gesetzesvorlagen durch die staunenswerte Sachkenntnis, die unermüdliche Ausdauer und das persönliche Vertrauen, das sich Herr Doktor Steinbach während der kurzen Zeit seiner Geschäftsführung im Abgeordnetenhause zu erringen wusste, wesentlich gefördert wurden.“*

Die *„Humoristischen Blätter“* vom 24. Juli 1892 zeigen, *anlässlich der wiederholten Vergleiche des Papiergeldes mit einem Knödel im Laufe der Valuta-Debatt*e, Steinbach und Wekerle zwei riesige Knödel gemeinsam auf einem Tablett tragend, den Goldknödel und den Papierknödel. Unterschrieben ist das Bild mit *„Wir fürchten nur, meine Herrn, daß uns der Goldknödel noch viel schwerer im Magen liegen wird als der Papierknödel.“*

Nun hatte sich noch das Herrenhaus mit der Materie zu befassen, und zwar zunächst die Valuta-Kommission. Ihr Referent war der Wirtschaftshistoriker und Statistiker Karl Theodor Inama–Sternegg, sie genehmigte den Bericht des Referenten am 24. Juli und empfahl dem Herrenhaus die Annahme der sechs Valutagesetze.

In der Generaldebatte sprach der Fürst zu Windisch-Graetz für die Annahme der Vorlagen, der Finanzminister legte in allgemeinen Zügen den Standpunkt der Regierung dar, Graf Karl Kuefstein beantragte, von einer Spezialdebatte abzusehen, worauf die sechs Gesetzesentwürfe in 2ter und 3ter Lesung unverändert angenommen wurden. Darauf vertagte sich auch das Herrenhaus.

---

[35] *Wiener Abendpost* Nr. 164 v. 20.7.1892. S. 3.

Am 20. Juli schreibt der Kanzleidirektor des Herrenhauses, August von Zauner, an den Ministerpräsidenten Taaffe: *„Ich nehme mir die Freiheit Eurer Excellenz zur h. Kenntnis zu bringen, daß nach dem bisherigen Verlauf der Verhandlungen im Herrenhause über die Valuta-Unterlagen zu erwarten steht, daß zu Beginn der nächsten Woche das gesamte Materiale der Erledigung zugeführt sein wird. zu der morgen (Donnerstag) stattfindenden Commissions-Sitzung dürfte die Vorberatung finalisiert sein, so daß in einer für Samstag projektierten weiteren Kommissions-Sitzung der Bericht des Dr. Inama-Sternegg entgegen genommen, und das Plenum somit wenn nicht schon am Dienstag dem 26., doch sicher am Mittwoch den 27. Juli abgehalten werden könnte. Der rasche Abschluss der Kommissions-Beratungen ist hauptsächlich das Verdienst des Herrn Finanzministers, der in der gestrigen Abendsitzung mit seinen außerordentlich lichtvollen und dabei höchst einfachen Auseinandersetzungen den nachhaltigsten Eindruck auf alle Kommissions-Mitglieder hervorgebracht hat. Der Plan, mittelst einer aus dem Schoße aller drei Gruppen des Herrenhauses hervorgehenden solennen Erklärung die Valuta Vorlagen mit Umgehung jeder weitläufigen Debatte zur Annahme zu bringen, wird von allen Seiten gebilligt und selbst Herr von Plener sen. hat sich mit dieser Idee bereits vollkommen befreundet.* (Dazu handschriftlicher Vermerk des Grafen Taaffe: *ist sehr gut und darum hoffentlich zur Ausführung gebracht worden.)* Taaffe leitet das Dokument mit dem handschriftlichen Vermerk weiter: *„21.7.1892. Wird Sr. Excellenz dem Herrn Finanz-Minister Dr. Steinbach, der alle Vorlagen über Stock und Stein und Bach durchgebracht hat, mit den herzlichsten Glückwünschen seines aufrichtig ergebenen Taaffe mitgetheilt."* Schon vier Tage später verleiht der Kaiser Steinbach den österreichischen kaiserlichen Orden der eisernen Krone I. Klasse. [36]Das Gesetz erlangt am 2. August 1892 Rechtskraft. [37]

„Der Floh" vom 7. August 1892 zeigt auf seinem Titelblatt den Finanzminister Steinbach im Triumph, umschwebt vom Orden der Eisernen Krone, aus dem Rauch seiner Zigarre steigen gespenstig seine Widersacher Liechtenstein, Lueger, Sueß und Neuwirth auf. Unterschrieben ist das Bild mit *„Corona coronat opus. – Für die goldenen Kronen – die eiserne!"*

Ein schwieriges Unterfangen war die Anschaffung eines Goldvorrates in der Höhe von nicht weniger als 624 Millionen Kronen, eine riskante Angelegenheit, weil Gold knapp war. Dabei hatte Österreich Glück, weil die Goldproduktion gerade damals stark anstieg und Amerika Gold abstieß. Die technische Durchführung durch den österreichischen und ungarischen Staat geschah in der Form von vierprozentigen Goldrentenobligationen, also einer Rente, deren Verzinsung in Gold zu leisten war. Das am 11. Jänner 1893 mit der Goldbeschaffung betraute

---

[36] Dekret vom 28. Juli 1892, Nr. 265.

[37] Reichsgesetzblatt Nr. 126

Rothschild'sche Bankenkonsortium erfüllte seine Aufgabe in den Jahren 1893 bis 1895 ohne irgendeine Störung der europäischen Goldmärkte.

Der Finanzminister übermittelte dem Abgeordnetenhause eine Nachtragsvorlage zum Staatsvoranschlag in diesem Zusammenhang. Daraus ging hervor, dass das aus der Creditanstalt, der Bodencreditanstalt und dem Bankhaus Rothschild bestehende Konsortium einen Teilbetrag von 60 Millionen Gulden Gold zur Hälfte auf feste Rechnung zur Hälfte auf Option zum Kurs von 95,5% übernahm. Nach diesem Übereinkommens hatte die Staatsverwaltung dem Konsortium die vierprozentigen Zinsen zu vergüten. [38]

Aus den Verhandlungen Steinbachs mit der Rothschildbank erzählt Schönborn eine Anekdote, die zeigt, wie sehr er sich in seine jeweiligen Verhandlungspartner einfühlen konnte: *„Er verhandelte unter vier Augen mit einem Finanzier, dem Vertreter einer wichtigen Gruppe. Steinbach erkannte sofort die ihm von diesem Herrn gemachten Vorschläge für allzu belastende für den Staat, also für unannehmbar und sagte dem Finanzmann: ‚Nein, mein Lieber, so dürfen Sie mir nicht kommen! Da mache ich das Geschäft lieber in mir!' ‚In mir?!', rief der Finanzmann gleichzeitig bestürzt und angeheimelt. ‚Gott, Exzellenz, wie kommen S i e zu dem schönen Ausdruck?'"* [39]

Eine weitere Anekdote berichtet, Steinbach sei gefragt worden, ob der Baron Albert Rothschild wirklich eine so hervorragende Persönlichkeit sei, und er habe geantwortet: *„Er ist ein ausgezeichneter Schachspieler und ein unvergleichlicher Liebhaberphotograph. Sonst habe ich hervorragende Eigenschaften an ihm nicht bemerkt."* [40]

„Is er eppes meschügge geworden der Professor Schlesinger" fragen Rothschild und Comp. in den *Humoristischen Blättern* vom 26. März 1893 *„weil er möchte haben, dass der Finanzminister soll zahlen die Staatsschulden! Was möchten wir dann machen mit unsere Kapitalchers?"*

Anfang Juni wurden die Verhandlungen zwischen der österreichischen und ungarischen Regierung und der österreichisch-ungarischen Bank über die weitere Durchführung der Valuta-Regulierung aufgenommen. Der ungarische Ministerpräsident und Finanzminister Alexander Wekerle kam zu diesem Zweck nach Wien. Man einigte sich darauf, dass die Einführung einer obligatorischen Kronenrechnung mit 1. Jänner 1895 einzutreten habe. [41] Die österreichisch-ungarische Bank traf bereits Vorkehrungen, mit dem Druck neuer, auf Kronen lautender Banknoten zu beginnen. [42] Die Bank bekam identische Noten der beiden Finanz-

---

[38] *Wiener Zeitung* Nr. 26 v. 1.2.1893, S. 3.

[39] Schönborn: Begegnungen. S. 284.

[40] *„Aus Österreich-Ungarn".-* In: *„Neue Preußische Zeitung"* Berlin, 10.6.1907.

[41] *Wiener Zeitung* Nr. 126 v. 4.6.1893, S. 3.

[42] *Wiener Zeitung* Nr. 132 v. 11.6.1893, S. 4.

minister, worin ihr mitgeteilt wurde, welche Maßnahmen die Minister von ihr hinsichtlich der Einziehung der Staatsnoten und der Übernahme eines Teiles des Silberschatzes erwartete. [43] Im Juli kam es wieder zu einer großen internationalen Silberkrise. Steinbach wurde von den Zeitungen für seine Voraussicht gefeiert. [44]

Tatsächlich mussten von den 624 Millionen Goldkronen schließlich nur drei Viertel angeschafft werden, weil sich herausstellte, dass eine so große Goldmenge zur Währungsreform tatsächlich nicht notwendig war. Der Erfolg der trotzdem außerordentlich großen Goldbeschaffungsaktion hatte die Wirkung, dass das Ansehen der Monarchie hinsichtlich ihrer finanziellen Leistungsfähigkeit erheblich stieg. [45]

Mit einer Anekdote wollen wir dieses Kapitel abschließen:

Steinbach besuchte eines Hochsommers wie üblich seinen Ministerpräsidenten, den Grafen Taaffe in Ellischau. Bei dieser Gelegenheit hielt er sich auch in Horazdowitz auf. Er ließ sich vom fürstlich Kinskyschen Güterdirektor seine Perlenzucht zeigen, die dieser auf einer Insel des Flusses Wottawa betrieb. Auf der Holzbrücke, die zur Insel führt, begegnete er einem Ortsarmen, der ihn anbettelte. Er nahm aus einem Beutelchen ein funkelnagelneues Kronenstück, wahrscheinlich eine Probeprägung, übergab es dem Armen und sagte: *„Das ist überhaupt die erste Krone, die hiemit in Österreich der Zirkulation übergeben wird.“* [46]

---

[43] *Wiener Zeitung* Nr. 140 v. 21.6.1893, S. 2f

[44] *Wiener Abendpost* Nr. 149 v.3.7.1893, S. 1.

[45] Kamitz: Geld- und Währungspolitik. S. 152 ff.

[46] *„Wie Präsident Steinbach die erste Krone in Umlauf brachte.“* In: *„Bohemia“*, Prag, 29.5.1907.

Mit dem Budget 1893 geht es zäh

Am 5. November 1892 legte Steinbach dem Abgeordnetenhaus den Staatsvoranschlag für das Jahr 1893 vor.[1] Das Gesamterfordernis für das Jahr 1893 war mit 608.684.794 Gulden, die Gesamtbedeckung mit 609.572.085 Gulden veranschlagt. Es resultierte daraus ein Überschuss von 887.291 Gulden. Das Ergebnis war um 655.308 Gulden günstiger als das des Jahres 1892. 3 Mio. Gulden sollten zur Staatsschuldentilgung den laufenden Staatseinnahmen entnommen werden, während es 1892 nur 2 Mio. gewesen waren. Das veranschlagte Ergebnis für 1893 war damit um noch eine Million günstiger als das des Jahres 1892.

Zum Ausgabenbudget sagte Steinbach: *„Das Ausgabenbudget steigt. Das ist eine Unart, die so ziemlich alle Ausgabenbudgets haben. Wenn Sie fragen, warum das Ausgabenbudget steigt, so habe ich es fast nicht mehr nötig, Sie, meine verehrten Herren, auf die steigenden Bedürfnisse des Heeresaufwandes aufmerksam zu machen. Es wird weitersteigen, so lange die gegenwärtigen politischen Verhältnisse dauern.“*

An der Spitze der Ausgabensteigerungen der anderen Ressorts stand das Ministerium des Inneren, namentlich durch die vermehrten Auslagen für die öffentliche Sicherheit, was wohl mit dem Ansteigen nationalistischer Unruhen zusammenhing.

Was die Einnahmen anbetraf, so sollte es bei den direkten Steuern Mehreinnahmen von 1.867.100 Gulden geben. Auch beim Zollgefälle und bei den indirekten Steuern waren erhebliche Mehreinnahmen zu erwarten, was vor allem der guten Wirtschaftslage zu verdanken war. Mindereinnahmen sollte es beim Lottogefälle geben, eine Ankündigung, die den Parlamentsveteranen Franz Roser zum Ausruf *„Gott sei Dank!“* veranlasste. Das Haus quittierte dies mit Heiterkeit und lebhaftem Beifall.

Diese Entwicklung, sagte Steinbach, die ihm vom Standpunkte der Sozialethik als sehr wünschenswert erscheine, bereite ihm vom Standpunkt des Finanzministers Sorgen. Im übrigen könne man eine eingelebte Spielart nicht einfach abschaffen. Wenn aber das Publikum sich das Spiel abgewöhnte, so würde sich

---

1 Siehe *Wiener Abendpost* Nr. 254 v. 5.11.1892, S. 1ff.

zeigen, dass in der Tat jener Anreiz des raschen Gewinnens immer mehr an Boden verliere und an dessen Stelle die Vermehrung des Wohlstandes durch ehrliche Arbeit trete.

Von der Reform der direkten Steuer wollte Steinbach nicht sprechen. Er hoffte nur, dass die in dieser Frage stark hervortretenden Zwiespalte der Meinungen bald zu Resultaten gelangten.

Eine Besonderheit der österreichischen Steuergesetzgebung, der Steinbach nicht grundsätzlich zu Leibe rückte, war die Liniensteuer. Sie war bereits 1829 nach italienischem Muster eingeführt worden. Man unterschied hier zwischen offenen und geschlossenen Städten. In den geschlossenen Städten wurden die Verbrauchssteuern an einer Art inneren Zollgrenze eingehoben, wobei die Besteuerung deutlich höher war als in den offenen Städten, was nicht gerade zur Verkehrsflüssigkeit beitrug und auch andere Unzukömmlichkeiten mit sich brachte. Im Jahre 1890 wurde im Zusammenhang mit der Vereinigung Wiens mit seinen Vororten die Wiener Linienverkehrssteuer reformiert. Die Linienwälle fielen, die trotzdem weiter bestehende Torsteuer wurde auf Wein, Fleisch und Schaltiere beschränkt. Mit Gesetz vom 1. April 1893 wurde der Finanzminister ermächtigt, die ärarischen Linienwallgründe und Linienamtsgebäude der Gemeinde Wien zu verkaufen. [2] [3]

In der Öffentlichkeit bestand die Meinung, der Staat habe ein ausgezeichnetes Geschäft mit dieser Reform gemacht. Wie Steinbach nun in seiner Budgetrede anführte, habe es im Gegenteil einen Ausfall von 251 281 Gulden bei der Wiener Liniensteuer gegeben, was aber zu erwarten gewesen sei.

In der Sitzung des Abgeordnetenhauses vom 27.Februar beklagte der Abgeordnete Kronawetter die Einhebung der Verzehrungssteuer in geschlossenen Städten als im Widerspruche stehend mit dem Grundsatze der Gleichberechtigung und mit den Prinzipien eines gesunden Steuersystems. Seit der Vereinigung der Vororte mit Wien seien die Verhältnisse noch schlechter geworden. In Wien sei das Bier doppelt besteuert. Wie komme der arme Mann dazu das er für jeden Liter Abzugbier einen Kreuzer Steuer zu bezahlen hat? Auch das Fleisch sei in den Städten viel höher besteuert. [4], [5]

Steinbach sprach auch über die Salzgewinnung und den Staatseisenbahnbetrieb. Im ersten Falle versprach er in Untersuchungen der galizischen Dungsalzlager, im anderen Falle hatte er erhebliche Mehrerfordernisse zu begründen. Man habe seinerzeit die Einführung des Staatseisenbahnwesens in Österreich mit Beifall begrüßt, man müsse nun verhindern, dass die Staatseisenbahnen wieder ab-

---

2 Gratz: Finanzpolitik. S. 235.

3 *Wiener Zeitung* Nr. 88 v. 18.4.1893, Nr. 88.S. 1.

4 *Wiener Abendpost* Nr. 47 v. 27.2.1893, S. 2.

5 *Wiener Zeitung* Nr. 126 v. 4.6.1893, S. 3.

gestoßen werden müssten. Dies könne aber nur geschehen, wenn der Staat auf eine, wenn auch verhältnismäßig niedrige Durchschnittsrentabilität sehe. In der Praxis werde in den einzelnen Fällen da und dort eine Verschiedenheit, eine Abweichung eintreten, man werde die Interessen der Volkswirtschaft im Auge behalten müssen, man könne die Einnahmen von besseren Betrieben zur Stützung der schlechteren verwenden und auf zukünftige Verkehrssteigerung hoffen. Ein dauerhaftes Defizit des Staatseisenbahnwesens komme aber nicht in Frage, weil dann die Nicht-Eisenbahninteressenten, für die Eisenbahninteressenten den Ausfall zu bezahlen hätten, und auf die Dauer ließen sich das die Nicht- Eisenbahn Interessenten nicht gefallen.

Für die Beamten war im Budget eine Million Gulden unter dem Titel *„Außerordentliche Unterstützungen an Staatsbedienstete"* vorgesehen. Steinbach nahm hier auf die Forderungen der Christlichsozialen im Zusammenhang mit der Valutareform Rücksicht.

„Es wäre ja", führte er dazu weiter aus, *„sehr angenehm und wünschenswert, wenn es gelänge, die Konsumtionskraft eines Teiles des so genannten kleinen Mittelstandes – und zu dem gehören ja hauptsächlich die niederen Beamten –zu heben. Das ist auch, abgesehen von allem Anderen, im Volkswirtschaftlichen Interesse sehr wünschenswert; es ist im wesentlichen eine Frage der Lohnerhöhung."*

Der deutschliberale Abgeordnete Adolf Promber (1843-1899), ein Brünner Rechtsanwalt, hatte einen solchen Antrag gestellt und dabei berechnet, dass dies etwa 3,9 Mio. Gulden kosten würde, wobei aber solche Beamten wie Amtsdiener und Eisenbahner noch gar nicht berücksichtigt waren. Bei einer zehnprozentigen Erhöhung unter Berücksichtigung auch dieser Beamten hätte man, wie Steinbach ermitteln ließ, etwa 6 Mio. Gulden in die Hand nehmen müssen. Wenn man das wirklich wolle, meinte Steinbach, so müsse man gleichzeitig eine Abgabe erhöhen, oder eine neue Abgabe einführen.

Vom Abschluss der Valutageschäfte wollte Steinbach nicht sprechen, weil er damit nur seinen Handlungsspielraum eingeschränkt hätte. Und dies, obwohl die öffentliche Neugier so groß war, dass sich darum, wie es Steinbach ausdrückte, ein förmlicher Sagenkreis darum gebildet hatte.

Steinbach beendete seine Budgetrede mit den Worten:*„Ich möchte also, meine hoch verehrten Herren, keine pessimistischen Erwartungen erregen. Aber ich bitte Sie wiederholt, daran zu denken, dass unser ganzes Budget derzeit noch immer ein unelastisches, ein unbewegliches, ein labiles ist, das es nur irgend einer unerwarteten größeren Ausgabe bedarf, um uns sofort wieder in das Defizit hineinzustürzen, dass wir alle Vorsicht und alle Selbstbeschränkung aufbringen müssen, um das zu verhindern, quasi den gegenseitigen Zeitläuften ein ungeheures Unglück wäre, nämlich das Wiederaufleben des Defizit."*

Die Reaktion der Presse auf die Budgetrede war durchaus positiv. So schrieb die *„Neue Freie Presse": „Die Monarchie hat die Kraft und die Gelegenheit, ihren Geldumlauf zu ordnen, ihr Budget ist gut, ihr wirtschaftlicher Organismus ist trotz der Ungunst der Zeit gesund, ihre Sparfähigkeit ist gewachsen, und ihr Kredit hebt sich mit jedem Tage."* [6]

Am 8. November erstattete Ernst von Plener den Bericht des Budgetausschusses über die Behandlung des Staatsvoranschlages für 1893. Auch diesmal wollte man wieder die im Vorjahre angewendete Form der Behandlung, nämlich die sofortige Plenarberatung eines großen Teils des Voranschlages eintreten lassen. Nur Abgeordneter Kaizl wendete sich, aus demokratiepolitischen Gründen, dagegen. Der Antrag des Budgetausschusses erhielt die erforderliche Zweidrittel -Mehrheit. [7]

Am 17. November begann man mit der Generaldebatte. Wenig Sachliches war hier zu vernehmen.

Der jungtschechische Abgeordnete Jan Slavik (1846-?), ein Rechtsanwalt aus Neuhaus, klagte über die Zurücksetzung der Tschechen bei der Besetzung von Ämtern und über Übergriffe der Polizei und Gendarmerie. [8]

Der Abgeordnete Alois Zucker, ein Prager Universitätsprofessor, sprach über den Fall eines Tischlergehilfen namens Bosak, der auf Passanten geschossen hatte, angeblich nur, weil sie deutsch gesprochen hätten, aber von den Geschworenen wegen Schwachsinns und Trunkenheit freigesprochen wurde. Nun leide der Fremdenverkehr darunter, weil die Deutschen sagten, man könne nicht nach Prag gehen, weil man dort nicht deutsch reden dürfe. [9]

Der Abgeordnete Albert Geßmann, Kustos der Wiener Universitätsbibliothek und Pionier der Christlichsozialen, kritisierte, dass zuwenig an wirtschaftlicher und sozialer Reformarbeit geleistet worden sei. Die Gewerbegesetzgebung sei nicht geregelt, eine Dienstpragmatik für die Beamten sei nicht erfolgt, für den Bauernstand geschehe nichts, die Maßnahmen für das Kleingewerbe und die Arbeiter seien Halbheiten. [10]

Lueger kritisierte, dass man das Budget so nebensächlich behandle. Damit Graf Taaffe rechtzeitig sein Budget habe, beschneide das Parlament selbständig seine Rechte, und schränke seine Freiheiten ein.

Der dalmatisch-kroatische Abgeordnete Josef Vergil Peric (1845-1919), ein Gymnasialprofessor aus Zara, begann seine Ausführungen in kroatischer Sprache,

---

6 Eine umfangreiche Presseschau befindet sich in der *Wiener Abendpost* Nr. 255 v. 7.11.1892-

7 *Wiener Abendpost* Nr. 256 v. 8.11.1892, S. 6.

8 *Wiener Abendpost* Nr. 263 v. 17.11.1892, S. 2.

9 *Wiener Abendpost* Nr. 263 v. 8.11.1892, S. 2.

10 *Wiener Abendpost* Nr. 263 v. 8.11.1892, S. 2

der mährisch-alttschechische Abgeordnete Hoch hielt sie überhaupt auf tschechisch, darauf wurde die Verhandlung abgebrochen. [11]

Die Fortsetzung der Generaldebatte am 18. November begann damit, dass sich der ruthenische Abgeordnete Julian Romanczuk (1842-1932), ein Lemberger Gymnasialprofessor, über die schlechte Lage der Ruthenen beklagte. Durchschnittlich entfalle auf 81 000 Einwohner ein Abgeordneter, bei den Ruthenen seien es 385 000. [12]

Der christlichsoziale Wiener Abgeordnete Wilhelm Friedrich Hauck (1849-?), ein Mechaniker, meinte, dass das Verdienst des Finanzministers kein so großes sei. Man solle doch die Börsesteuer erhöhen oder eine Luxussteuer einführen. Außerdem gebe es viel zu viele Juden im öffentlichen Leben und die Deutschen als Gründer und Erhalter dieses Staates würden schlecht behandelt. Daher könne er nicht für das Budget stimmen. [13]

Dem nachmaligen tschechoslowakischen Präsidenten Thomas Masaryk (1850-1937), Sohn eines mährischen Kutschers, seit 1882 Universitätsprofessor in Prag und 1891 für die Jungtschechen in das Abgeordnetenhaus gewählt, verschaffte die Budgetdebatte einen stürmischen Auftritt. Das böhmische Volk, sagte er verlange keine Konzessionen, sondern Institutionen welche gleiches Recht für beide Nationalitäten gewährleisteten. Auch zeigte er eine Broschüre vor, in der das Germanisieren der Tschechen und Slowenen empfohlen wurde. Bei solchen Verhältnissen würden die Tschechen gegen das Eingehen in die Spezialdebatte stimmen. [14]

Der Abgeordnete Max Menger warf Masaryk vor, dass seine Rede zum Ausdruck zügellosesten Hasses angeschwollen sei. Derartige Erscheinungen machten das parlamentarische Zusammenleben auf die Dauer unmöglich. Die deutsche Partei habe viel für die Gemeinde- und Landesautonomie in Böhmen geleistet. Als Masaryk die Frage des Verwaltungs- und Staatsrechtes besprach, habe er eine ungeheure Unwissenheit gezeigt. Es gebe keinen böhmischen Staat, und von einem solchen zu sprechen sei Hochverrat.

Auf lebhaften Widerspruch der Jungtschechen ruft Menger in die Menge:„*Ja, Sie sind Hochverräter!*“ Stürmische Protestrufe der Jungtschechen. Menger ruft wiederholt: „*Sie sind Hochverräter!*“ Große Aufregung im ganzen Hause. Rufe der Jungtschechen: *Widerrufen*!“ Von anderer Seite: ” *Nicht Widerrufen.*“ Der Präsident gibt wiederholt das Glockenzeichen, ohne Ruhe herstellen zu können. Rufe Seitens der Jungtschechen:„*Sie werden nicht fortreden, bevor Sie widerrufen haben.*“ Nachdem endlich wieder Ruhe hergestellt war, erteilte der Präsident

11 *Wiener Abendpost* Nr. 263 v. 8.11.1892, S. 2
12 *Wiener Abendpost* Nr. 264 v. 18.11.1892, S. 2
13 *Wiener Abendpost* Nr. 264 v. 18.11.1892, S. 2
14 *Wiener Abendpost* Nr. 264 v. 18.11.1892, S. 2

Menger den Ordnungsruf unter lautem Beifall der Jungtschechen und Slowenen. Der will wiederholt das Wort ergreifen, wird aber durch fortwährendes Protestgeschrei seitens der Jungtschechen daran gehindert. Nachdem absolut keine Ruhe herzustellen ist, schließt der Präsident die Sitzung, und erklärt, dass Morgen elf Uhr die nächste Sitzung sein werde, und dass Dr. Menger in dieser Sitzung seine Rede fortsetzen solle. Die Erregung im Saale dauert an. Die lebhaft gestikulierenden und erregt debattierenden Abgeordneten verlassen erst nach längerer Zeit einzeln den Saal. [15]

Bei der nächsten Sitzung, am 19. November um 11:15 verlangte der Abgeordnete Masaryk bei Übergang zur Tagesordnung das Wort. Masaryk sagte, er fühle sich persönlich als Privatmann nicht beleidigt. Aber als Mitglied seiner Partei und diesen hohen Hauses verlange und ersuche er nach § 58 der Geschäftsordnung, dass Menger für seine Äußerungen die Missbilligung ausgesprochen werde. Der Präsident setzte daraufhin einen Missbilligungsausschuss ein.

Darauf setzte Menger seine am Vortag unterbrochene Rede fort. Er habe niemanden persönlich beleidigen wollen, sondern nur seinen auf das tiefste gekränkten nationalen Gefühlen Ausdruck geben wollen. Er zählt eine Reihe von Leistungen der Deutschen in Österreich auf, wie das Nibelungenlied oder die hervorragenden Leistungen der deutschen Medizinischen Schulen in Wien. [16]

Am 23. November, bereits in der Spezialdebatte zum Kapitel Reichsrat, kam es zu einem weiteren Eklat, als der Abgeordnete Schlesinger plötzlich auf den Talmud zu sprechen kam und behauptete, dass darin alle Nichtjuden Hunde und Esel genannt würden. Heftig protestierte dagegen der Abgeordnete Samuel Joseph Bloch. Der Präsident forderte zur Ruhe auf und ermahnte Schlesinger beim Gegenstand zu bleiben. Schlesinger wollte darauf eine Stelle aus einem Buch des Bloch vorlesen, worauf Bloch ausrief *„Das steht ja in der Bibel.“* Der Präsident wollte Schlesinger das Wort entziehen, Lueger verlangte aber eine Abstimmung darüber. Mit 75 gegen 51 Stimmen lehnte das Haus die Forderung Schlesingers ab, weiterreden zu dürfen. [17]

Der Christlichsoziale Ernst Schneider (1845-1913), er war ebenfalls 1891 ins Abgeordnetenhaus gekommen, gab der Meinung Ausdruck, dass das Parlament nichts tue als Subventionen für fallite Unternehmungen zu bewilligen, anstatt für die Bedürfnisse des Volkes zu sorgen. Ein weiteres bedauerliches Faktum sei die Verjudung der Presse. Auch das Stenographenbüro des Parlaments bestehe nur aus Israeliten. [18]

---

[15] *Wiener Abendpost* Nr. 264 v. 18.11.1892, S. 2f
[16] *Wiener Abendpost* Nr. 265 v. 19.11.1892, S. 2.
[17] *Wiener Abendpost* Nr. 268 v. 23.11.1892, S. 5.
[18] *Wiener Abendpost* Nr. 268 v. 23.11.1892, S. 7

Bei alldem war es kein Wunder, dass man mit den Budgetberatungen nicht fertig wurde. So musste wieder ein Budgetprovisorium, und zwar von Anfang Jänner bis Mitte März eingebracht werden. Auf Antrag des Abgeordneten Josef Heilsberg (1840-1894), eines steirischen Gutsbesitzers, begnügte man sich dann mit einem zweimonatigen Provisorium. [19]

Am 6. Februar 1893 befasste sich der Budgetausschuss mit dem Kapitel Direkte Steuern. Die Sitzung lief in völliger Sachlichkeit ab. [20]Am 11. Februar wurde die Verzehrungssteuer in Angriff genommen, am 14. Februar waren Salz und Münzwesen Verhandlungsgegenstand. Am 19. 2. musste ein Budgetprovisorium für den März genehmigt werden, weil sich abzeichnete, dass der Termin Ende Februar nicht einzuhalten war. [21]

Steinbach hatte, wie schon erwähnt, den Bürochef seines Vorgängers, Witold von Korytowski, mit der Leitung der Finanzlandesdirektion im Lemberg beauftragt. Der hatte dort so kräftig umgerührt, dass eine Pressekampagne gegen ihn initiiert wurde. Der Krakauer Abgeordnete Fernand Weigel (1825-1901), seines Zeichens Handelskammersekretär dortselbst, führte bewegte Klage über die schlimmen Verhältnisse in der galizischen Finanzverwaltung.

Am 21. Februar ging Steinbach in einer Rede vor dem Plenum des Abgeordnetenhauses auf die Sache ein. Er sorgte zunächst für Stimmung. In launigen Worten bedankte er sich für ein Kompliment, das ihm der Professor Schlesinger gemacht habe. Er habe ihn mit der Lorelei verglichen. (Heiterkeit) „*das ist mir noch nicht passiert.*(Erneute Heiterkeit.) *Und wenn der hochverehrte Herr Doktor Lueger darauf aufmerksam gemacht hat, dass der Grad meiner Schönheit mir auf den Vergleich mit der Lorelei keinen Anspruch gewähre, so kann ich ihm darin nur vollständig recht geben .Wenn ich nun gar noch einen Moment in den Vergleiche verweilen und sagen würde, ich würde am Ende versuchen ein Lied zu singen, dann wäre die Sache noch viel ärger.* (lebhafte Heiterkeit.)*Mir scheint, dann könnte mir nicht einmal der berühmte goldene Kamm der Lorelei etwas helfen, umso mehr, als ich fürchten muss, dass Herr Professor Schlesinger darin wieder eine Anspielung auf die Goldwährung sehen wird.*“

Nun kam Steinbach, noch immer umschichtig, auf das Eigentliche zu sprechen. Er begann mit „*der bekannten Geschichte vom Steuerdruck.*“ Jeder fühle in den Steuerforderungen gewissermaßen einen Eingriff in seine persönliche Sphäre und würde lieber das behalten, was er zahlen muss. Aber die Steuern seien doch produktiv. Der Staat behalte nichts für sich. Zwischenruf des Josefstädter Abgeordneten Kronawetter: („*oho! Militär*)Er teile Kronawetters Ansicht über die Unproduktivität des Militärs nicht, sagte Steinbach und er meine, dass auch

---

[19] *Wiener Zeitung* Nr. 285 v. 13.12.1892. S. 4.

[20] *Wiener Zeitung* Nr. 30 v. 7.2.1893, S. 3f.

[21] *Wiener Zeitung* Nr. 41 v. 19.2.1893, S. 5.

eine hohe Steuer sehr produktiv wirken könne, wenn sie nur den richtigen Zwecke zugeführt werde, wenn sie nicht den Fortschritt der Einzelwirtschaft störe und gerecht verteilt sei. Er räumte ein, das es derzeit mit der Gerechtigkeit der Steuerverteilung noch nicht so weit her sei. Solange das so sei, komme es aber ganz besonders auf eine gleichmäßige Praxis und eine gleichmäßige Anwendung dieser Steuergesetze an. So müsse auch die Exekutions-Strenge überall dieselbe sein.

Nun müsse man beachten: Wo die Exekution zu wenig strenge sei, beklage sich niemand. Das nehme jeder ruhig zur Kenntnis und freue sich im stillen darüber. Sei aber die Praxis irgendwo zu lax und müsse nachgeholfen werden, damit nicht Ungerechtigkeiten gegen alle anderen Steuerträger entstünden, so entstehe überall großer Lärm.

So sei es auch mit Galizien. Dort betragen die Rückstände der direkten Steuern 36% der Steuerschuldigkeit im Gegensatz zu 12% im Durchschnitt der übrigen Bundesländer. In Lemberg habe das Rückstandsprozent sogar 60 betragen, und trotzdem seien im letzten Jahr nur zwei Mobilarfeilbietungen vorgenommen worden.

Nun kommt er zum Punkt: „*Es ist in der letzten Zeit speziell gegen die galizische Finanzverwaltung in den dortigen Journalen ein bedeutender Feldzug eröffnet worden. Ich halte es für meine Pflicht, hier zu sagen: ich habe die Ehre, den Mann, der an der Spitze der heutigen galizischen Finanzverwaltung steht- ich meine den dortigen Vizepräsidenten der Finanzlandesdirektion- genau zu kennen, und ich rechne es mir zum Vergnügen an, ihn zu kennen. Der Mann ist ein ganz ausgezeichneter, tüchtiger Mann, der als treuer Sohn seines Landes, dessen Interesse er immer vor Augen hat und mir gegenüber mit warmer Fürsorge vertritt, und dem das Wohl Galiziens ebenso sehr am Herzen liegt, als das im engsten Zusammenhange damit stehende allgemeine Staats- Interesse.*“ Und er zitiert aus einem Schreiben des Statthalters von Galizien: „*Obwohl bei den obwaltenden Verhältnissen Strenge eben sowohl durch das Interesse des Staates geboten als auch im Interesse der Steuerträger gelegen war, so darf ich doch dem Vizepräsidenten Korytowski das Zeugnis nicht versagen, dass hiebei mit billiger Rücksichtnahme auf alle eingreifenden Faktoren und auf die materiellen Zustände des Landes vorgegangen wird.*“

Ein Steuerinspektor, dessen Namen er nicht nennen wollte, hatte Steinbach berichtet: „*Anderer Art Schwierigkeiten ergeben sich aus der unter den hiesigen Steuerschuldnern so beliebten Gepflogenheit, ihre Mobilien mittels Notariatsaktes an den nicht steuerpflichtigen Ehegatten zum Scheine zu übertragen oder sich von Verwandten und Freunden für fiktive Forderungen bis auf das letzte Hemd gerichtlich pfänden zu lassen, welch letztere Spiegelfechterei öfter so weit getrieben wird, dass Immobilien zum Schein in einer gerichtlichen Versteigerung von einem guten Freund erstanden und dann mittels Notariatsakten an den wahren Eigentü-*

mer vermietet werden. Derlei Machinationen habe ich nicht nur unter der minderen Bevölkerung sondern bei angesehenen Leuten angetroffen, welche, wenn man ihnen ihre Handlungsweise mit dem richtigen Namen ins Gesicht gesagt hätte, sofort, wenn nicht mit einer Forderung, so doch wenigstens mit einer Ehrenbeleidigungsklage bei der Hand wären."

Es handle sich hier wirklich darum, dass eine eingerissene Praxis beseitigt werde. Die östlichen Länder der Monarchie sollten mit gleichem Recht an den Vorteilen des Staates teilnehmen, sie sollten aber auch den Anforderungen des Staates nachkommen.

Gegen diese Rede des Finanzministers erhob der Obmann des Polenklubs Jaworsky in der Sitzung des Abgeordnetenhauses vom 23. Februar heftigen Protest. Er verwahrte sich ausdrücklich dagegen, dass sich der Polenklub für eine laxe Handhabung der Steuereinhebung ausgesprochen hätte.[22]Der Finanzminister habe aber das Kronland Galizien der systematischen Steuerrenitenz beschuldigt und seine Angehörigen als Gepflogenheits-Malversanten hingestellt. Man fordere die Finanzverwaltung auf, die Einbekennenden oder die zur Abgabe Verpflichteten nicht von vorne herein als mala fide Handelnde zu betrachten. Wenn durch die Fahrlässigkeit der Exekutivorgane oder aus einem anderen Grund sich Steuerrückstände herausstellen sollten, so sei es ein Gebot der Humanität, Zahlungserleichterungen zuzugestehen. Von den 6 Millionen Galiziern gehörten die meisten der ackerbauenden Bevölkerung an, die, wenn sie keine Naturkatastrophen treffen, ohnehin ihre Steuern entrichteten.

Steinbach antwortete in aller Freundlichkeit, auch er sei der Meinung, dass keine Steuerrückstände aufgehäuft werden sollten. Die von ihm gegeißelten Missstände beträfen auch nicht das flache Land, sondern eine Stadt.[23]

Glänzend war das Budget aus seiner Debatte hervorgegangen. Der Überschuss, den Steinbach anfänglich noch mit 887 291 Gulden angenommen hatte, war nach dem letzten Stand 2.127.214 Gulden. Am 18. März 1983 hielt Steinbach seine große Schlussrede.[24]

Steinbach ging von der erfreulichen Tatsache aus, dass seit einigen Jahren das finanzielle Gleichgewicht im Staatshaushalt hergestellt sei. Er selber hatte diesen Zustand in seinen beiden Budgets noch befestigt. Nun, so malte er den Teufel an die Wand, gäbe es die Empfindung, dass alles Mögliche geschehen könne; die Finanzlage sei günstig, daher seien alle möglichen Ausgaben gestattet. Aber wenn man sich nun im Zustande des Gleichgewichtes befinde, so sei es ganz natürlich, dass jedermann, der neue Auslagen vorschlage, auch daran denken müsse, dass für diese neuen Auslagen eine neue Deckung gefunden werde.

---

22 *Wiener Abendpost* Nr. 44 v. 23.8.1893, S. 3.
23 *Wiener Abendpost* Nr. 44 v. 23.2.1893, S. 2.
24 *Wiener Abendpost* Nr. 64 v.18.3.1893, S. 3ff.

Und wie sei es nun mit der Steigerung der Steuerkraft? *Das ist sehr schön. Ich möchte nur im allgemeinen bemerken: von der Steigerung der Steuerkraft im Ganzen wird natürlich sehr viel gesprochen; in dem Augenblick aber, wo sich diese dahin konkretisiert, dass die Einzelnen mehr zahlen sollen, ist natürlich das Urteil über die Sache ein vollständig anderes.*"

Die regelmäßige Steigerung der Steuerkraft werde ganz regelmäßig absorbiert von der Steigerung der laufenden Staatsbedürfnisse. Der Abgeordnete Ernst Graf Silva-Tarouca (1860-1936), Gutsbesitzer in Pruhowitz in Böhmen und auch einer von den 1891 neu Gewählten, hatte größere Investitionen in die Infrastruktur gefordert. Diese Auslagen, sagte Steinbach mögen noch so produktiv sein, aber sofort rentierten sie sich in den allerseltensten Fällen. Sie seien dringend, sie müssten geschehen, aber es müsse daran gedacht werden, dass wenigstens die Zinsendifferenz zwischen den zu zahlenden Zinsen und den Ergebnissen der ersten Zeit gedeckt werde, und zwar aus den ordentlichen Einnahmen. Von einer Rückzahlung der Kapitalaufwendung könne ohnehin nicht die Rede sein.

Steinbach warf den Abgeordneten vor, das Tempo, in dem sie wirtschaftliche Entwicklungen begehrten, sei zu schnell:

„*Was geschehen ist, das sieht man immer nur bei einem Blicke nach rückwärts; was geschehen soll, das ist vor uns. Nun haben wir alle die Eigentümlichkeit, dass wir von der vergangenen Zeit eine viel bessere Vorstellung haben als von der zukünftigen. Wenn Sie aber nach vorwärts blicken, ist die natürliche Folge immer die, dass jedem einzelnen der Wunsch, der ihm besonders am Herzen liegt, als der dringendste scheint, und eine weitere Folge ist, dass alles zugleich verlangt wird. Nun bitte ich aber zu bedenken, was für Anforderungen an den modernen Staat gestellt werden. In dieser Beziehung war die Periode des bloßen Rechtsstaates viel besser daran. Da hat der Staat diese Dinge von sich abgewälzt. Heutzutage verlangt man von dem Staate in vielen volkwirtschaftlichen Dingen geradezu die Initiative- bitte, meine Herren, nur zu bedenken: Bahnen, Kanäle, Verkehrsmittel jeder Art, Einfluss auf Banken, eine eigene Bankgebarung – ich erinnere an die Postsparkassen-Versicherungswesen, was wird nicht alles von öffentlichen Korporationen verlangt? Denken Sie doch nur daran, meine Herren, was Sie verlangen, verlangen Sie zwar von einem Gesamtorganismus, Sie verlangen es aber auch von Menschen, und diese Menschen müssen sich an alle diese neuen Aufgaben gewöhnen ... wie lange ist es her, das man dem Staate in dieser Beziehung jede Initiative abgesprochen und erklärt hat der Staat sei überhaupt gar nicht im Stande, diese Dinge zu leisten? Ich selbst habe in Universitäts- Vorlesungen die Doktrin als die allein richtige hinstellen hören, dass der Staat unter allen Umständen schlechter wirtschafte als Private, dass sogar die Wirtschaft der großen Aktiengesellschaften der Wirtschaft des Staates weit vorzuziehen sei. Heute stehen wir in der großen Mehrheit auf einem andern Standpunkte; aber es ist dringend notwendig das man der Zeit Zeit lasse, sich zu entwickeln, das in dieser Beziehung keine Fehltritte geschehen.“*

Auch das Staatsbudget sei von dieser Veränderung der Verhältnisse betroffen. So sei es erforderlich, größere Kassenbestände zu halten, damit nicht der Steuerträger für den Ausfall der Unternehmungen herangezogen werden müsse.

Scharf wandte sich Steinbach gegen den Versuch, die Steuerkraft der einzelnen Kronländer gegeneinander auszuspielen. Solche Berechnungen hätten zum Beispiel den Fehler, das man die Produktionssteuern dort einstelle, wo die Produktion stattfinde und nicht, wie richtig, wo die produzierten Güter konsumiert werden, der Konsument die Steuer wirtschaftlich trug.

Man müsse auch berücksichtigen, dass sich die steuerlich leistungsfähigen Industrien dort ansiedelten, wo der Standort günstig sei. Wenn man einen Staat wirtschaftlich einheitlich leiten wolle, müsse man auf diese Dinge Rücksicht nehmen. Wären aber die Kronländer selbständig, so würden sie eine so unglückliche Zollpolitik machen, wie die verschiedenen Staaten Europas, wo man den Gegensatz zwischen Schutzzoll und Freihandel nicht mehr begreife und als einzige Norm die Interessen der einzelnen Staaten sehe. Wo, wie in Österreich, solche Mittel weder angewendet werden können noch dürfen, müsse ein Ausgleich auf eine andere Weise gefunden werden. Wenn in einem bestimmten Land sich die Industrie konzentriere, dann müssten die übrigen, weniger industriereichen Länder, deren Markt diese Industrie ist, von den Erträgnissen dieser Industrie auch etwas bekommen. Das sei der Grundsatz, der der Gerechtigkeit entspreche. Das sei auch für die industriereicheren Länder von Vorteil, weil durch die Hebung ihrer Konsumtionskraft die Bewohner der industriearmen Länder zu besseren Konsumenten für die industriereicheren Länder würden.

Steinbach sprach auch zur Valutafrage, und zu den Schwankungen in der Zahlungsbilanz, die nun mehr zu beobachten waren. Das sei künstlich nicht zu beherrschen. Er könne nur wiederholen: Die Systeme hätten sich nach den Tatsachen nicht aber die Tatsachen nach den Systemen zu richten. Wenn die heutigen Währungsfragen gelöst seien, werde es die Aufgabe der dann aktiven Nationalökonomen sein, sich neuerlich an die Währungsfrage zu machen. Er sei der Verantwortung ledig, die Freiheit von den Währungsvorgängen in der übrigen Welt, von den ungeheuren Schwankungen des Silbers sei erreicht. Noch einmal kam Steinbach auf das Projekt des Professors Schlesinger, dem er bestätigte, dass er von den besten Intentionen beseelt sei, zurück. Der Professor wolle Papiergeld ausgeben und einen Teil der Staatsschuld rasch zurückzahlen, das würde zu Überspekulation und Krisis führen.

Steinbach stellte sich auch die Frage, ob bei der Durchführung des Valutagesetzes der Staat nicht selbständiger hätte vorgehen können, ob also nicht das

Gold ohne Zuhilfenahme eines Bankenkonsortiums gekauft hätte werden können. Steinbach dazu:

„*Vor einiger Zeit hatte einer der Herren Redner in diesem hohen Hause die Güte, einen Vortrag zu zitieren- ich bitte, es sind nicht die „Pflichten des Besitzes“(*Heiterkeit*)- den ich in früherer Zeit gehalten habe. Es war ein Vortrag über die Rechtskenntnisse des Publikums. Ich habe darin die Meinung vertreten, das es recht wohltätig wäre, wenn man die Rechtskenntnis des Publikums heben könnte, und ich habe mich über die Mittel ausgesprochen, die vielleicht zu dem Zwecke ergriffen werden könnten... Wenn ich damals von den Rechtskenntnis des Publikums gesprochen und bedauert habe, dass dieselben auf einem sehr niedrigen Niveau stehen, wie sollte dann mein Urteil über die Finanzkenntnisse des Publikums ausfallen. Meine sehr verehrten Herren, ich stehe hier in einer der hochgebildetsten Versammlungen; die man in unsrem Vaterlande überhaupt zusammen berufen könnte, und ich bitte Sie, mir die Frage an Sie zu gestatten, wie viele sind unter Ihnen, die ihre finanziellen Verhältnisse aufgrund ihres eigenen Urteils und ohne fremden Rat regeln: Ich glaube, die Anzahl der betreffenden Herren wird eine verhältnismäßig geringe sein, und sie muss eine sehr geringe sein, denn die Verhältnisse, um die es sich hier handelt, sind... juristisch und volkswirtschaftlich so kompliziert, dass es ohne die genauesten Studien nicht möglich ist, sich darüber ein Urteil zu bilden. Nun wenn die Beurteilung einer Anlage in Wertpapieren solche Kenntnisse voraussetzt, und wenn nicht bloß Sie, sondern das ganze Publikum, das sich mit den Dingen beschäftigt, auf den Rat anderer Sachverständiger angewiesen ist, so möchte ich Sie fragen: glauben Sie, dass unter solchen Umständen die Zeit schon gekommen ist, in welcher man sich an das große Publikum mit der Aufforderung wenden könnte, sich über eine Finanzoperation, über die Chancen der selben und über die Frage, ob der Einzelne, an dieser Finanzoperation teilnehmen soll, ein Urteil zu bilden?*“

Steinbach beendete seine Rede mit dem Satz:„*Wie kürzlich ein großes Journal ausgesprochen hat: bei der Beurteilung finanzieller Dinge ist Nüchternheit erforderlich; so lange ich von finanziellen Dingen rede – für andere möchte ich nicht einstehen- sollen Sie an mir Nüchternheit nicht vermissen.*“

Das Finanzgesetz für 1893 erlangte am 26. März 1893 Rechtskraft. [25]

[25] Veröffentlichung s. *Wiener Zeitung* Nr. 71 v. 28.3.1893, S. 1ff.

Der missglückte Wahlcoup

Das Wahlrecht zum Reichsrat stammte aus dem Jahre 1873. Damals war es dem deutschliberalen Kabinett des Fürsten Adolf Auersperg immerhin gelungen, die Direktwahl der Abgeordneten durchzusetzen, ohne aber die extrem undemokratischen Kurien zu beseitigen. So war dieses Wahlrecht schon veraltet gewesen, noch bevor es in Kraft trat, was sich umso unangenehmer bemerkbar machte, als das benachbarte Deutsche Reich seit seiner Gründung im Jahre 1871 über das Allgemeine Wahlrecht zum Reichstag verfügte.

Wahlberechtigt in Österreich war nur eine unbedeutende Minderheit von Personen, unter denen wieder das Wahlrecht für die 353 Mandate völlig ungleich verteilt war. Es gab vier Kurien: die der Großgrundbesitzer, die nicht weniger als 85 Abgeordnete zu entsenden hatten, die Städte entsandten 118, die Handels- und Gewerbekammern 21, die Landgemeinden waren schließlich durch 129 Abgeordnete vertreten. Für das Wahlrecht, das nur Männern zustand, war ursprünglich ein Zensus von zehn Gulden vorhanden, wählen durfte nur, wer mindestens zehn Gulden direkte Steuer zahlte.

Dies wurde unter Taaffe geändert: Am 11. Februar 1882 tagte der Wahlreform-Ausschuss unter dem Vorsitz des Grafen Hohenwart. Es lag ein Antrag des Abgeordneten Lienbacher vor, der dem Ministerpräsidenten Taaffe aber zu weit ging, weil er die Zulassung aller Gemeindewähler zur Reichsratswahl vorsah. Das Gemeindewahlrecht, so argumentierte der Ministerpräsident, hänge oft von einer sehr kleinen Steuerzahlung ab, es würden also, so könnte man ergänzen, gewöhnliche Plebejer wahlberechtigt werden. Auch beim Gegenvorschlag eines Zensus von 5 Gulden waren nach Taaffes Auffassung noch nähere statistische Daten notwendig, um den Einfluss auf das Wahlrecht gegenüber dem jetzigen Stande beurteilen zu können. [1]

Ab 15. März behandelte das Plenum des Abgeordneten den Bericht des Wahlausschusses, der sich zum Vorschlag durchgerungen hatte, alle jene Männer zur Wahl zuzulassen, welche mindestens fünf Gulden an direkter Steuer leisteten. [2] Die Deutschliberalen verschlossen sich diesem Vorschlag aus nationalen Erwä-

---

1 Nr. 35 v. 12.2.1882, S. 2.

2 *Wiener Abendpost* Nr. 61 v. 15.3.1881, S. 2.

gungen. Der Führer der Tschechen, der Abgeordnete Franz Ladislaus Rieger (1818-1903), meinte daher auch: *„Es ist ein Herkommen, dass in allen Parlamenten die Linke, die liberale Partei, die Aufgabe hat, die Unebenheiten und Ungerechtigkeiten der bestehenden Wahlordnung zu korrigieren ... Bei uns ist es eben die Linke, die mit saurer Miene auf den Antrag einer Erweiterung des Wahlrechtes blickt"* Darin erweise sich eben, *„dass die Linke keine rein liberale Partei ist, wie sie sich so gerne nennt, sondern eine national-liberale mit einem dreifach unterstrichenen National."* [3]

Eine rühmliche Ausnahme war hier der Josefstädter Abgeordnete Ferdinand Kronawetter, der radikale Demokrat, der feststellte, dass in Österreich 92 Prozent der Bevölkerung gar nicht vertreten seien. Freilich, im Jahre 1848 hätten die Liberalen um das allgemeine Stimmrecht petitioniert, eine solche Petition habe er in Händen, unterzeichnet sei sie von Dr. Goldmark und Joseph Unger! Warum habe Dr. Unger als Minister nicht das bewilligt, um was er seinerzeit bei einem Minister petitionierte? [4]

Am 23. März wurde schließlich das Gesetz in dritter Lesung mit 161 gegen 124 Stimmen angenommen. Für das Gesetz stimmten die Rechte, die Minister und neun weitere Abgeordnete, darunter Kronawetter. [5]

Seit es an der Jahreswende 1889 auf 1890 Victor Adler gelungen war, die Arbeiterschaft zur Sozialdemokratischen Partei zu vereinigen, war diese ein gewichtiger politischer Faktor geworden, was sie schon am darauf folgenden ersten Mai mit einer mächtigen Kundgebung auf der Ringstraße zu beweisen vermochte. Das allgemeine Wahlrecht war hier eine der gewichtigsten Forderungen gewesen. Im April 1893 erkämpfte das belgische Proletariat sein Wahlrecht, im Juni erlebte die deutsche Sozialdemokratie einen großen Wahlsieg. Am 9. Juli verlangte eine Demonstration mit 50.000 Teilnehmerinnen und Teilnehmern vor dem Wiener Rathaus nach dem Mitbestimmungsrecht.

Letzte Veranlassung zur Wahlrechts-Vorlage des Kabinetts Taaffe soll jene von uns schon erwähnte Brandrede gewesen sein, mit welcher Steinbach die Steuerverstöße der polnischen Großgrundbesitzer geißelte. Am Schluss dieser Sitzung soll sich der Kanzleidirektor des Abgeordnetenhauses, Halban, der mit Victor Adlers Schwester Maria verheiratet war, mit der Frage an Steinbach gewandt haben: „Wo werden Eure Exzellenz den heurigen Sommer verbringen?"

Als ihm Steinbach entgegnete: „Ich gehe doch nie auf Urlaub. Ich halte doch immer, wie Sie wissen, Stallwache", erwiderte Halban: „In diesem Sommer werden Sie keinen Stall mehr zu bewachen haben, Exzellenz."

---

3 Nr. 65 v. 19.3.1882, S. 2.

4 *Wiener Abendpost* Nr. 63. v. 17.3.1882. S. 3.

5 Nr. 69 v. 24.3.1882, S. 2.

Steinbach soll dies für die ihm vom Polenklub übersandte seidene Schnur gehalten haben, Ministerpräsident Taaffe, den er davon informierte, sei jedoch keinesfalls bereit gewesen, auf den Minister zu verzichten. Taaffe lud ihn daher für den Pfingstsonntag zu sich auf sein Gut nach Ellischau ein, wo die beiden den Gegenschlag einer Wahlrechtsreform ausheckten, welcher dem Polenklub die Machtbasis nehmen würde. Schon am Sonntag darauf habe Steinbach den entsprechenden Entwurf vorgelegt. [6]

Sein Plan war es dabei, das Kuriensystem beizubehalten, was den Vorteil hatte, dass eine Wahlrechtsänderung mit einfacher Mehrheit zu bewerkstelligen war, dafür aber die beiden Kurien der Städte und der Landgemeinden dem allgemeinen Wahlrecht von Männern über 24 Jahre zu öffnen. Da somit, die Wahlprivilegien der Großgrundbesitzer und der Handelskammern nicht angetastet war, die Liberalen aber doch nicht gut gegen eine Demokratisierung des Wahlrechts vorgehen konnten, war, so vermeinte er, eine einfache Mehrheit erreichbar.

Gleichzeitig wurde das Versammlungsrecht gelockert, damit die Sozialdemokraten von der Straße aus Druck ausüben konnten. [7]

Am 18. August 1893 unterbreitete der Ministerpräsident dem Ministerrat das Wahlreformprojekt. [8] Er wies darauf hin, dass nach § 7 des Gesetzes über die Reichsvertretung, einem der Staatsgrundgesetze, prinzipiell jeder österreichische Staatsbürger, der das 24. Lebensjahr überschritten hatte, wahlberechtigt war. Die Einzelheiten regelte die Reichsrats-Wahlordnung, die nicht im Verfassungsrange stand. Am 21. August wurde der Gegenstand im Ministerrat debattiert, wobei sich vor allem der Ackerbauminister Julius Graf Falkenhayn (1829-1899) dagegen und für eine berufsgenossenschaftliche Organisation aussprach. Für die Reform war Justizminister Schönborn, der insbesondere an die Vorfälle in Belgien und den Ausgang der Wahlen in Deutschland verwies.

Steinbach betonte, die Regierung müsse sich schon jetzt über ihre Haltung klar werden, dass sie in der kommenden Session nicht überrascht werde und sich vielleicht binnen 24 Stunden einigen müsse.

Es wurde darauf ein aus dem Unterrichtsminister, dem Justizminister, dem Finanzminister und dem Minister für Galizien bestehendes Komitee eingesetzt, das die Wahlrechtsreformvorlage festzustellen hatte.

Am 13. September legte das Komitee dem Ministerrat den Wahlreformentwurf vor. Demnach waren neben den bisher Wahlberechtigten erstens auch solche Personen wahlberechtigt, die vor dem Feinde gestanden sind, beziehungsweise zum Tragen der Kriegsmedaille berechtigt waren oder das Zertifikat für ausgediente Unteroffiziere erworben hatten. Zweitens solche Personen, welche in der Lage

[6] Singer, I: „Graf Taaffe als Demokrat." *Neues Wiener Journal* 13.9.1927.

[7] Singer: Taaffe.

[8] Die Auszüge aus den Ministerratsprotokollen sind entnommen: Brügel: Geschichte. IV, S. 194ff.

waren, sowohl den erforderlichen Bildungsnachweis als auch den über die erfüllte Stellungspflicht zu erbringen. Als Bildungsnachweis genügte, dass jemand in der landesüblichen Sprache des Lesens und Schreibens kundig war. Die Wahlrechtsänderung hätte zur Folge gehabt, dass die Anzahl der Wahlberechtigten von bisher 1.778.351 um etwa 3.440.000 Personen vermehrt worden wäre, womit etwa 40 % der männlichen Bevölkerung das Wahlrecht erhalten hätten.

Gegen diesen Entwurf wandte sich in der Sitzung einer seiner Väter, der Justizminister, weil er die Schwierigkeiten mit den etablierten Parteien im Parlament vorhersah. Steinbach meinte dazu, es sei nicht gut, wenn in konstitutionellen Monarchien die Parteien versteinerten. Solche Majoritäten wollten immer selber regieren, und dadurch werde die Macht der Monarchen mehr und mehr zurückgedrängt. Im konstitutionellen Leben könne die Krone nur ihre Macht behalten, wenn sie über den Parteien bliebe und imstande sei, diese in gewissem Sinne gegeneinander zu stärken oder zu schwächen. Er glaube auch, dass die Entwicklung in monarchischen Staaten eher in die Richtung gehen solle, dass die Gesetzgebung mehr bei der ersten Kammer liegen solle, während die zweite Kammer sich mit der Kontrolle und der finanziellen Gebarung befasse. Das sei aber noch Zukunftsmusik.

Am 25. September fand ein Ministerrat unter dem Vorsitz des Kaisers statt, dessen einziger Beratungsgegenstand die Wahlreform war. Der Kaiser meinte, dass der Regierungsentwurf sehr weit gehe, was jedoch kein Fehler sei. Der Ministerpräsident erklärte, dass die Arbeiter keine privilegierte Stellung hätten, keine neuen Mandate bekämen, und nur dann gewählt werden könnten, wenn sie die bisher Gewählten im Wahlkampf schlügen. Da jeder Wähler durch sechs Monate seinen Wohnort am Wahlort haben müsse, könnten die Agitatoren die Arbeiter nicht beliebig an die einzelnen Wahlorte dirigieren. Eine weitere Grenze für das Wahlrecht sei der Bildungszensus, das Wahlrecht über den Militärdienst mache die sozialdemokratische Agitation zunichte, dass die Arbeiter zwar gut genug seien, ihr Leben für das Vaterland einzusetzen, aber nicht genug um zu wählen. Ein Steuerzensus sei nicht statuiert, weil man keinen Unterschied zwischen landwirtschaftlichen und industriellen Arbeitern schaffen wollte. Für die Regierung sei es bei den vorhandenen Strömungen unerlässlich, in der Wahlreform die Initiative zu ergreifen.

Dem stimmte der Kaiser zu.

Der Gesetzesentwurf, fuhr der Ministerpräsident fort, tangiere die Verfassung nicht, durch die Verbreiterung des Wahlrechtes werde überdies die Macht der Krone wesentlich gefördert.

„Seine Majestät“, heißt es weiter im Ministerratsprotokoll, *„erklären Allerhöchst Sich vollkommen einverstanden, daß in Angelegenheit der Wahlreform et-*

was geschehen und daß, falls diesfalls ein Schritt unternommen wird, bis an die Grenze des Möglichen gegangen werden müsse.“

Die Frage des Kaisers, wann die Wahlreform eingebracht werde, beantwortete der Ministerpräsident dahingehend, dass dies in der ersten Sitzung oder einer der ersten Sitzungen des Reichsrates geschehen werde. Erst bei Beginn der Session werde es sich zeigen, ob es opportun sei, sich mit den Obmännern ins Einvernehmen zu setzen. Jedenfalls werde es gut sein, mit der Einbringung nicht allzu lange zu zögern, da man schon jetzt davon höre, dass die Arbeiter vor dem Parlament demonstrieren wollen. Es dürfe nicht den Anschein haben, dass die Regierung ihre Vorlage infolge der Arbeiterdemonstrationen eingebracht habe. Den Arbeiterdemonstrationen werde er übrigens mit allem Nachdruck entgegentreten.

Das Ganze sollte also, um keine schlafenden Hunde zu wecken, völlig diskret über die Bühne gehen, und so ist auch das Abgeordnetenhaus am 10. Oktober 1893, dem ersten Sitzungstag der Herbstsession, von der entsprechenden Ankündigung des Grafen Taaffe völlig überrascht worden. [9]

Steinbach hielt am selben Tag seine Budgetrede für 1894. [10] Der Budgetausschuss versammelte sich am nächsten Tag und verzichtete von vorne herein auf das abgekürzte Verfahren. Die Zeitungen äußerten sich auch zu diesem Budgetentwurf nicht unfreundlicher als zu denen der Vorjahre. Dieses Budget jedoch, das nicht ungünstiger gewesen wäre als die der Vorjahre, sollte freilich seine Sorge nicht mehr sein, weil er ziemlich exakt einen Monat später seines Amtes enthoben war. [11]

Die *Neue Freie Presse* schrieb am 11. Oktober: *„Das haben sich die Herren Adler, Schuhmeier, Ellenbogen und ihre sonstigen „Genossen“, welche gestern in sechzehn sozialdemokratischen Versammlungen auf einmal die Forderung des allgemeinen Wahlrechtes aufgestellt haben, nicht träumen lassen, dass sie schon am nächsten Morgen den Tisch gedeckt und darauf eine sauber ausgearbeitete Regierungsvorlage über das allgemeine Wahlrecht erhalten werden! Sie hatten sich einen langwierigen und harten Kampf vorgestellt und die stärksten Einschüchterungsmittel für denselben in Bereitschaft gehalten.“*

Das Haus, schreibt Ernst von Plener in seinen Memoiren [12], sei völlig überrascht und verblüfft gewesen, niemand habe etwas davon gewusst, Taaffe habe noch am Vortag in einem Gespräch mit Chlumecky über den Arbeitsplan des Hauses von dessen Absicht, die von einzelnen Abgeordneten eingebrachten Wahlreformanträge nächstens zur Lesung bringen zu wollen, gehört, ohne auch nur mit einer Silbe die Absichten der Regierung anzukündigen. Alle großen Parteien sei-

---

9 Wortlaut der Regierungsvorlage s. *Wiener Zeitung* Nr. 233 v. 11.10.1893, S. 1.

10 *Wiener Abendpost* Nr. 232 v. 10.10.1893, S. 1ff.

11 *Wiener Abendpost* Nr. 233 v. 11.10.1893, S. 1.

12 Plener: Erinnerungen, Bd 3, 86ff

en höchst betroffen, erstaunt und gereizt gewesen, während Jungtschechen und die übrigen radikalen Fraktionen sehr erfreut schienen. Die Abgeordneten seien im Saal herumgeschwärmt, die allgemeine Aufregung sei so groß gewesen, dass die Sitzung selbst unter Unruhe geschlossen werde musste.

Durch einen Zufall sei Plener am Ende der Sitzung Hohenwart in einem Seitengang begegnet und habe ihm seine Entrüstung über das unerhörte Vorgehen Taaffes ausgesprochen. Auch Hohenwart habe sich aufgeregt und empört sowohl über die Sache selbst als über die Rücksichtslosigkeit gegenüber seiner Person gezeigt. Plener habe seine Unzufriedenheit angestachelt und gemeint, dass dieser Streich auch das Ende Taaffes sein könnte. Hohenwart habe nicht widersprochen, sondern eher zugestimmt. Das habe in ihm, Plener, den Entschluss reifen lassen, gemeinsam mit Hohenwart Taaffe zu stürzen.

Im Klub der Linken habe wilde Aufregung geherrscht, man habe in der Vorlage ein Manöver des politischen Abenteurer Steinbach gesehen und einen Wortbruch Taaffes. Der Großgrundbesitz habe sich durch die Belassung seiner Kurie nicht gewinnen lassen und seine treue Waffenbrüderschaft mit dem deutschen Bürgertum aufrecht erhalten. Gegen dieses sei die Vorlage ja eigentlich gerichtet gewesen: die Städte in Mähren waren unmittelbar durch die neuen tschechischen Wähler bedroht, aber auch in Böhmen, Wien und den Alpenländern waren die neuen Wähler vielfach Demokraten oder Sozialisten, sodass auch hier eine Reihe von Abgeordnetensitzen verloren gehen würden. Die deutschen Bauern sahen sich in ihrer sozialen Stellung durch Kleinhäusler und Knechte bedroht.

Wie Plener schreibt, waren seine Abgeordneten gesonnen, zur schroffsten Opposition überzugehen. Darauf sei Plener nicht eingegangen, weil er befürchtete, dass Taaffe dann das Parlament auflöse und die Wahlrechtsreform zum Gegenstand des Wahlkampfes machen würde. Man weigerte sich daher, in die Beratung anderer Gesetzesvorlagen einzugehen und konzentrierte sich auf die Beratung der Wahlreform. Dieses Vorgehen schien umso aussichtsvoller, als sich von Tag zu Tag die Stimmung im Polenklub und bei den wirklich konservativen Elementen des Hohenwartklubs gegen die Wahlreform verschärfte.

Parlamentspräsident Chlumecky besuchte den Kaiser am 19.Oktober in Budapest. Der Kaiser verteidigte die Vorlage und erinnerte Chlumecky daran, dass er selber angesichts der Arbeiterbewegung die Erweiterung des Wahlrechts angeraten habe.

Am selben Tag beschloss die Vereinigte deutsche Linke ihre Erklärung zum Entwurf. Dieser sei eine Bedrohung des politischen Besitzstandes des Bürger- und Bauernstandes im allgemeinen und jenes des deutschen Volkes insbesondere, die deutsche Linke sei aber bereit, den Arbeitern zunächst eine sofortige Vertretung zu verschaffen. Auch der Polenklub und der Klub der Konservativen lehnten in ihren Erklärungen die Wahlreform ab.

Insgesamt, so schätzte Plener, hätte die Wahlreform die Vereinigte Linke etwa 38 ihrer 108 Mandate gekostet. Für eine liberale Partei sei es nicht leicht gewesen, ihre gesunde politische Einsicht, der blendenden Rhetorik demokratischer Schlagworte entgegenzustellen, die nun einmal seit den Tagen des Naturrechts und der französischen Revolution auf viele Intellektuelle eine große Anziehungskraft ausübten. Diejenigen aber, welche den Deutschen in Österreich eine einflussreiche Stellung bewahren wollten, mussten für die Erhaltung der alten Wahlordnung eintreten, weil gerade die Arbeiter und kleinen Leute slawisch gewesen seien.

Die Debatte zur ersten Lesung der Wahlreformanträge begann am 23. Oktober [13] mit einer lendenlahmen Erklärung des Ministerpräsidenten, die das Haus mit eisigem Schweigen überging. Es hieß darin, dass Wahlreformanträge ohnehin zu erwarten gewesen wäre, und dass sich die Regierung schon deshalb in klarer und unzweideutiger Weise äußern hätte müssen.

Für die Vorlage sprachen nach dem Ministerpräsidenten der Sozialdemokrat Engelbert Pernerstorfer und der Jungtscheche Slavik. Daraufhin kam Ernst von Plener zu Wort, der sich zuerst über die Überrumpelung beklagte. In Österreich sei das allgemeine Stimmrecht überhaupt bedenklicher als in einheitlichen nationalen Staaten. Hier bedürfe es eines besonderen staatlichen Sinnes, wenigstens eines leitenden Teiles der Bevölkerung, um diesen künstlichen Staat zu erhalten. Das Wahlreformprojekt sei aber auch noch voll Gefahren für das Deutschtum, und nichts sei bedenklicher für Österreich, als wenn die Deutschen ihre Stellung durch die Gesetzgebung untergraben sehen. Wolle man dem schließlich allein von den organisierten Arbeitern vorgebrachten Wunsche nach Ausdehnung des Wahlrechtes nachkommen, so sei die Erteilung des Wahlrechtes an noch zu schaffende Arbeiterkammern oder an die Krankenkassen das Einfachste. Binnen weniger Wochen, so ergänzte der Abgeordnete Baernreither, könnten 20 Arbeiter als Mitglieder ins Abgeordnetenhaus einziehen. [14]

Am nächsten Tag [15] sprach zunächst ein Befürworter, der Wiener Demokrat Kronawetter, der es als eine Pflicht des modernen Staates erklärte, alle Bürger zur Wahl der Volksvertreter heranzuziehen. Die Liberalen könnten sich nicht darauf ausreden, dass die jetzt zu schaffenden Wähler keine Steuern zahlten. Die Steuern werden auf die Konsumenten überwälzt, seien das Resultat des Schweißes des arbeitenden Volkes. Es sei auch kein Argument, dass die Deutschen durch die Vorlage Mandate verlieren würden. Was die Deutschen verlangten, könnte mit dem selben Rechte auch die Tschechen und die übrigen Nationalitäten verlangen.

Als nächste kam der gekränkte Graf Hohenwart. Er erklärte, dass er und seine Parteigenossen in der festen und wohl ganz gerechtfertigten Hoffnung gelebt

---

[13] *Wiener Abendpost* Nr. 243 v. 23.10.1893, S. 2ff.

[14] Plener: Erinnerungen Bd 3. S. 95 f.

[15] *Wiener Abendpost* Nr. 244 v. 24.10.1893, S. 2f.

hätten, in Erwiderung des Vertrauens, das sie der Regierung jederzeit entgegengebracht hätten, wenigstens in einer so wichtigen und so tief einschneidenden Frage vor Überraschungen gesichert zu sein. Indem die Regierung in der Vorlage das Prinzip der Interessenvertretung, auf welchem die ganze Wahlordnung aufgebaut sei, verlasse, habe sie eine neue, hoch wichtige und ernste Frage ganz unerwartet und unvorbereitet in das Haus geworfen. Eine Wahlreform auf dieser Grundlage müsse eine sehr bedeutende Herabdrückung der politischen Stellung, des politischen Einflusses des Mittelstandes in Stadt und Land zur Folge haben. Und doch sei es ja nicht bloß eine Forderung der Gerechtigkeit, sondern auch ein Gebot der Staatsklugheit, gerade diese Stände, den Bürger- und Bauernstand, deren Interessen, mit denen des Staates so eng verknüpft seien, in ihrer gegenwärtigen Stellung eher zu stärken als zu schwächen. Man meine zwar, die Konservativen hätten keinen Grund, für das liberale Bürgertum einzustehen, man trage aber nicht das geringste Verlangen, diese Gegnerschaft gegen eine andere zu vertauschen, die konservativen Prinzipien noch viel ferner stehe. Man werde auch nie zugeben, dass das politische Schwergewicht von den besitzenden Klassen auf die Besitzlosen überwälze.[16]

Der Abgeordnete Schlesinger erklärte, dass das gegenwärtige Wahlsystem den Grundsätzen des Christentums nicht entspreche, welches nur gleiche Menschen kenne. Plener vertrete den Standpunkt des Judentums, welches, so wie es das Geld und die Zeitungen nach und nach an sich gebracht habe, so auch das Wahlrecht für sich allein in Anspruch nehme. Die liberale Partei habe kein Recht, sich das Deutschtum zu vindicieren, denn wäre sie deutsch, so hätte sie Invasion des Judentums nicht dulden dürfen. So aber gehe sie Hand in Hand mit den Juden und habe sogar Juden als Vertreter gewählt. Auf christlicher Basis wäre auch ein friedliches Nebeneinanderleben der deutschen und der Slawen möglich gewesen, der Einfluss des Judentums aber entzünde überall den Streit.

Am 25. Oktober[17] kam der Führer der Jungtschechen Kramar zu Wort. Kramar verwahrte sich dagegen, dass die Linke sich als Vertreterin des Bürgertums geriere. Auch seine Partei basiere auf dem Bürgerstande. Nur sei das böhmische Bürgertum gerecht, es halte nicht starr an seinen Privilegien fest und wolle von seinen Rechten auch an die armen Schichten etwas abgeben. Seit der Einführung der allgemeinen Schulpflicht sei die Pflicht des Staates, die Arbeiter zur Teilnahme am öffentlichen Leben heranzuziehen, nicht mehr von der Hand zu weisen.

Und so kämpfte, wie es Richard Charmatz prägnant zusammenfasst, die Mehrheit *„mit dem Mut der Verzweiflung oder – wenn man so sagen will – mit dem*

---

[16] Plener: Erinnerungen 3. S. 97.

[17] *Wiener Abendpost* Nr. 245 v. 25.10.1893, S. 2f.

Stumpfsinn der Todesangst gegen die Regierung, die jetzt, da sie sich endlich zu einer großen Tat aufgerafft hatte, schmählich im Stiche gelassen ward.“ [18]

Plener selbst suchte am 25. Oktober den Grafen Hohenwart auf, in dessen Rede *„der Gedanke einer Koalition der drei großen Parteien gegen Taaffe aufgeblitzt“* war, und sprach sich mit ihm aus. Tags darauf war Pleners Parteifreund, der Parlamentspräsident Chlumecky bei ihm, und schlug ihm konkret eine gemeinsame Regierung von Konservativen und Deutschliberalen unter Vorsitz des Fürsten Windischgrätz, pikanterweise eines Enkelsohnes des Mannes, der einst die bürgerliche Revolution in Wien niedergeschlagen hat, vor. Am 27. stimmte Windischgrätz zu. Es war ihm inzwischen auch gelungen, die Polen mitzuziehen.

Am 28. Oktober stellte Hohenwart Taaffe vor vollendete Tatsachen. Der berichtete sofort an den in Budapest weilenden Kaiser. Am 29. wurde, mittels eines Interviews mit der *Neuen Freien Presse* die Öffentlichkeit eingeweiht. Noch am selben Abend fand unter dem Vorsitz des Kaisers ein Ministerrat statt, in dem die Demission begründet wurde. [19] Der Ministerpräsident vertagte im Auftrag des Kaisers den Reichsrat. [20]

Der Kaiser habe sich, wie Singer schreibt, eigentlich nicht von Taaffe trennen wollen, und ihm eine vierwöchige Bedenkfrist eingeräumt. Dass er resignierte, sei, von seinem deplorablen Gesundheitszustand abgesehen auch damit zusammengehängt, dass die Sozialdemokraten sich in keiner Weise für die Wahlrechtsvorlage stark machten. Als Taaffe Steinbach gegenüber seine Verwunderung darüber Ausdruck gab, habe letzterer mit seinem mephistophelischen Lächeln erwidert: *„Wo denken Sie hin, die von Dr. Viktor Adler geführten Sozialdemokraten sind ja schon längst von Halban, dem Schwager Adlers und ständigen Partner der Tarockpartie Adler-Pernerstorfer gegen die Wahlreform eingefangen.“* Diese Eröffnung habe Taaffes letzte Hoffnung zerstört und er habe noch am selben Tag dem Monarchen seinen unwiderruflichen Entschluss zum Rücktritt verkündet. [21]

„Am 11. November wurde die Enthebung der Regierung offiziell verlautbart. Krank und verdrossen schied Graf Taaffe von dem Posten, den er vierzehn Jahre innegehabt hatte. Schmerzlich berührte es ihn, daß die Gunst des Kaisers gewichen war, denn nie wieder wurde er vom Monarchen um Rat befragt. Er gehörte fortab nicht bloß zu den gestürzten Ministern, sondern auch zu den politisch abgetanen Menschen.“ [22]

„So war“, schreibt Plener, *„Taaffe gefallen, zwar nicht durch eine parlamentarische Abstimmung aber durch die einmütige Erhebung der beiden Parteien. Er*

---

[18] Charmatz: Geschichte II. S. 81.

[19] Plener: Erinnerungen 3. S. 98 ff.

[20] *Wiener Abendpost* Nr. 249 v. 30.10.1893, S. 1.

[21] Singer: Taaffe.

[22] Charmatz: Geschichte II. S. 81.

und Steinbach hatten sich verrechnet, sie glaubten, die Linke als liberale Partei werde es nicht wagen, einen geschlossenen Widerstand gegen die Wahlreform zu leisten, Hohenwart werde aus altem Groll gegen die Linke, deren Besitzstand die Wahlreform bedrohte, dieser freie Wahl lassen, der Jungtschechen, Antisemiten und Demokraten war die Regierung sicher, und selbst wenn die Polen sich ablehnend verhielten, glaubten sie die Mehrheit zu erhalten und die Linke dauernd zu Boden zu werfen.“ [23]

Der Enthebungstext für Steinbach lautete:

„Indem ich Sie von den Amte Meines Finanzministers hiemit in Gnaden enthebe und Mir Ihre Wiederverwendung im Dienste vorbehalte, spreche Ich Ihnen für Ihre mit hingebungsvollem Eifer geleisteten, ausgezeichneten Dienste, insbesondere für Ihre erfolgereichen Bemühungen zur Erhaltung des Gleichgewichtes im Staatshaushalte und zur Regelung der Währungsverhältnisse Meine volle Anerkennung aus.“ [24]

Am Sonntag um halb elf Uhr vormittags verabschiedete sich Steinbach von den Beamten des Finanzministeriums. In warmen Worten bedankte er sich für die Unterstützung, welche er seitens des Personals stets gefunden habe, worauf Sektionschef Andreas Baumgartner namens der Beamten des Finanzministeriums der Gefühle der Dankbarkeit für das bewiesene so wohlwollende Entgegenkommen des scheidenden Ministers und der Bitte um Bewahrung eines freundlichen Andenkens Ausdruck gab. Auch überreichte der Sektionschef namens des Personals eine schön ausgestattete Kassette mit den Fotografien der Beamten. Der scheidende Minister dankte gerührt für diesen Beweis freundschaftlicher Gesinnung. Sodann erschien der Statthalter Graf Kielmansegg mit dem Vizepräsidenten der Finanzlandesdirektion Georg Ritter von Zimmermann, um sich namens der niederösterreichischen Finanzlandesdirektion zu verabschieden. [25]

Mit Steinbach blieb Taaffe in engem Kontakt und er hat ihn auch, eine seltene Ehre für einen Bürgerlichen, zum Vormund seiner Kinder gemacht.

Was seine Ministerkollegen von Steinbachs kühnem Vorstoß hielten, das erhellt aus einer Anekdote, die der Strafverteidiger und Dichter Friedrich Elbogen (1854-1909) im *„Neuen Wiener Journal“* zum Besten gab. Er habe den Baron Pino, Handelsminister unter Taaffe, auf dessen Gut in Kärnten auf Steinbach und seine Wahlreform angesprochen. *„Lassen Sie mich mit diesem Menschen in Ruhe“*, habe Baron Pino zu ihm gesagt, und dabei sei der alte Herr in bedrohliche Erregung geraten. *„Steinbach ist ein Anarchist!“* Elbogen habe keinen Anstand genommen, Steinbach dieses Apercu seines ehemaligen Ministerkollegen mitzuteilen. Der habe aus vollem Hals gelacht und sei über die Auffassung des alten

---

23 Plener: Erinnerungen. Bd. 3. S. 100.

24 *Wiener Zeitung* Nr. 260 v. 12.11.1893, S. 1.

25 *Wiener Abendpost* Nr. 260 v. 13.11.1893, S. 1.

Barons weder verwundert noch ungehalten gewesen. „*So geht es ja mit allen Reformen*", habe er zu Elbogen gesagt, „*Wer eine Reformidee zuerst ausspricht, hat immer noch als Narr oder Schuft gegolten.*" [26]

Er selber wurde, wie König releviert, nach der missglückten Wahlreform zum Pessimisten für Österreich, der sich Rettung nur noch von einem Staatsstreich von oben, durch den Kaiser selbst, erhoffte. [27]

Wir wissen nicht und werden wohl auch nicht erfahren, inwiefern Steinbach die Aktionen der Sozialdemokratie in sein politisches Kalkül miteinbezogen hatte. Wenn ja, so hatte er auch hier allen Grund zur Enttäuschung:

Die Wahlrechtsvorlage hatte zwar in der jungen sozialdemokratischen Partei, die sich damals intensiv um das allgemeine Wahlrecht bemühte, für freudige Erregung gesorgt, und umso größer war die Empörung gewesen, als statt dem ersehnten Wahlrecht der Sturz der Regierung kam. Weite Kreise der Partei hatten auch die Meinung vertreten, man müsse sofort einen Generalstreik ausrufen.

Der Führer der Partei, Victor Adler, tat jedoch nichts dergleichen. Was geschah, war, dass weiterhin zahlreiche Versammlungen zugunsten des Wahlrechtes stattfanden und sich auch die Parteipresse hauptsächlich diesem Gegenstand widmete.

Der ganze Unmut der Basis gegen die Führung kam beim Vierten Parteitag zum Ausbruch, der in der Zeit vom 25.-31. März 1894 in Wien stattfand. Adler rechtfertigte sich: „*Wir konnten einer Regierung zu liebe, welche den Ausnahmezustand in Wien und in Prag auf dem Gewissen hat, nicht die Kastanien aus dem Feuer holen, wenn wir auch sehr wohl wissen, dass die Regierung Windisch-Grätz-Plener nicht um ein Haar besser ist als das Ministerium Taaffe. Es wäre geradezu ein politischer Selbstmord gewesen wenn wir dies getan hätten … es ist ein Erfolg der Sozialdemokratie in Österreich, dass allen den Ausbeuterparteien mit einem Male die Maske heruntergerissen wurde; nun wissen es alle, die es bis jetzt nicht wussten, dass das österreichische Proletariat nur sich selbst etwas zu verdanken haben wird.*" [28]

Der Hauptredner der oppositionellen Delegierten war Anton Hueber, der in seinen Ausführungen so ziemlich alle gegen die Parteileitung erhobenen Vorwürfe zusammen fasste. Man habe die Gemüter entflammt, um dann plötzlich am 10.Oktober, da Taaffe sein Wahlrecht eingebracht hatte, vom Generalstreik nicht mehr zu sprechen. Es wäre Pflicht gewesen, nachdem das Ministerium Taaffe gegangen, und man wusste, dass die Koalition der Bürgerlichen zustande kommen werde, sofort einen außerordentlichen Parteitag einzuberufen und die Ansicht der

---

[26] Elbogen, Friedrich: „Dr. Emil Steinbach." *Neues Wiener Journal* 28.5.1907.

[27] König, Skizzen. S. 211.

[28] Brügel: Geschichte. Bd. 4, S. 268 f.

Genossen einzuholen. Hueber erklärte schließlich, er misstraue der Parteileitung und er habe geglaubt, dass ein Verrat geübt wurde. [29]

Mit dem Wort „Verrat", das zweifellos unzumutbar war, hatte Hueber die Sache der Opposition selbst verdorben. Das Pendel schlug zurück, Adler brachte eine Resolution ein, welche den Massenstreik als letztes Mittel in weite Ferne rückte. Unter großen Beifall wurde diese Resolution mit nur einer Gegenstimme, nämlich der Huebers, angenommen. [30]

---

[29] Brügel: Geschichte. Bd. 4, S. 271 f.
[30] Brügel: Geschichte. Bd. 4. S 272 f.

Höchstrichter

„Heiter und vergnügt", sei Steinbach gewesen, schreibt sein Freund Schönborn, *„als er das Ministerium verlassen, der Politik Lebewohl sagen musste."* Und er habe auch im Laufe der nachfolgenden Jahre niemals ein Wort des Bedauerns über seinen Sturz oder einen Wunsch nach Wiederernennung geäußert. Als Schönborn ihm, nach der Demission, sein Bedauern darüber ausgesprochen habe, dass ein so bedeutender Mann jetzt der Politik fern stehe, *„sagte er mir mit tiefernster, fast schwermütiger Betonung: ‚Halte mich nicht für anmaßend, lieber Freund, wenn ich sage, dass Österreich vielleicht nicht reif für mich ist.'"*Damals sei es Schönborn klar geworden, dass Steinbach sich zu einer großen, schöpferischen Aktion berufen glaubte. *„Im übrigen pflegte er zu sagen, er sei froh und zufrieden in seinem neuen Wirkungskreise."* [1]

Dieser Wirkungskreis war der Oberste Gerichtshof. Nachdem Steinbach mit dem Ministeramt zu höchsten Höhen des Beamtenberufes aufgestiegen war, entschloss sich der erst Siebenundvierzigjährige, nunmehr die richterliche Laufbahn zu betreten, welche ihm Schönborn, eröffnete.

Unser Oberster Gerichtshof war, wie die Ministerien, eine Frucht der Revolution von 1848. Als seine Geburtsurkunde gilt der Justiz-Ministerial-Erlass vom 21. August 1848, durch den die bis dahin als höchste Gerichtsinstanz in Zivil- und in Strafrechtssachen für die österreichischen Erblande und die Länder der böhmischen Krone fungierende Oberste Justizstelle – die seit ihrer Gründung im Jahre 1749 zugleich auch die Aufgaben eines Justizministeriums wahrzunehmen hatte – zum Obersten Gericht umgestaltet und damit der österreichische Oberste Gerichtshof als eigenständiges Höchstgericht errichtet worden war. Zum ersten Präsidenten des Obersten Gerichtshofs bestellte der Kaiser den Ludwig Grafen Taaffe (1791-1855), Vater des nachmaligen Ministerpräsidenten, der schon seit 1834 Präsident der Obersten Justizstelle gewesen war. Mit Kaiserlichem Patent vom 7. August 1850 wurde dann auch das Gesetz *„über die Organisation des obersten Gerichts- und Cassationshofes in Wien"* erlassen.

Mit dem im Zuge der Dezemberverfassung von 1867 ergangenen *Staatsgrundgesetz über die richterliche Gewalt* wurde der Grundsatz der Trennung von Justiz

---

1 Schönborn: Begegnungen. 281 f.

und Verwaltung auf allen Ebenen endgültig verwirklicht und in der Folge jene Gerichtsorganisation hergestellt, die im wesentlichen heute noch gilt.

Steinbachs Vorgänger als Präsidenten waren Karl Krauß, Anton Schmerling, Karl Stremayr und eben Karl Habietinek (1830-1915). Außer Steinbach waren sie alle einmal Justizminister gewesen.

Mit 28. November 1893 ernannte Präsident Karl von Stremayr, der Unterrichtsminister der zweiten liberalen Ära, der bereits als Justizminister Steinbachs Vorgesetzter gewesen war, Steinbach zum Senatspräsidenten extra statum des Obersten Gerichtshofes, es wurde also ein eigener, wenn man die Höhe, welche er bereits erklommen hatte, bedenkt, allerdings bescheidener Posten, im Rang etwa dem eines Sektionschefs entsprechend, für ihn eingerichtet.

Jakob Herzog schreibt, Steinbach sei zagend in den Obersten Gerichtshof gegangen, aber schon nach wenigen Wochen habe er ihm lächelnd gesagt: *„Es geht mir hier sehr gut, die Herren haben gesehen, dass ich auch judizieren kann."* [2]

Doch er hatte auch hier den Marschallstab im Tornister: Sechs Jahre später, am 11. Februar 1899, als der gewesene Justizminister Habietinek Stremayr nachfolgte, wurde er 2. Präsident dieses Gerichtshofes, schon drei Monate später auch Stellvertreter des Präsidenten des Reichsgerichtes.

Als Richter, schreibt König, sei Steinbach Anhänger einer tunlichst freien Rechtsfindung gewesen. *„Wenn ich einer Verhandlung vorsitze"*, pflegte er zu sagen, *„schaue ich mir zuerst die Parteien an und dann bildet sich mir intuitiv die Überzeugung, welche Recht hat, und ich wäre wohl ein schlechter Jurist, wenn ich nicht immer das ‚Gsatzl' zu der Überzeugung fände."* Prinzipiell ein Anhänger der Laienmitwirkung bei der Rechtsfindung, sei er ein entschiedener Gegner der Schwurgerichte gewesen. Auch die Todesstrafe habe er, im Gegensatz zu seiner Studentenzeit, für richtig gehalten. Der Judikatur billigte er, in bester österreichischer Tradition, nicht nur das Recht, sondern die Pflicht zu, schöpferisch am Recht weiter zu arbeiten. In seinem Wirken habe er sich durch Sprachenfrage und Nationalismus gehemmt gesehen. Seine größte Sorge habe der Beschleunigung des Rechtsweges gegolten, und mit eiserner Faust habe er für die Aufarbeitung der besonders in Galizien so zahlreichen Rückstände gesorgt. [3]

Der Demokrat und Sozialpolitiker Julius Ofner (1845-1925) meint, im Richter habe sich Steinbachs zwiespältige Natur darin gezeigt, dass er in religiösen und politischen Fragen schroff und hart gewesen sei, während er in wirtschaftlichen Fragen seine soziale Auffassung des Rechts bekundet habe. [4]

---

2 *Montagsrevue* 27.5.1907.

3 König: Skizzen. S. 231 f.

4 . **Ofner**, Julius: Emil **Steinbach**. In: Die Wage. X.Jg Nr. 22 Wien 1. Juni 1907.Ähnlich: Sternberg: Steinbach.

Auf ihn ging die rigorosere Behandlung von Schadenersatzansprüchen, namentlich bei Unfällen im Transportbetrieb, zurück. Er hat der Auffassung zum Durchbruch verholfen, dass dem Publikum der Großstadt eine Pflicht zur erhöhten Wachsamkeit gegen die Gefahren des elektrischen Straßenbahnbetriebes obliege. [5]

Was das Schroffe und Harte in seinen religiösen Auffassungen anbelangt, so möge ein Bericht aus einem seiner Nachrufe dienen. *„Er“*, so heißt es da, *„welcher gerne als modernster Jurist gelten wollte und fortwährend mit dem Sozialismus liebäugelte, triefte von Bigotterie. Eine sozialdemokratische Agitatorin hatte bei einer Versammlung den Vers von Heine zitiert: ‚Den Himmel überlassen wir den Engeln und den Spatzen.‘ Ein findiger Richter verurteilte die Arme für diesen Ausspruch wegen Beleidigung einer Einrichtung der katholischen Kirche. Als nun der Rekurs an den Obersten Gerichtshof kam, wurde eine öffentliche Verhandlung angeordnet, was zu den Seltenheiten gehört, und diese benützte der ‚moderne, sozial angehauchte Jurist Steinbach‘, um seine ganze Entrüstung über den durch die Angeklagte begangenen Religionsfrevel auszusprechen. Natürlich wurde der Rekurs verworfen.“* [6]

In das Jahr 1899 fiel der Auftrag des Kaisers, die morganatische Ehe des Thronfolgers Franz Ferdinand mit Sophie Chotek rechtlich zu beurteilen. Sophie Chotek, eine Tochter des Grafen Bohuslaw Chotek von Chotkova und Wognin und der Gräfin Wilhelmine Kinsky von Wchinitz und Tettau, war Kammerfrau der Erzherzogin Elisabeth, Gattin des Erzherzogs Friedrich, Herzogs von Teschen. Ihre Beziehung zum Thronfolger war ein veritabler Skandal. Eine Heirat kam nach Auffassung des Kaisers nicht in Betracht, weil Sophie keinem der regierenden Häuser entstammte. Keine Geringeren als Zar Nikolaus II, Papst Leo XIII und Kaiser Wilhelm II setzten sich für Franz Ferdinand und Sophie ein. Schließlich kam es, auf Anraten Steinbachs, zu einer morganatischen Ehe. Ihre Nachkommen hatten nicht das Recht der Thronfolge, sie selbst teilte nicht den gesellschaftlichen Rang oder Titel ihres Gemahls. Am 1. Juli 1900 heirateten sie, nachdem am 28. Juni der Thronfolger vor dem Kaiser und den Spitzen des Reiches in der Hofburg seine Verzichtserklärung abgegeben hatte. [7]

Der Thronfolger Franz Ferdinand habe, wie König schreibt, wenn Steinbach wochentags in den Prater fuhr, öfters seine Equipage halten lassen, um mit Steinbach zu plaudern. Auch mit Sophie sei er auf gutem Fuß gestanden. Als Föderalist und Anhänger des böhmischen Staatsrechtes sei er ja auch ein enger Geistesverwandter des Thronfolgers gewesen.

König berichtet auch, er habe mehrmals Begegnungen und Unterhaltungen

---

5 *Die Zeit,* 27.5.1907.

6 *„Dr. Emil Steinbach †“* In: *„Döblinger Nachrichten“* v.8.6.1907.

7 Heer, Friedrich: Der Kampf um die österreichische Identität. Wien, Köln, Weimar 1981.S. 305.

auf der Straße zwischen Steinbach und Masaryk, zwischen Steinbach und Kramar, den beiden Führern der Tschechen beigewohnt.

Am 17. September 1899 berief der Monarch Steinbach als Mitglied auf Lebensdauer in das Herrenhaus, wo er sich keiner, auch nicht, was seine intime Freundschaft mit Taaffe, Schönborn und den beiden Tirolern Theodor Kathrein (1842-1916) und Josef Dipauli (1844-1905) vermuten hätte lassen, der konservativen Fraktion anschloss und so auch keine politische Tätigkeit entfalten konnte.

„Im Herrenhause“, schreibt Schönborn, *„erschien er nicht allzu oft; ergriff er einmal das Wort, so hatte der geistvoll anregende Sprecher natürlich das Ohr des Hauses. Vergeblich redete ich ihm zu, einer der drei Parteien beizutreten und sich dadurch die Wahl in verschiedene Kommissionen zu verschaffen. Er konnte, so gelinde auch die Parteidisziplin bei uns gehandhabt wird, sich nicht entschließen, sich dem Joche zu unterwerfen. Gelegentlich sagte er, er habe mit der Politik abgeschlossen – aber das war nicht buchstäblich zu nehmen, denn wenn er dann doch über politische Dinge sprach, sah man, wie sehr sie ihn interessierten, und wie er noch in Fühlung mit bedeutenden Politikern sein mochte, konnte man aus seinen Reden entnehmen oder doch vermuten.“* [8]

König berichtet, Steinbach habe ihn an einem strahlenden Frühlingsnachmittag mit folgender Erklärung überrascht: *„Heute will ich dir eine Erklärung über eine Sache geben, Wilhelm, über die sich die Leute viel die Köpfe zerbrechen; zu welcher Partei ich gehöre. Ich bin natürlich Christlichsozialer, ja, dir sag ich's, Ketteler, Vogelsang und ich, wir sind die eigentlichen Gründer der christlichsozialen Partei.“*

Und von dieser Stunde an habe ihm Steinbach oft von seinem einstigen Briefwechsel mit Ketteler, von Vogelsangs Ansichten, von den Pergen- und Entenabenden, welch letzteren er damals noch anwohnte, erzählt. Er selbst habe ihn einige Male abends in die Riemergasse zur „Goldenen Ente“ begleitet. Er sei auch oft und oft an der Schwelle zu Steinbachs Arbeitszimmer Alois Liechtenstein begegnet, mit dem er im steten engen Kontakt stand.

Die Entenabende waren nach dem 1890 erfolgten Tode des Freiherrn von Vogelsang von ihm Nahestehenden unter der Führung des Prälaten Schindler allwöchentlich abgehalten worden. Ab 1898 hat er sie nicht mehr einberufen. Es besteht also prinzipiell die Möglichkeit, dass König eine Teilnahme Steinbachs an den Entenabenden beobachtet hat, wenn es auch bei seiner strikten politischen Neutralität nicht wahrscheinlich ist. Knoll führt ihn in seiner Teilnehmerliste nicht auf. Die von Schindler 1892 gegründete Leo-Gesellschaft war in gewisser Hinsicht eine Nachfolgegesellschaft der „Ente.“ [9]

---

[8] Schönborn: Begegnungen. S. 282.

[9] S. hiezu Klopp: Leben S. 348 ff. Knoll: Tradition 167 ff.

Vom Herrenhausmitglied Emil Steinbach findet sich ein Porträt, verfasst von Röntgen, in der Anwaltszeitung „*Das Barreau*", Ausgabe vom 15. April 1900:

„Ein übermittelgroßer Körper, etwas beleibt, sein breitspuriges Daherschreiten erinnere an das Wohlbehagen eines Fleischhauers vom Grund. Wohlgenährte, feiste Wangen, von einem eisengrauen, ausgefransten Vollbart umgeben, eine starkwurzelige, etwas geschwungene Nase, ein von üppigen Lippen umrandeter Mund mit sardonischen Fältchen, dunkle Augen hinter einer goldenen Brille, darüber zwei Brauen, pechschwarz, wie Fragezeichen gewunden, seinem Gesicht etwas Mephistophelisches gebend, darüber graues, dichtes, wirres Haar. Ein lustigkaustischer Mephistopheles der Ironie, ein sarkastisches enfant terrible, der mit seinem souveränen Pessimismus die lächerliche Nichtigkeit des irdischen Mikro- und Makrokosmos erfasst hat. Am gefährlichsten sei es, wenn der Herr Präsident wohlwollend zuzustimmen scheine, wenn er dem Redner zunicke. Der Kopf gerate dann in eine eigenartig pendelnde Bewegung nach einer Seite hin, die besonders beim Sprechen auffällig werde. Die Sprache sei etwas fettig, sehr ausdrucksvoll, klug und witzig. Die auffallend schönen, schmalen Hände, die zur schweren Trägheit des Körpers in schreiendem Widerspruche stehen, auf dem materialistischen Leib ist ein spiritualistischer Kopf aufgebaut."

Mit dem ehemaligen Ministerpräsidenten Grafen Taaffe blieb Steinbach im engsten Kontakt. Er war es auch, der nach dessen am 29. November 1895 erfolgten Ableben in das Schloss Ellischau berufen wurde, um dort seinen Nachlass zu ordnen. *„Was Steinbach in den Tagen des Schmerzes der gräflichen Familie als Freund, Helfer und Ratgeber gewesen"*, schreibt ein Augenzeuge, *„bewies die Anhänglichkeit, die ihm alle einzelnen Mitglieder der Familie bekundeten. Tagelang, ja in den Nächten arbeitete Dr. Steinbach unermüdlich an der Sichtung der Papiere und der Akten des verblichenen Staatsmannes und zog auch mich zu dieser Arbeit heran. Als Graf Taaffe in der hochgelegenen Erbbegräbnisstätte zur ewigen Ruhe gebettet war und alle Arbeiten im Schlosse, soweit sie der ordnenden Hand Steinbachs noch bedurften, beendet waren, rüstete er zur Abreise nach Wien und mich lud er ein, in seinem Wagen mit zur Bahn zu fahren; auf der Fahrt im Eisenbahncoupe war ich bis Gmünd sein Begleiter."* Der junge Mann nützte die Gelegenheit, Seiner Exzellenz ein Anliegen vorzutragen, von dem wir leider nicht wissen, worin es bestand. Er habe ihm auch wirklich geholfen. [10]

Die Bekanntschaft mit Wilhelm König, von dem hier schon oft die Rede war, geht auf das Jahr 1897 zurück. König, ein Bankbeamter, soll ein Verwandter Steinbachs gewesen sein. Steinbachs Großnichte, Frau Christa Esterhazy, hat eine Kindheitserinnerung daran, dass König in Vorbereitung seines Werkes die Familie Steinbach öfters besucht habe.

---

[10] *Prager Abendblatt* , .5.1807

Wie König schreibt, habe Steinbach mit ihm Gespräche geführt, die mehr Monologe als Dialoge gewesen seien. Steinbach habe seinen jungen Eleven das Versprechen abgenommen, niemals Aufzeichnungen zu machen, und er, König, habe sowohl dieses Versprechen als auch die unausgesprochen gebliebene Verschwiegenheitspflicht gehalten. Steinbach habe aber auch seinen Bruder Robert dazu verpflichtet, alle an ihn gerichteten Briefe und Schriften zu vernichten. Unter diesen seien außer ungezählten Briefen heimischer Politiker, Denker und Dichter unter anderem auch die zahlreichen Briefe Bischof Kettelers, des amerikanischen Präsidenten Woodrow Wilson (1856-1924), des russischen Ministerpräsidenten Sergej Witte (1849-1915) und des norwegischen Dichters Henrik Ibsen (1828-1906) gewesen. Nur ein Teil der Originalmanuskripte Steinbachs habe in den Besitz des Verfassers gerettet werden können. Diese muss man wohl als verschollen betrachten.

Am deutlichsten habe sich Steinbachs umfassende Weisheit an den Erscheinungen des Alltags gezeigt. Seine Spazierfahrten mit Steinbach in den Prater oder die Umgebung Wiens seien oft die Quelle merkwürdigster Belehrung gewesen. Er habe beim Jausentisch ganz unvermittelt das Alter und die Qualität des Holzes, aus dem der Tisch gemacht war, erwiesen, wenige Minuten darauf, etwa nach einem Kalauer gröblichster Art, ein Wolkenbild und die daraus mit Sicherheit zu gewärtigenden Wetterbildung erklärt, um daran ein tiefgründiges juristisches oder philosophisches Gespräch anzuschließen. Er kannte die mikroskopische Beschaffenheit der Faser des Tischtuches genau so gut, wie er ein Theaterstück des Augenblicks das er einmal gesehen hatte, noch nach Jahren durchwegs zitieren konnte.

Steinbach lebte im Ersten Bezirk, in der Hohenstaufengasse, in jenem Haus, in dem sich bis zu seinem kürzlich erfolgten Abriss die Zentrale des Österreichischen Gewerkschaftsbundes befand. Unter ihm wohnten sein Bruder mit seiner Familie. Der Kontakt des Onkels mit dem Neffen Robert Steinbach junior sei, wie dessen Tochter Christa Esterhazy erzählt, eng und freundschaftlich gewesen.

Einige Korrespondenzkarten erwecken die Erinnerung an die Beziehung Steinbachs zu seinen Verwandten. So schreibt er von Salzburg aus im Zeitraum 4. bis 7. September 1899 nicht weniger als neun Karten an Schwägerin und Neffen. Am Morgen des 4. September heißt es: *„Liebe Josefine! Nach der ersten Salzburger Nacht sage ich euch schönen guten Morgen. Hoffentlich seid ihr gut in Wien angekommen.*“

Dem Neffen schreibt er am selben Tag:

„Wer beim Latein nicht genug schwitzt
wird in Hellbrunn angespritzt O.E.“

Und einen Tag später

„Hier bin mit Löhner ich spaziert, und habe Verba conjugiert.
Schöne Grüße an die Mondseer insgesamt von O.E.
Sonnberg und Arminius Praxmiator“

Die Karten der folgenden Tage enthalten wohl Hinweise auf das Lateinstudium. *!Acc. Pensurum“, Nom. Pensa“, oder Gen. Pensauris“Dat. Pensibus“*

Am 6. September an Schwägerin Josefine

„Salzburg ist eine nasse Stadt,
besonders wenn's geregnet hat.
Schöne Grüße an alle.“

Montag früh.

Auch ein Gedicht an den Neffen *„Herrn Robert Steinbach junior, angehender Secundaner“* hat sich erhalten:

Der Pelzmärtel bin ich; doch da es sehr heiss,
So kleid' ich zum Glückwunsch mich diessmal ganz weiss.
Den Pelz behalt ich aber jetzt auch an
Zu zeigen, wie heiss ich wünschen kann.
Ich bringe Bonbons, hab' auch Cigarren im Sack,
Die sind viel besser, als die von Tabak;
Auch bring ich wieder Geld für Kleider,
Bestellen musst du sie bei deinem Schneider.
Bleib' frisch und gesund und üb' jederzeit
Bescheidenheit, Fleiss und Aufmerksamkeit.“

Zu seinem Lebensstil erzählt König, Steinbach sei persönlich völlig anspruchslos, von asketischer Lebensweise gewesen. Seine Bezüge hätte stets die Anforderungen seiner persönlichen Bedürfnisse weit überschritten, sein Privatbudget habe immer noch Spielraum für die rührendste diskreteste Wohltätigkeit geboten.

Steinbach habe als Junggeselle, betreut von einer Wirtschafterin Namens Frau Nicham und einer Köchin, Pauline, gelebt. Wenn er mit ihren Leistungen unzufrieden gewesen sei, habe er sich hinter den Beichtvater der beiden, einen Pater Lambert Herz, gesteckt.

Um Zeit zu sparen, habe Steinbach außer des Morgens nur einmal am Tag gegessen. Sein Schlafbedürfnis sei auf ein Minimum von höchstens fünf Stunden reduziert gewesen. Das Morgengrauen habe den pedantischen Frühaufsteher meist schon in seiner Bibliothek gesehen.

Auf Steinbachs Nachtkästchen sei ein Buch von Thomas a Kempis (1380-1471), wohl die *„Nachfolge Christi")* gelegen, und es sei wohl kein Tag seines bewussten Lebens vergangen, ohne dass er einen Blick in dieses Büchlein geworfen hätte. Steinbach sei aktiver Katholik, eifriger Besucher der Messe gewesen, und habe sich mehrmals versehen lassen. Über seinen Beichteifer habe Steinbach nie und zu niemandem gesprochen. Das habe die Schamhaftigkeit seines Wesens nicht zugelassen. Seine religiöse Überzeugung habe ihm Selbstmord unter allen Umständen unzulässig erscheinen lassen, wie er auch der schärfste Gegner des Duells gewesen sei. Er, König, habe ihm wiederholt entgegen gehalten, dass es den Menschen erlaubt, ja unter Umständen Pflicht sein könne, sein Leben für seine Ehre einzusetzen. Auch sei die Handlung vieler Märtyrer kaum von Selbstmord zu unterscheiden. Da sei er aber bei Steinbach übel angekommen, der auch in der Duellfrage dem Standpunkt des Kaisers missbilligt habe.

Ein Herzstück seines Lebenszusammenhanges war die riesige Bibliothek, in die er viel Geld steckte. Seine Spaziergänge, so berichtet sein Freund Jakob Herzog, galten den Buchhandlungen. Man konnte ihn lange im Laden von Manz am Kohlmarkt stehen sehen. [11] Der Polyhistor, der die alten Sprachen, englisch, französisch, italienisch und die slawischen Sprachen las, und sein Vergnügen an alten Texten, selbst altindischen und chinesischen fand, verbrachte hier den größten Teil seiner freien Zeit. Seine besondere Liebe galt, wie bei seiner Geistesrichtung nicht weiter verwundert, den Romantikern. Dank seiner Mitwirkung habe ein gemeinsamer Freund, Bruno Herber, die 1670 posthum erschienenen *Pensées* des französischen Mathematikers und Philosophen Blaise Pascal (1623-1662) übersetzt und in einem angesehenen Verlag erscheinen lassen. Ihm, König, habe er beim Übersetzen der *Maximen* des Vauvenargues (1715-1747) geholfen.

Auch Lokaldichter wie der Meister der Wiener Lokalskizze Eduard Pötzl (1851-1914), Schöpfer des spießigen *Herrn Nigerl* und putzsüchtigen *Herrn Gigerl* und Jakob Julius David (1859-1906), gehörten zu seinem Bekanntenkreis

In seinen letzten Jahren habe sich Steinbach auch als Shakespeare-Forscher betätigt, wobei er, wie König schreibt, an die Identität des großen Dichters mit Bacon glaubte. Ihm, König, habe er sogar, unter dem Siegel höchster Verschwiegenheit, anvertraut, dass er den Beweis für die Identität der beiden in Händen habe. [12]

Das Porträt eines engen Freundes von Emil Steinbach, Hermann von Löhner, verdanken wir, wie vieles andere, dem Grafen Schönborn. [13] Löhner war ein Sohn des 1848er-Revolutionärs Ludwig von Löhner, nach dessen Flucht in Südfrank-

---

11 *Montags-Revue*, 27. Mai 1907.

12 König: Skizzen. 232f.

13 Schönborn: Begegnungen. S. 284 f.

reich aufgewachsen, später nach Venedig gegangen und dort ein halber Venezianer geworden.

„Löhner, ein mittelgroßer, hagerer Mann mit grauem Vollbart, stets sehr unruhig bewegt, dabei im persönlichen Verkehr sehr liebenswürdig und gesprächig, war infolge seiner kranken Nerven auf lange Zeit ein Sonderling geworden" Er ging stets mit bloßem Kopf und weigerte sich, die Eisenbahn zu benützen. Im Zweifelsfall zog er es sogar vor, zu Fuß entlang der Bahngleise zu gehen. Er betätigte sich als Biograph, schrieb über Goldoni, Casanova, Cagliostro.

Ursprünglich Bankbeamter, hatte ihn eine kleine Erbschaft finanziell unabhängig gemacht, sodass er, in bescheidenstem Rahmen, ganz seinen gelehrten Neigungen leben konnte. Er unterhielt eine kleine Wohnung im Matschakerhof, die vor allem seine Bücher beherbergte. Seine letzte Arbeit war eine Übersetzung von Dantes *„Göttlicher Komödie"*. Steinbach hat, wie König erzählt, daran mitgewirkt. Fertig ist das Manuskript wohl nicht geworden.

Im Sommer habe er, wie Jakob Herzog berichtet, mit Steinbach wahre Studentenfahrten im Einspänner durch das Gebirge gemacht, oder er sei mit ihm in Bad Ischl gesessen. [14]

Eng befreundet war Steinbach mit dem Juristen, Schriftsteller und Burgtheaterdirektor Max Burckhard (1854-1912), mit dem er gelegentlich seine Sonntagvormittagsspaziergänge zu unternehmen pflegte. Burckhard war eine der farbigsten Gestalten der damaligen Wiener Szene. 1854 in Korneuburg geboren, hatte auf Wunsch seiner Eltern die Rechtswissenschaft studiert, und war zunächst in das Landesgericht für Strafsachen in Wien eingetreten.

Er wurde 1886 Dozent an der Wiener Universität und verfasste u. a. ein dreibändiges Werk *System des österreichischen Privatrechts*. Ins Justizministerium berufen, folgte er Steinbach bei dessen Aufstieg zum Sektionsleiter in der Funktion eines Departementschefs nach.

Steinbach ist es auch, wenn wir hier König folgen dürfen, gewesen, der ihn in der Funktion eines Direktors des eben eröffneten Burgtheaters am Ring zum Vorschlag brachte und durchsetzte; ein kühner Schachzug, war doch Burckhard als Jurist und Verwaltungsbeamter theaterfremd: Angeblich hatte er zuvor nur sieben Mal Aufführungen im Burgtheater besucht.

Gleich zu Anfang musste Burckhard sich mit baulichen, besonders: akustischen, Mängeln des neuen Hauses und damit im Zusammenhang auch mit einem starken Widerstand des Ensembles und von Teilen der Presse auseinandersetzen, die er jedoch zu überwinden verstand.

Der neue Direktor betrieb konsequent eine Öffnung des Theaters für breitere Schichten durch preisgünstige Sonntagsnachmittagsvorstellungen, eine Ab-

[14] Montags-Revue, 27.5.1907-

kehr vom Historiendrama, und er öffnete, ohne die Tradition wirklich zu vernachlässigen, das Burgtheater für alle modernen Strömungen. Auf seinem Spielplan standen naturalistische Dramen von Henrik Ibsen und Gerhart Hauptmann (1862-1946), er machte aber auch mit Stücken des liberalen Ludwig Anzengruber (1839-1889) und später auch mit Ferdinand Raimund (1790-1836) das Volksstück erstmals am Burgtheater hoffähig. Bedeutend war sein Einsatz für zwei Autoren von Jung-Wien: Hugo von Hofmannsthal (1874-1929) und Arthur Schnitzler (1862-1931), dessen *Liebelei* er 1895 zur Uraufführung brachte.

König meint, auch die Idee, Ibsen ins Burgtheater zu bringen, wäre von Steinbach gekommen. Beim Bankett anlässlich der Premiere des *Volksfeind* saß der Jurist neben dem Dichter. Nachher habe der Dichter geäußert, dass er noch nie von einem Manne so tiefe, nachhaltige Eindrücke gewonnen habe, und es sei auch zu einem Briefwechsel gekommen. [15]

Burckhard konnte auch populäre Schauspielerinnen wie Adele Sandrock (1863-1937) für sein Theater gewinnen. Mit ihr und ihrer Schwester verbrachte Burkhard auch gelegentlich heitere Stunden im Wiener Prater. Eine andere Freundschaft verband ihn mit der jungen Alma Schindler, der später so berühmten Frau Mahler-Werfel (1879-1964), der er die klassische Literatur näher brachte.

Als Schriftsteller verfasste Burckhard zeitkritische Volksstücke und Komödien (z. B. *Die Bürgermeisterwahl*, 1897; *s'Katherl*, 1898), betätigte sich als Theaterkritiker u. a. für das Wiener *„Fremdenblatt"* und veröffentlichte Beiträge in *„Ver Sacrum"*.

Seinem liebenswürdigen Wesen war es zu verdanken, dass sich viele seiner Kritiker und Feinde, wie zum Beispiel Hermann Bahr (1863-1934), in Freunde verwandelten. Dennoch blieb sein Innovationswille vielen Vertretern des traditionellen Theaters ein Dorn im Auge. Auch dass Burckhards eigene Stücke an „fremden" Theatern aufgeführt wurden, erregte Anstoß. Dem wachsenden Druck nachgebend verließ Burckhard 1898 das Burgtheater. Er wirkte noch zwei Jahre als Hofrat beim Verwaltungsgerichtshof und konzentrierte sich dann völlig aufs Schreiben (u. a. *Rat Schimpf*, 1905; *Die Insel der Seligen*, 1908). Am 16. März 1912 starb Max Burckhard in Wien.

---

[15] Siehe Lexikon Literatur in der Wiener Moderne, http://www.sbg.ac.at/lwm/frei/generated/a56.html und Czeike. Lexikon Bd 1, S. 503., König, Skizzen 233.

Steinbachs sozialpolitische Arbeiten

1896 nahm Steinbach seine Vortragstätigkeit in der Wiener Juristischen Gesellschaft wieder auf. Er übernahm auch die Leitung der Gesellschaft. Diese Tätigkeit war der Anlass zu einer Reihe von Monographien, von denen, bis zum Jahre 1904, als seine Schaffenskraft erschöpft war, jedes Jahr eine erschien. Sie alle bilden ein geschlossenes Werk, die Philosophie eines juristisch-politischen Praktikers mit großem, die Rechtsgeschichte des Abendlandes überblickendem Horizont.

Sein schriftstellerisches Hauptanliegen bestand, was bei seinem politischen Lebenswerk nicht verwundern sollte, hauptsächlich darin, zur Verbesserung der Lage der Arbeiterschaft beizutragen, wobei er aber Wert darauf legte, keiner politischen oder sozialen Partei nahe zu stehen. *„Beurteilung neu auftauchender Fragen des Lebens auf Grund einer bestimmten politischen Überzeugung einerseits und objektive, ich möchte fast sagen naturwissenschaftliche Untersuchung solcher Dinge auf der anderen Seite sind eben völlig verschiedene Dinge. Beide Bestrebungen haben sicherlich ihre Berechtigung, aber mit einander vertragen sie sich nur schwer und das ist bei ihren völlig verschiedenen Zielen gewiss auch erklärlich."* [1]

Steinbachs Hauptthese, die er schon am 11. März 1896, in seinem Vortrag *„Erwerb und Beruf"* aufstellte, lautete: Die Organisation des gewöhnlichen Erwerbes beruht wesentlich auf wirtschaftlichen, die Organisation des Berufes auf ethischen Momenten.

Bei der Organisation des Erwerbs ist der Ausgangspunkt das Recht, und der Erwerbtreibende übernimmt die entsprechende Pflicht nur deshalb, weil kein anderes Mittel besteht, um in den Genuss des Rechtes zu gelangen.

Bei der Organisation des Berufes ist der Ausgangspunkt die Pflicht, deren Umfang in den angeführten Berufen gar nicht näher präzisiert ist, und begrifflich bis zur äußersten Anspannung der Kräfte, ja selbst, wie beim Militär oder der Polizei, bis zur Aufopferung des Lebens reicht.

Grundlage der Erwerbsarbeit ist der Vertrag über einen Güteraustausch, hie Arbeitskraft, hie Lohn. Dabei verfolgt, wie Steinbach beobachtet, jeder seinen Vorteil in der rücksichtslosesten Weise. Hingegen sucht die Gesetzgebung, soweit

---

[1] Steinbach: Rechtsgeschäfte, S. VI f.

sie durch diese Rücksichtslosigkeit in der Verfolgung des eigenen Vorteiles das Wohl der Gesamtheit gefährdet erachtet, die ihr geboten erscheinenden Schranken herzustellen.

Unter dem Einfluss der klassischen Nationalökonomie sind, moniert Steinbach, in der ersten Hälfte des 19. Jahrhunderts die Reste solcher Einschränkungen, wie sie schon seit langem bestanden haben, beseitigt worden, weil man glaubte, dass durch staatliche Beschränkungen die erwarteten wohltätigen Wirkungen der freien Konkurrenz nur behindert würden.

Es zeigte sich aber, dass die freieste Bewegung keineswegs dazu ausreichte, die ärgste Ausbeutung zu behindern. *„Der Glaube an die glücklichen Folgen dieser Art der Organisation"*, sagt Steinbach, *„hat sich nicht lange erhalten; die Erfahrung weniger Jahrzehnte reichte hin, um den Beweis zu führen, dass auf diesem Wege nichts weniger erreicht werde als die erhoffte allgemeine Zufriedenheit. Der schrankenlose Wettbewerb der heutigen Wirtschaftsordnung bedroht die Existenz zahlloser und zwar nicht bloß wirtschaftlich ganz schwacher Personen und selbst die wirtschaftlich stärkeren scheuen dieses gefahrvolle leichenbedeckte Schlachtfeld."* [2]

Der dem Beamtenverhältnis zugrunde liegende Vertrag ist hingegen kein solcher des Obligationenrechtes, er begründet vielmehr ein Gewaltverhältnis des Staates gegenüber dem Beamten. Die Erfüllung der Beamtenpflichten ist keine Kontraktserfüllung sondern Erfüllung der übernommenen Treue- und Gehorsamspflicht. Er gilt in der Regel für die ganze Dauer der Arbeitsfähigkeit des Eintretenden, dafür unterwirft sich dieser dem Disziplinarrecht. Im Gegenzug übernimmt der Staat die Verpflichtung, den Beamten standesmäßig zu unterhalten. Seine Besoldung ist daher auch keine Lohnzahlung, sondern eine mit der Verwaltung eines Amtes verbundene Rente, mittels deren der Staat seine Beamten alimentiert. Ein Mehr oder Minder von Geschicklichkeit und Fleiß hat prinzipiell keinen Einfluss auf die Höhe des Gehaltes. Da dem Beamten andere Erwerbsquellen der Regel nach verschlossen sind, er daher für sein Alter kein Kapital ersparen kann, dauert die Pflicht des Staates zur Gewährung des Lebensunterhaltes fort, auch wenn der Beamte wegen Dienstunfähigkeit in den Ruhestand versetzt wird. Diesen Anspruch haben auch Witwe und Kinder des Beamten.

Man beobachte in letzter Zeit eine außergewöhnliche Vermehrung des Berufsbeamtentums durch Anwachsen der staatlichen Aufgaben, wie Verstaatlichung, Verländerung, Verstadtlichung, aber auch durch die Entstehung großer Privatunternehmen, welche Privatbeamten beschäftigten, die wie die Staatsbeamten nicht dem Arbeitsmarkt mit allen seinen Grausamkeiten und Unwägbarkeiten ausge-

---

[2] Steinbach: Erwerb, S. 51

setzt seien. Es herrsche großes Interesse an solchen Posten. Von allen Seiten strömten die Kandidaten herbei, jede offene Stelle finde zahlreiche Bewerber.

Es gebe aber auch neue Standesorganisationen der industriellen Arbeiter, Arbeiterverbände, die eine Organisation der industriellen Arbeit anstrebten, welche einer berufsmäßigen Organisation zum Mindesten sehr nahe stehe. Man wolle größere Stabilität der Arbeitsgelegenheit und des Verdienstes, Sicherung des Lebensunterhaltes auch für die Zeit zeitweiliger oder dauernder Arbeitsunfähigkeit, sowie hinterbliebener unversorgter Familienmitglieder, verlange Versicherungseinrichtungen gegen Krankheit, Unfall, Arbeitslosigkeit, Alter, ferner Witwen- und Waisenversicherung, aber auch Garantien gegen ungerechtfertigte Entlassung. Schließlich strebten die Arbeiter nach Minimallöhnen und der Beseitigung des Stücklohnes durch den Zeitlohn. Insbesondere diese letztere Erscheinung sei von großem Interesse, weil dadurch die Ungleichheit des Lohnes, insofern dieselbe auf der größeren oder geringeren Arbeitsleistung beruhe, aufgehoben und der Grundgedanke der berufsmäßigen Entlohnung in den Vordergrund gestellt werde. Aufgabe des Staates sei es dabei, die Entstehung der neuen Zusammenschlüsse zu regeln, Pflichtenkollisionen zu vermeiden.

Steinbach hat für diese Anliegen vollstes Verständnis. *„In der Tat“*, schreibt er, *„ist ja in dem Fortschreiten eines Arbeiterlebens nichts furchtbarer, als die aus der Anwendung des Verhältnisses von Angebot und Nachfrage in der gewöhnlichen Erwerbsorganisation von selbst sich ergebende natürliche Konsequenz der Abnahme und des endlichen Aufhörens des Lohnes zugleich mit der Abnahme und dem Erlöschen der Arbeitskraft. Man versuche einmal, dem Angehörigen eines eigentlichen Berufes, z.B. einem Staatsbeamten, die Gerechtigkeit dieser Konsequenz begreiflich zu machen.“* [3]

Auf der einen Seite stehen nun also die Güteraustauschverträge. Ihrer Natur nach sind sie die Friedensschlüsse zum Kampf zwischen Angebot und Nachfrage. Die Niederlage des schwächeren Teiles wird besiegelt, die Folgen seiner Niederlage werden festgesetzt und unter staatlichen Rechtsschutz gestellt, sofern nicht das staatliche Gesetz selbst der Ausbeutung des einen Vertragskontrahenten durch den anderen eine Grenze zieht.

Auf der anderen Seite erblicken wir die Organisationsverträge, welche nicht den Kampf der einzelnen Subjekte, sondern ihr friedliches Zusammenwirken zu einem gemeinsamen Zweck voraussetzen. [4] Sie errichten Schranken der freien Konkurrenz, bestehend in einem Vertrauensverhältnis, einer gewissen Wahrheitspflicht, dem Ausschluss der Ausbeutung einer Notlage.

Bei den wirtschaftlichen Verträgen ist die Gegenleistung nach einem möglichst objektiven, einem mittleren, einem Durchschnittsmaßstab zu fixieren: *„Je-*

---

[3] Steinbach: Erwerb S. 38.

[4] Steinbach: Rechtsgeschäfte S. 106.

der versucht seinen Vorteil auch zum Schaden des anderen Vertragsteils zu wahren, lediglich beschränkt durch etwaige gegen Ausbeutung eines Vertragsteiles durch andere erlassene Vorschriften des positiven Rechts. [5]

Anders bei den Rechtsgeschäften der wirtschaftlichen Organisation: Wenn Treu und Glauben gefordert, die Verfolgung eigenen Vorteils ausgeschlossen, ja sogar bestraft wird, „*dann kann der so beschränkte Vertragsgenosse wohl auch mit Grund verlangen, dass bei der Beurteilung seiner eigenen Leistungen ein anderer Maßstab... angelegt werde und man nicht von ihm Leistungen verlange, welche er nach seinen subjektiven Anlagen vielleicht gar nicht zu prästieren im Stande ist.*" Er muss daher nur so viel leisten als er „*unter dem mächtigen Triebe des Egoismus in seinen eigenen Angelegenheiten zu leisten pflegt*", aber nie mehr als„*die Sorgfalt des ordentlichen Mannes*" aufwenden. [6]

Nun erhebt sich aber doch die Frage, ob im Wirtschaftsleben denn alles Sodom und Gomorrha sei, ob dort nicht auch, wenigstens in bescheidenem Maße, „*die Moral als Schranke des Rechtserwerbs und der Rechtsausübung*" zu dienen vermöge.

Sicher sind es einmal moralische Erwägungen, welche zu rechtlichen Vorschriften führen, an welche sich der Rechtsuchende wie der Richter zu halten haben. Moralische Erwägungen spielen aber auch in der Auslegung des gesatzten Rechtes eine bedeutende Rolle, etwa indem im Vertragsrecht Kontrakte für nichtig erklärt werden, welche *gegen die guten Sitten* verstoßen.

Was sind aber „*Gute Sitten*"? Das ist in den Gesetzen, so zum Beispiel im deutschen Bürgerlichen Gesetzbuch, einem erst zum 1.1.1900 in Kraft getretenen, damals völlig auf der Höhe der Zeit befindlichen Werk, nicht definiert, was dem Richter einen bedeutenden Ermessensspielraum einräumt. Der Berner Professor Philipp Lotmar (1850-1922) sagt, der Richter habe sich an: „*die in seiner Zeit zwar in seinem Land und seinem Volk als Moral anerkannte und geübte*" Sitte zu halten. Worin besteht sie? Dazu zitiert Steinbach den Klassiker einer soziologischen Betrachtung der Rechtswissenschaft Rudolf von Jhering, der in seinem unvollendet gebliebenen Werk: „*Der Zweck im Recht,* „*schreibt:* „*Das Sittliche ist nichts als der Egoismus in höherer Form; der Egoismus der Gesellschaft.*"

So habe, meint Steinbach, die praktische Erfahrung gelehrt, dass der Wucher gemeingefährlich sei, weshalb er verboten werden musste. Ähnliches sei bei den Exekutionsbeschränkungen und der Institution des Zwangsausgleiches vor sich gegangen. Und: „*Derselbe Egoismus der staatlichen Gesellschaft, nämlich die Fürsorge für die körperliche Integrität und Gesundheit ihrer Mitglieder, hat beispielsweise auch auf dem Gebiete der Arbeiterschutzgesetzgebung zu den mannigfachsten Vorschriften den Anlass gegeben und ist in dieser Richtung gewiss cha-*

---

[5] Steinbach: Rechtsgeschäfte S. 78.

[6] Steinbach: Rechtsgeschäfte S. 79f.

rakteristisch, dass der Verzicht des Arbeiters auf die Befolgung der gesetzlichen Schutzvorschriften durch den Unternehmer … früher als ein gegen die guten Sitten verstoßender und darum ungültiger Erlassvertrag betrachtet wurde, während jetzt das deutsche bürgerliche Gesetzbuch im § 619 solche Erlassverträge ohne Weiteres als nach dem Gesetze unzulässig erklärt.“ [7]

Dass der Staat so intensiv in die Verträge eingreifen müsse, hängt nach Steinbach damit zusammen, dass der Vertragsfreiheit eine *„selbstmörderische Tendenz“* innewohne: Jeder frei geschlossene Vertrag erzeuge Gebundenheit und die Gefahr, dass die Gesellschaft zu einer Art Sklaverei auf vertragsmäßiger Grundlage gelangt. Daher sei die Einschränkung durch das Gesetz in Richtung *„Gute Sitten“* und *„öffentliche Ordnung“* so notwendig. Sie alle dienten dem *„Bestreben, die Anwendung besonders verwerflicher Mittel im Konkurrenzkampfe hintanzuhalten.“*

Strengere Maßstäbe als beim bloßen Erwerb gelten beim Beruf. *„In den Memorabilien des Sokrates“*, zitiert Steinbach drastisch, *„berichtet uns Xenophon eine Äußerung des Weltweisen, dass in Athen der Verkauf der Wissenschaft als ebenso schändlich gelte, wie der Verkauf der Liebe. Die Verkäufer der Liebe nennt man Huren,die der Wissenschaft Sophisten.“* [8]

Die Bezüge ehrbarer Wissenschafter seien eben deshalb kein Lohn, sondern ein Beitrag zum Lebensunterhalt. Aus dem selben Grund widerstreitet auch die Geschenkannahme durch Beamte, Professoren, und Offiziere den *guten Sitten.* Auch ein Vertrag mit Journalisten, welcher diese zu bezahltem Lob oder Schweigen verpflichtet, sei *sittenwidrig*. Andererseits schützten Patent- und Urheberrecht nur die gewerbliche Verwertung einer Erfindung, der geistige Inhalt sei als Ausfluss einer beruflichen Tätigkeit ungeschützt zugänglich.

Im selben Zusammenhang sei die Schweigepflicht bei Beamten und freien Berufen,“ *aber auch bei Angestellten und Arbeitern,“* zu sehen, sie existieren,*„mit Rücksicht auf das diesen Stellungen innewohnende berufliche Element“* [9] Der Egoismus der staatlichen Gesamtheit verbiete es, dieses Wissen dem Konkurrenzkampf des Erwerbstriebes zu überlassen. Eine Verletzung der Berufspflichten richte sich zudem gegen die Interessen und damit den Gruppenegoismus sämtlicher Mitglieder des betroffenen Berufsstandes.

Tendenzen zur Durchsetzung eines Kollektivegoismus seien, beobachtet Steinbach, mittlerweile überall zu sehen. Habe in der ersten Hälfte des verflossenen Jahrhunderts der Liberalismus das Geschehen bestimmt, so trete jetzt mehr und mehr eine umgekehrte Tendenz ein. *„Der Druck des autoritativen und korporativen Prinzips in Staat und Kirche“, schreibt Jhering, „hat seinerzeit die Reakti-*

---

[7] Steinbach: Moral, S. 47.

[8] Steinbach: Moral, S. 55.

[9] Steinbach: Moral, S. 68.

on des Individualismus hervorgerufen, gleichmäßig im Leben, wie in der Wissenschaft ... so ist er auch wieder der Einseitigkeit verfallen, um sodann abermals eine neue zu erzeugen.“ [10]

Die neuen Gemeinschaften betätigten ihrerseits wieder einen kräftigen Egoismus, und finden den Einzelegoismus eines Mitglieds, wie z.B. Lohndrückerei und Streikbrecherei beim Arbeiter oder Grundverkauf an ein Nichtmitglied bei einer Genossenschaft, als gegen die guten Sitten der Gruppe verstoßend. Unlauteres Handeln im Interesse der Gemeinschaft nach außen, *der dolus bonus* des römischen Rechtsgelehrten Ulpian (170-228), werde hingegen nicht getadelt. So auch bei den Staaten, wo die Grundsätze des Völkerrechtes wenig auszurichten vermögen. *„Der Mann ist zu jeder Schlechtigkeit fähig, vorausgesetzt, dass er nichts davon hat,“* könnte man von einem solchen Politiker, der gegenüber Gegnern seines Landes oder seiner Partei nicht zimperlich ist, scherzhaft sagen.

Diese Gruppen, mit ihrem eigenen Bewusstsein und ihrem Egoismus, sind für Steinbach, wobei er den neurophysiologischen Psychologen Adolf Horwicz (1831-1894) zitiert, keine zufällige Ansammlung von Atomen, sondern eigenständige Lebewesen. Ihr Verhalten erklärt sich dadurch, "... *dass der Mensch sich dazu bestimmt fühlt, für sein Handeln verschiedene sittliche und rechtliche Maßstäbe gelten zu lassen, je nachdem er als Einzelner, also aus rein egoistischen Motiven, oder als Teil eines Organismus, also im Interesse dieses letzteren handelt.* Mit Recht habe schon Aristoteles gesagt, *„dass der Staat ein Erzeugnis der Natur, ein lebendes Wesen, ein Zoon sei, das nach derselben Methode untersucht werden müsse, wie alle belebten Wesen, nämlich durch experimentelle Analyse ... “* [11] Und so zeige sich, *„dass wir den Menschen in seiner Geschichte stets nur in Vereinigungen, in gesellschaftlichen Zuständen auftreten sehen... ob es sich um eine uralte Standesorganisation oder um einen modernen Gewerkverein, ob es sich um eine vor Jahrhunderten entstandene Montangewerkschaft oder um eine Aktiengesellschaft neuesten Datums handelt. Immer gelten für das Verhältnis der Mitglieder untereinander andere Rechtsgrundsätze als nach außen, immer erscheint das Handeln der Mitglieder gegen die Gesellschaftszwecke vom Standpunkte der Gesamtheit als gegen die guten Sitten verstoßend und u.U. auch widerrechtlich.“* [12]

Die Frage nach dem Ursprung der egoistischen Triebe des Menschen einerseits und der sozialen andererseits will Steinbach nicht untersuchen. Für seinen Zweck genügt es ihm, ihr Vorhandensein zu konstatieren. Der Jurisprudenz und der Nationalökonomie wirft er vor, sich ganz den egoistischen Trieben der Menschen zu widmen und die sozialen Triebe außer Acht zu lassen.

---

[10] **Jhering**, Rudolf v.: Der **Zweck** im Recht. 1877-1883., Bd. 2, S. 169.

[11] Steinbach: Moral, S. 94.

[12] Steinbach: Moral, S. 95ff.

Wie soll es aber mit den Arbeitern weitergehen? *„Auf allen Gebieten der gewerblichen Produktion,“*, releviert Steinbach, *„sowie beim Bergbau und beim Handel,und zwar ebensowohl in den Kreisen der Unternehmer als auch der Hilfsarbeiter, zeigt sich zunächst das Streben nach Bildung genossenschaftlicher Organisationen, von Majoritätsverbänden, welche in Folge der einander widersprechenden Interessen dieser beiden Kreise mit einander in hartem Kampfe begriffen sind und häufig genug schon von vorneherein eben zum Zwecke dieses Kampfes gegründet werden.* [13]

Nun begründet aber, wie Steinbach den Kathedersozialisten und Mitbegründer des Vereins für Socialpolitik Lujo von Brentano (1844-1931) zitiert, [14] der Arbeitsvertrag nie bloß ein Mietverhältnis über die Arbeitskraft, sondern notwendig gleichzeitig ein Herrschaftsverhältnis über die Person des Arbeiters. Hier anknüpfend verweist Steinbach auf die deutsche und österreichische Gewerbeordnung und das deutsche Arbeiterschutzgesetz vom 1. Juni 1891 und die aufgrund des letzteren zu erlassenden Arbeitsordnungen, die keine Vereinbarung, sondern ein Gesetz in materiellem Sinne seien. Es handle sich aber bei diesem neuen Gewaltverhältnis um kein patriarchalisches, sondern ein modernes, nämlich das Beamtenverhältnis, welches schon bei den großen Organisationen vorkomme, aber auch auf den eigentlichen Arbeiterstand übertragen werden könne.

Bei einer solchen Organisation, einer großen Fabrik zum Beispiel, in der die Arbeiter mit sozialen Rechten und Sicherheiten ausgestattet seien, handle es sich um einen modernen Herrschaftsverband, wobei noch umstritten sei, welchen Einfluss der Staat dabei einnehmen solle.Steinbach kann sich vorstellen, *„dass derartige Herrschaftsverbände in größerem Maßstabe von genossenschaftlichen Unternehmerverbänden für die Gesamtheit der von ihnen umfassten gleichartigen Unternehmungen organisiert werden.“* [15]

Man könnte aber auch umgekehrt an freie Berufsverbände der Arbeiter, also Gewerkschaften, eventuell auch der Unternehmer denken. *„Die Rechtsform des Arbeitsverhältnisses bleibt der Vertrag. Aber die Vertragsbedingungen werden“* von Verband zu Verband *„vereinbart“*. Dem seien aber die Unternehmer und mit ihnen der Staat des Öfteren abgeneigt, auch deshalb, weil dann an die Stelle lokal begrenzter Lohnkämpfe, große, flächenbrandartige Lohnkämpfe treten könnten.

Steinbach kommt dann auf die Beliebtheit des Beamtenstandes zurück, die mit der relativen Sicherheit der Arbeitsplätze zusammenhänge. Es handle sich, im Gegensatz zu den Hörigkeitsverhältnissen, um einen Herrschaftsverband mit genau festgelegten Rechten und Pflichten.

---

13 Steinbach: Verbände, S. 25.

14 Brentano, Lujo v.: *„Arbeitseinstellungen und Fortbildung des Arbeitsvertrages“*. In: *Schriften des Vereins für Socialpolitik, Bd. 45, S. 19.*(Bd 1, § 58)

15 Steinbach: Verbände, S. 38.

Würde man bei Arbeitern ähnlich vorgehen wollen, so müsse man, wie der Berliner Verwaltungsrechtler Konrad Bornhak (1861-1944) ausführt,[16] zunächst solche Arbeiter wie Werkmeister und Betriebsleiter als Beamten annehmen, und dies schließlich auf alle Arbeiter bis auf vorübergehende Arbeitsverhältnisse und Lehrlinge ausdehnen. Dabei müsse, analog zu den Beamten, auch das Kündigungsrecht des Unternehmers wegfallen. Ausnahmen solle es nur bei Einschränkung des Betriebs oder schwerer Verfehlung geben.

Dem Arbeiter müsse dagegen die Kündigung jederzeit freistehen. Es müsse auch eine allgemeine Kranken- Alters- und Invaliditätsversicherung vorhanden sein. Steinbach zweifelt an der Durchführbarkeit dieser Vorschläge Bornhaks, vor allem, weil die Entlassung durch Verschlechterung der Konjunktur ja weiterhin erhalten bliebe. In Frage kämen also nur besonders sichere Betriebe oder eine Vereinigung zahlreicher Betriebe zu einer Genossenschaft, einem Kartell. Die Löhne wären nicht nur nach der Arbeitsleistung, sondern auch nach dem Dienstalter zu bemessen, es müsse ebenfalls fixe Rang- und Bezugsklassen und Hierarchien geschaffen werden. Die Bezüge müssten zur standesmäßigen Existenz ausreichen und in derselben Bezugsklasse unveränderlich sein. Stücklohn käme nicht in Frage. Beteiligung am Reingewinn wäre machbar, die Arbeitslosenversicherung würde unbedeutend, Arbeitskämpfe würden wegfallen.

Nun gehört es zu den Gesetzmäßigkeiten des Konkurrenzkapitalismus, dass sich, um den Unannehmlichkeiten des freien Wettbewerbes zu entgehen, nicht nur die Arbeiter, sondern auch die Unternehmer ihrerseits zu Privatmonopolen zusammenschließen.

Im April 1902 veröffentlichte Steinbach in der amerikanischen Monatsschrift *„The international Monthly“* einen Artikel über dieses Thema mit dem Titel *„Government Control of Trusts,"*am 17. Dezember 1902 hielt er darüber einen Vortrag in der Wiener Juristischen Gesellschaft.

In Amerika, so führte er aus, gab für die Trusts der 1882 entstandene Standard Oil Trust das Vorbild. Die zu vereinigenden Unternehmer übertragen ihre Aktien einer gewissen Anzahl von Trustees, *„denen sie auf diese Weise die unwiderrufliche Berechtigung erteilen, für diese Geschäftsanteile nach ihrem Belieben das Stimmrecht auszuüben. An Stelle dieser ihnen übertragenen Anteile händigen die Trustees den Teilhabern Trustzertifikate aus, auf welche die Dividenden verteilt werden.“*

Diese Konstruktion begegnete jedoch offener Feindschaft in der öffentlichen Meinung. Nachdem einer von diesen Trusts im Jahr 1890 per Gerichtsbeschluss aufgehoben wurde, mussten die Trusts in große, selbständige Korporationen um-

[16] in den Annalen des Deutschen Reiches, 1890, S. 656 ff.

gewandelt werden, an die Stelle der Gesellschaft trat eine einheitliche juristische Person.

In Kontinentaleuropa gab es zur Zeit dieses Vortrages noch keine Entwicklung zu solchen Trusts hin, was nach Ansicht Steinbachs mit der strengeren Aktiengesetzgebung in Europa, auch mit der verschiedenen Besteuerung der Gesellschaften zusammenhing.

In Amerika zeigten sich zwei Gruppen von Übelständen, die *„teils aus dem Wesen der großen Aktiengesellschaften und ihrer Gründung entspringen"*, andererseits *aus der Art und Weise des Geschäftsbetriebes ... und zwar aus der monopolistischen Tendenz derselben ...* ".

Für erstere Übelstände ein Beispiel das *stock watering,* worunter man das Aufblähen der Werte der eingebrachten Gesellschaften in der Bilanz der zu gründenden Gesellschaft verstehe. Als Mittel gegen solche Missstände bezeichnet Steinbach vornehmlich die Herstellung einer qualifizierten Öffentlichkeit, was aber keine wirkliche Abhilfe bringe. „*Die gewöhnliche Form der Aktie bringt es eben mit sich, dass durch dieselbe der Zusammenhang zwischen dem Unternehmen und den jeweiligen Besitzern desselben, den Aktionären, erheblich gelockert wird. Aktionäre, welche ihre Anteile zum Zwecke des Wiederverkaufes erwerben, kümmern sich überhaupt nur um den Börsenkurs derselben und gar nicht um das Unternehmen selbst; aber auch solche Aktionäre, welche durch den Ankauf von Aktien eine fruchtbringende Anlage ihres Vermögens bezwecken, sind, so lange ihre Dividenden konstant bleiben oder gar steigen, sehr wenig geneigt, sich um die Vorgänge bei der Verwaltung des Unternehmens oder um die Art der Entstehung der Dividenden zu kümmern und werden oft misstrauisch und schwierig, wenn die Erträgnisse und mit diesen der Börsenkurs rasch fallen, wenn es also regelmäßig zu spät und das Unglück bereits geschehen ist*[17]

Die durch die Vereinbarung der Unternehmer, den freien Wettbewerb untereinander auszuschließen, verursachte Befürchtung, dass die Kartelle die freie Preisbewegung nach unten stören würden, war es, welche die Konsumenten nach dem Staat rufen ließen. Sie verlangten Publikationszwang, Überwachung der Gebarung, Ungültigerklärung solcher Vereinbarungen und Bestrafung der Teilnehmer. Wenn sich nun die Teilnehmer zu einer Firma zusammenschließen, kann sich die Staatsintervention nicht mehr gegen die Form, sondern nur gegen den Inhalt, *die der Gesamtheit nachteilige Art der geschäftlichen Gebarung und deren Zweck* richten.[18]

Welche Mittel gäbe es, die Monopolgewinne zu bekämpfen? Eine allgemeine Zollsenkung würde auch die unbeteiligten Unternehmer in Schwierigkeiten bringen, sie wäre bei internationalen Monopolen wirkungslos, inländische Arbeitneh-

---

[17] Steinbach: Privatmonopole, S. 13.

[18] Steinbach: Privatmonopole, S. 16.

mer würden ihre Arbeitsplätze verlieren, bei Finanzzöllen schlägt auch noch der Verlust für den Ärar zu Buche, schließlich hätten die Kartelle auch gute Seiten, die dann wegfielen.

Ein anderes Mittel ist der Publizitätszwang, zu dessen Wahrnehmung ein eigenes Organ geschaffen werden müsste. Steinbach ist da, im Hinblick auf die amerikanische Entwicklung – Kartelle verwandeln sich in unangreifbare Einzelfirmen – skeptisch. Man müsste also überhaupt ein Organ schaffen, das monopolistische Ausbeutung bekämpft.

Franz Klein habe zu den Missständen durch Kartelle gesagt: *„Fast ausschließlich lassen sie sich in die bekannten großen Unrechtskategorien des Zwanges, der Vergewaltigung der wirtschaftlich Schwächeren, der Ausbeutung, des Wuchers einreihen, oder sie zeigen wenigstens mit diesen Unrechtsformen eine auffallende Familienähnlichkeit."* Klein fordert daher eine Unterstellung der Kartelle unter das allgemeine Zivilrecht. Steinbach ist ganz seiner Meinung. *„In der Tat, es könnte nicht gebilligt werden, wollte man Unternehmungen, welche durch monopolistische Tendenzen die Staatsbürger ausbeuten, nach anderen Rechtsgrundsätzen behandeln, als solche, welchen eine andere Art der Ausbeutung mit Grund vorgeworfen wird."* [19]

Klein fordert eine objektive Preisprüfung durch eine gemischte Kommission, auf Antrag von Gemeinden, Produktionsgenossenschaften oder Interessenverbänden höherer Ordnung. Exekutionskraft soll der Spruch der Kommission nicht haben, womit Steinbach nicht einverstanden ist. Steinbach scheint es jedoch maßgeblich, dass auch Klein die üblichen Mittel des Zivilrechts, wie Klage geschädigter Konsumenten mit Anfechtung des Kartellvertrages, nicht angewendet sehen will.

„Gefahren von so außerordentlicher Bedeutung und so großem Umfange kann der Staat, wenn er die Kraft dazu in sich fühlt, nur auf direktem Wege und unmittelbar bekämpfen; im anderen Falle tut er besser, den Kampf gänzlich zu unterlassen und mögliche Abhilfe von der Zeit oder einer Änderung der Verhältnisse zu erwarten, denn die üblen Folgen indirekter und halber Maßregeln treffen stets ihn selbst und sein Ansehen." [20]

Er spricht sich für eine Art Kartellaufsichtsbehörde aus, die unmittelbar in die Gebarung der großen Unternehmen eingreifen kann, etwa von der Art der Bankenaufsicht. Eine Verstaatlichung solcher Kartelle hält er angesichts der so rasch anwachsenden Aufgaben des Staates und der großen Schwierigkeit, entsprechende Staatsorgane zu gewinnen, für untunlich.

Staatsorgane, die für die Monopolaufsicht in Frage kommen, sollten ausreichend sachkundig und möglichst unabhängig sein und dem politischen Partei-

---

[19] Steinbach: Privatmonopole, S. 34f.

[20] Steinbach: Privatmonopole, S. 37f.

engetriebe ferne stehen. Es sollte sich auch nicht um die Spitzen der jeweiligen Verwaltung handeln, denn: „*In rein parlamentarisch regierten Staaten kommt den Ministern in der Hauptsache nur die Stellung eines Verwaltungsausschusses der regierenden Majorität zu.*“ [21] Es müsste also die Analogie mit einem hohen Gerichtshof gegeben sein.

Zu einer ähnlichen Lösung kommt Steinbach bei der Frage der Aufsicht über Aktiengesellschaften, bei denen es immer wieder zu größeren Übelständen kommt, ohne dass diese durch die Aufsichtsorgane verhindert werden konnten.

Steinbach meint, hier „*wäre die Folgerung nur natürlich, dass wenn man der Vorteile einer gewissen Organisationsform sich erfreuen wolle, man auch die mit dieser Form verbundenen Nachteile mit in den Kauf nehmen müsse, dass eines ohne das andere nicht zu haben sei und dass man eben überlegen müsse, ob die Vorteile einer Institution groß genug seien, um die untrennbar damit verknüpften Nachteile zu ertragen Zu einer solchen Auffassung können wir uns aber freilich nur sehr schwer entschließen. Wenn die Übelstände sich fühlbar machen, sind wir nur allzusehr geneigt, die längst in unseren Besitzstand übergegangenen Vorteile nicht mehr in Betracht zu ziehen und bei unserem eingewurzelten Glauben an die Allmacht der Gesetzgebung der im Grunde betrachtet nichts ist, als der für uns sehr schmeichelhafte Glaube an unsere eigene Allmacht, erwarten wir dann durchgreifende Abhilfe für unheilbare, aus der Natur der Sache entspringende Mängel von einer Änderung des Gesetzes.*“

Natürlich denke niemand im Ernst an die Abschaffung der Kapitalgesellschaften. „*Aber die Vereinigung sehr großer, zahlreichen verschiedenen Personen gehöriger Kapitalien zu einem gemeinschaftlichen Unternehmen unter gleichzeitiger Beschränkung der Verantwortlichkeit und Haftbarkeit der Teilnehmer und die ... Notwendigkeit, die Besorgung der Geschäfte ... Personen übertragen zu müssen, welche an dem positiven oder negativen Resultate derselben nur in verhältnismäßig geringem Grade ... beteiligt sind,* konnte *selbstverständlich nicht ohne weittragende Folgen bleiben.*“

Steinbach zitiert, was Gustav von Schmoller in seinem „*Grundriss der allgemeinen Volkswirtschaftslehre*“ (I S. 443) über die Organe der Kapitalgesellschaften (Vorstand, Aufsichtsrat) ausführt: „*Sie und die wachsende Zahl der Beamten müssen fähig sein, gute Geschäfte, technische Fortschritte, organisatorische und kaufmännische Verbesserungen durchzuführen und doch zugleich sich als Verwalter fremden Vermögens, wie der Rechtsanwalt, der Vormund, der Konkursverwalter, der Staatsbeamte zu fühlen. Es handelt sich um das sittliche und pädagogische Problem, ob es möglich sei, Leute zu finden und zu erziehen, welche Ehrlichkeit und Uneigennützigkeit mit Energie, Geschäftsklugheit, Organisations- und*

---

[21] Steinbach: Privatmonopole, S. 42.

Spekulationstalent zu verbinden.“ Am wenigsten, schreibt Steinbach, finden sich daher solche Mängel bei den *„Familienaktiengesellschaften … also bei Unternehmungen, deren Aktien … in betreff ihrer Übertragbarkeit den verschiedenartigsten Beschränkungen unterworfen sind, und zu deren Leitung regelmäßig ein geschäftserfahrenes Familienmitglied berufen ist, welches selbst einen großen Teil der … Aktien besitzt.“*

Aus derartigen, aus der Natur der Sache entspringenden Mängeln vermag *„auch die weitgehendste und schärfste Aufsicht der Staatsgewalt eine ausreichende Abhilfe nicht zu gewähren …, denn auch eine solche Aufsicht muss sich stets auf die Beobachtung des Gesetzes und auf die Wahrung öffentlicher Interessen beschränken, kann keinesfalls aber die Treue und Geschäftskunde der zur Verwaltung … berufenen Personen oder die Aufmerksamkeit der zur Überwachung bestellten … Mitglieder ersetzen.“*

Wahrscheinlich werde man auf den verschiedensten Gebieten zu verschiedenen Aufsichtsformen gelangen müssen, wie bei Privatbahnen, privaten Versicherungsanstalten nun auch bei Kartellen. Für solche Organisationen müssten auch die geeigneten Persönlichkeiten herangezogen werden, welche *über jenes Maß von fachlichem Wissen und praktischer Erfahrung verfügen, welches allein ihnen die ausreichende Erfüllung ihrer schwierigen Aufgabe ermöglicht. Die Organisation des Gewerbeinspektorates in den verschiedenen Staaten kann in dieser Hinsicht als typisches Muster angeführt werden. Im Zusammenhange damit steht natürlich das Aufhören des bisher vielfach festgehaltenen Grundsatzes einer möglichst einheitlichen, regelmäßig ganz juristischen Ausbildung der staatlichen Verwaltungsbeamten und die Heranziehung der verschiedensten technisch und wirtschaftlich ausgebildeten Kräfte zu den einzelnen Verwaltungsaufgaben.“*

Wenn nun, wie oben ausgeführt, eine Kartellbehörde geschaffen wird, um die öffentlichen Interessen zu vertreten, müsse man auch untersuchen, ob eine solche Behörde *„nicht auch bei Wahrung gesetzlich berechtigter Privatinteressen in bestimmten Fällen hilfreiche Hand bieten könnte.“* Generalversammlung wie Aufsichtsrat vermögen die ihnen zugewiesenen Aufgaben nicht zu erfüllen. Beim Aufsichtsrat müsse man der deutschen Gesetzgebung vorwerfen, dass sie *„vielfach den Glauben an das Vorhandensein einer vollkommen ausreichenden Kontrolle hervorgerufen habe, worauf dann schwere Enttäuschungen erfolgt seien. … Vor allem würde nämlich eine solche Detailkontrolle … einen ständigen Organismus fachlich gebildeter Männer erfordern, der unausgesetzt in Tätigkeit wäre. Dazu genügt nicht eine Intervention anderweitig ihre Hauptbeschäftigung suchender, in manchen Fällen auch auf eine ständige Arbeitsleistung gar nicht angewiesener und nach einer solchen auch gar nicht begierigen Personen, welche vielleicht nicht einmal genügende Kenntnisse für das übernommene Amt besitzen.“* Schließlich sei die Kontrolle nicht *„Erwerbstätigkeit“* in seinem, Steinbachs, Sinne. „*Sie ist ihrer Natur nach eine gleichmäßige und ständige Berufstätigkeit, erfordert in erster Linie nicht Initiative und Raschheit des Entschlusses, sondern vielmehr große Aufmerksamkeit, Genauigkeit und Fleiß. Es ist an sich schon nicht zweckdienlich, dass die zur Kontrollierung eines Unternehmens berufenen Organe das Entgelt für ihre Tätigkeit von diesem Unternehmen selbst erhalten, zumal aus einem solchen Verhältnisse stets eine gewisse Abhängigkeit entspringt. Am allerseltsamsten*" sei es aber, wenn die Aufsichtsratsvergütung die Form einer gewinnabhängigen Tantieme habe. „*Dadurch wird auf eine minder rigorose Kontrolle beinahe eine Prämie gesetzt.*" Ein gewisser Riesser „*möchte ... die Revisionstätigkeit, also die Hauptkontrolle, einem berufsmäßig organisierten Beamtentum anvertraut sehen, in ähnlicher Weise, wie dies durch die Bildung von Revisionsverbänden für die Erwerbs- und Wirtschaftsgenossenschaften angestrebt wird.*" Noch besser wäre es, „*wenn die Revisoren von dem ihrer Kontrolle unterstehenden Institute eine unmittelbare, direkte Entlohnung für ihre Tätigkeit gar nicht beziehen würden, sondern einer größeren, organisierten Beamtenhierarchie angehörend, in ihrem ständigen gleichbleibenden, von ihrer jeweiligen Beschäftigung ganz unabhängigen Gehalte das einzige Entgelt für ihre Tätigkeit zu erblicken hätten. Diese Erwägung legt aber den weiteren Gedanken nahe, ob es nicht am zweckmäßigsten wäre, wenn man die Revisionstätigkeit unmittelbar dem Staate übertrüge, welcher zur Schaffung einer verlässlichen Beamtenorganisation zu Kontrollzwecken, deren Mitglieder auch über die nötige Sachkunde verfügen müssten, gewiss am geeignetsten wäre, und sich die ihm erwachsenen Auslagen seitens der einzelnen Institute durch Pauschalgebühren vergüten lassen könnte. ... Noch wichtiger aber wäre der Bestand einer solchen Behörde selbstverständlich für die Wahrung öffentlicher Interessen. Namentlich in der Kartellfrage ... Die Erfahrungen in den Vereinigten Staaten ... zeigen deutlich, dass die den ordentlichen Gerichten zu Gebote stehenden Mittel und das gewöhnliche Zivil- und Strafverfahren nicht ausreichen ... Das kann nur eine von den politischen Parteien und ihren Interessen völlig unabhängige Regierung, oder wenn eine solche, wie in konstitutionell regierten Staaten ... nicht vorhanden ist, eine von Parteieneinflüssen unabhängige hohe Behörde, also ein stets von Amtswegen vorgehender, mit allen Mitteln freiester Initiative ausgerüsteter, zur Ergreifung aller ihm geboten erscheinender Maßregeln berechtigter hoher Gerichtshof. Von der gewöhnlichen Bedeutung des Wortes „Gerichtshof" muss man hierbei vollständig abstrahieren,* so „dürfte ein solches Organ auch nicht durch Parteienanträge gehemmt sein.

Ende und Erinnerung

Am 28. August 1904, stieg Steinbach, als Nachfolger Karl Habietineks, zum Präsidenten des Obersten Gerichtshofes auf. Habietinek war Justizminister im so kühnen Kabinett Hohenwart-Schäffle gewesen und hatte später als Vizepräsident des Reichsgerichtes und Präsident des Obersten Gerichtshofes gedient. Als erster nationalbewusster Tscheche in einem Wiener Ministerium war er angefeindet und wegen seines unaussprechlichen Namens verlacht worden. Er sei aber ein ganz harmloser Herr gewesen, wie der *„Pester Lloyd"* meinte, der nur seinem Ressort lebte und sich jeder politischen Stellungnahme enthielt. [1]

Im Vortrag an den Kaiser betreffend die Ernennung Steinbachs schrieb der damals mit der Funktion des Justizministers betraute Ministerpräsident Ernest Koerber, der wissenschaftliche Ruf Steinbachs und seine überlegene Stellung in der Gelehrtenwelt würden der Rechtsprechung des Obersten Gerichtshofes unter seiner Leitung neuen Glanz und neue Bedeutung sichern. [2]

Die *Arbeiter-Zeitung* sprach über Habietineks Amtsführung ein geradezu vernichtendes Urteil aus: In seine Präsidentschaft sei der Zeitpunkt des größten Niederganges des Obersten Gerichtshofes gefallen, er habe es nicht verstanden, die verderblichen politischen Einflüsse auf diesen zu verdrängen. Von Steinbach, dessen Bedeutung keineswegs verkannt wird, sagt das Blatt: *„Aber so wertvoll und verdienstlich sein Krieg gegen den Manchesterliberalismus gewesen, sein eigentümlicher bürokratischer Sozialismus war doch im Grunde nie viel anderes als ... der Neid des Kleinbürgers, den der Pfaffe einsegnet."* In seiner Wirksamkeit als oberster Richter habe er seine reaktionären und insbesondere seine klerikalen Neigungen wiederholt in geradezu empörender Weise zur Geltung gebracht. Zu einem Richter sei er seiner Subjektivität wegen am wenigsten geeignet. Der böse Einfluss, den der Oberste Gerichtshof auf das Rechtsleben nehme, werde durch ihn eher noch stärker empfunden werden.

Die bürgerlich-liberale *„Neue Freie Presse"* hatte indes ein weitaus freundlicheres Bild des Höchstrichters. Sie [3] schrieb zur Ernennung Steinbachs in einer

---

[1] *Pester Lloyd,* Nr. 211 v. 30.8.1904

[2] Spitzmüller: Emil Steinbach.

[3] Es handelte sich beim Autor offenbar um Egon Zweig, der diesen Aufsatz in erweiterter Form in seinen *„Studien und Kritiken"* veröffentlichte.

Vorausschau am 27. August, dem Österreicher werde selten die Freude zuteil, den rechten Mann an der rechten Stelle zu sehen. Umso herzlicher und freudiger werde der Oberste Gerichtshof den neuen Leiter als wahrhaft Berufenen willkommen heißen. Sein Name bedeute Programm, welches der Institution neue, zukunftsreiche Bahnen weise. Der weiten Öffentlichkeit habe es Steinbach nicht leicht gemacht, ein zutreffendes Bild seines Wissens und Könnens zu gewinnen, dazu sei seine Natur zu komplex, sein Talent nicht glänzend genug gewesen. Auf sein Konto habe man die politische und soziale Unbegreiflichkeit gesetzt, mit der das Ministerium, dessen stärkste geistige Potenz er gewesen sei, sich den Abgang bereitet habe. Seither habe dieses Talent zu seinem eigenen Glück und zur Freude seiner Freunde den Weg zurückgefunden zu sich selbst. Rechtsverstand sei der entscheidende Zug in der geistigen Physiognomie des Mannes, der nie vergessen habe, dass das Leben dem Recht diene. Früh habe er den Zusammenhang zwischen Recht und Ökonomie erkannt. Auch verfüge er über die abwägende Besonnenheit des geborenen Richters. Die Behauptung, er sei Staatssozialist, sei nicht mehr als eine lahme Rezensentenphrase. Er sei aber geneigt, dem Staat eine entscheidende Rolle zuzuweisen in der Ausgleichung der Gegensätze und Missstände, welche die heutige Güterbewegung und Wirtschaftsordnung im Gefolge habe. Auch habe er mit dem Staatsbeamtentum den Stand idealisiert, dem er selber angehörte. Für den Obersten Gerichtshof sei von kaum abzuschätzender Tragweite, dass Steinbach die höchste Meinung von seinem Amt mitbringe, schreibe er doch dem Richter die Sendung zu, dort das entscheidende Wort zu sprechen, wo der Egoismus des Einzelnen auf den Egoismus der Gesamtheit treffe. Er habe eine freiere Stellung des Richters gegenüber dem Gesetz und eine schöpferische Weiterbildung des Rechtes durch die Judikatur gefordert, worin eine gewisse Gefährlichkeit liege.

Der *Pester Lloyd* schrieb aus Anlass von Steinbachs Ernennung, er sei weit mehr Sozialpolitiker als Politiker und mehr Jurist als Sozialpolitiker. Mit Anton Menger, Unger und Klein zähle er zu den stärksten juristischen Köpfen und tiefsten juristischen Denkern, über die Österreich verfüge. Seine große politische Tat sei die Wahlrechtsvorlage gewesen, welche die *„Koalition der staatserhaltenden Parteien zur Wahrung ihres politischen Besitzstandes"* zur Folge gehabt habe. Ministerpräsident Taaffe sei darauf in Ungnade und Vergessenheit gefallen, Steinbach habe sich als eine der ersten Zierden der österreichischen Bürokratie erhalten können. Nicht zu erwähnen vergisst das ungarische Blatt, dass Steinbach gemeinsam mit Wekerle die große Währungsreform in die Wege geleitet hat.[4]

Das *Neue Wiener Tagblatt* nannte ihn einen autoritär-konservativen Sozialisten, einen Staatsmann, der die bewährte Sitte, die höchsten Richter aus den höchs-

4 *Pester Lloyd,* Nr. 211 v. 30.8.1904

ten Verwaltungsbeamten hervorgehen zu lassen, zu neuen Ehren bringe und daher dem Obersten Gerichtshof der würdige Nachfolger Schmerlings und Stremayrs sein werde. [5]

Die *„Zeit"* : *„Er war politisch ein Konservativer mit stark klerikalem Einschlag, und wirtschaftlich stand er den Kathedersozialisten am nächsten."* [6]

„Das interessante Blatt" schrieb, das juristische Programm Steinbachs sei oft umstritten worden, aber seine Bedeutung als Kenner der Gesetze, als juridischer Pfadfinder und als Gelehrter sei von Freund und Feind stets willig anerkannt worden. [7]

Ein böhmisches alldeutsches Blättchen schrieb, Steinbach sei zwar ein geborener Deutscher, aber wie es mit seiner politischen Gesinnung bestellt sei, erhelle am besten daraus, dass die tschechischen Blätter seine Ernennung freudig begrüßten, und ihn sogar als bewährten Vertrauensmann und Berater der Tschechen bezeichne. Man bedanke sich schönstens für einen solchen Deutschen. [8]

Ein gleich gesinntes Klagenfurter Blättchen hebt hervor, dass Steinbach sowohl von den Tschechen als auch von der *Neuen Freien Presse* und der *Arbeiter-Zeitung* gelobt werde. *„Woher mag diese Übereinstimmung kommen? Dr. Steinbach ist Judenstämmling. Wäre er Christ und noch weitaus bedeutender, als er tatsächlich sein mag, dann gäbe es ein Geschrei über den Reaktionär und Pfaffenfreund."* [9]

Es gibt indes einigen Anlass zu der Vermutung, dass Steinbach seine neue Funktion nicht mehr wirklich ausüben konnte, was wohl auch der Grund war, dass die Hoffnungen auf eine Reform des Obersten Gerichtshofes, die sich an seine Person geknüpft hatten, nicht in Erfüllung gingen.

Schon im Jahre 1903 zeigten sich, wie König schreibt, die ersten Anzeichen, dass selbst sein riesenhafter Körper den Zumutungen seinen Geistes nicht gewachsen war. Steinbach litt an einer Arteriosklerose, die zuerst 1895 in der Niere auftrat. [10] Sie wurde von den Ärzten mit den außerordentlichen Anstrengungen in Verbindung gesetzt, denen er seit so vielen Jahren ausgesetzt war.

Mitschuldig an seinem Leiden sei, so Schönborn, gewiss seine fanatisch zu nennende Arbeitsamkeit gewesen. Er habe sich keine Ruhe gegönnt, Essen und Trinken hätten sozusagen keine Rolle in seinem gewöhnlichen Leben gespielt. Er sei, zumal wenn er Vorlesungen an der Orientalischen Akademie zu halten hatte, oft bis spät am Nachmittag nüchtern geblieben. [11]

---

5 *Neues Wiener Tagblatt,* Nr. 241 v. 31.8.1904, S. 1f.
6 *Die Zeit,* 31.8.1904.
7 *Das interessante Blatt,* Nr. 36 v.1.9.1904.
8 *Abwehr* Warnsdorf 1.9.1904.
9 *Freie Stimmen,* Klagenfurt 1.9.1904.
10 s. *Neues Wiener Tagblatt* v. 27.5.1907-
11 Schönborn: Begegnungen. S. 284.

1903 erlitt er einen Schlaganfall, der ihn dazu zwang, sich monatelang den Amtsgeschäften fernzuhalten. So musste die Leitung der Plenarversammlung der Juristischen Gesellschaft am 25. November 1903 von ihrem Vizepräsidenten Dr. Klein eröffnet werden, der jedoch *„unter der lebhaften Zustimmung der Versammlung seine Freude darüber“* ausdrücken konnte, dass Präsident Dr. Steinbach von seiner Krankheit genesen sei. [12] Die Freude war wohl verfrüht. In den folgenden Jahren machte er noch drei weitere Schlaganfälle durch. Ohne dass die große Öffentlichkeit jedes Mal davon erfuhr, wiederholten sich partielle Lähmungen oder Anfälle von Bewusstlosigkeit und Ohnmachten häufig. [13]

Die Belastungen, die die Präsidialgeschäfte am Obersten Gerichtshof ihm auferlegten, nötigten ihn, am 11. Juni 1905 seine Stelle als Stellvertreter des Präsidenten am Reichsgericht niederzulegen. Der krankhafte Zustand machte sich auch darin geltend, dass Steinbach, der Einsilbige, in der letzten Zeit überaus gesprächig, sogar zänkisch wurde und selbst im Büro manches tat, was seine Umgebung nicht begriff.

In den letzten Monaten seines Lebens erschien Steinbach zwar wieder regelmäßig für ein paar Stunden im Amt, seine Geisteskräfte waren aber entschieden geschwächt. Für die Vergangenheit hatte er noch ein gutes Erinnerungsvermögen, aber für die neueren Ereignisse war sein Gedächtnis nur mehr wenig aufnahmefähig. Im Büro hat er denn auch in der Hauptsache nur mehr die notwendigen Unterschriften gegeben. Im Verkehr mit anderen Leuten zeigte er noch immer die alte Heiterkeit. Aber man konnte schon erkennen, dass er seine Tage selbst für gezählt hielt und er sah dem Tod mutig in die Augen. Als ihn ein befreundeter Herr fragte, was er denn für den heurigen Sommer vorhabe, antwortete er ganz unbefangen, er werde einen Ausflug machen. Und auf die Frage, wohin es denn gehen solle, gab er den Bescheid: Auf den Zentralfriedhof. [14]

Auch erschien er oft in der Ordinationsstunde bei seinem Arzt, ließ sich wiederholt mit den Sterbesakramenten versehen und noch wenige Wochen vor seinem Tod bat er in anscheinend gutem Zustand den Dr. Kauders zu sich, nur um ihn zu fragen, ob er nicht doch den Priester kommen lassen sollte. Der Arzt musste ihm versprechen, dass er selbst dies veranlassen werde, wenn es einmal notwendig werden sollte. [15]

Drei Wochen vor seinem Tode überreichte Steinbach sein Pensionierungsgesuch, angeblich entgegen dem Rat des Justizministers Franz Klein, der ihn bewegen wollte, im Amt zu bleiben. Das Gesuch ist bis zu seinem Tode unerledigt

---

[12] *Juristische Blätter* XXXII. Jg. Nr. 48 v. 29.11.1903, S. 567.

[13] Totenbeschauprotokoll 1907 St., Mikrofilm Nr. 797.

[14] *Vaterland,* 27.5.1907

[15] Montags-Revue 27.5.1907

geblieben. [16] Steinbachs Freund Jakob Herzog, Herausgeber der einflussreichen Wiener Wochenzeitung *„Montagsrevue“* schreibt, er habe das Ansuchen auf Andrängen ungeduldiger Nachfolgeanwärter und auf Verlangen seines Arztes abgegeben. Die dadurch hervorgerufene Gemütserschütterung habe jene Verschlechterung seines Zustandes hervorgerufen, welche zum letztlich letalen Schlaganfall führte. Daran, dass er, der Unermüdliche, nicht mehr arbeiten solle, sei er geistig gestorben, während die Arteriosklerose seinen Leib zerstörte. *„Als er nicht mehr lesen konnte, ließ er sich vorlesen; als er nicht mehr zu schreiben vermochte, diktierte er. Vor wenigen Wochen empfing ich die letzte Zeile von seiner Hand, einen Glückwunsch in einigen Worten, die er zitternd auf eine Visitkarte niederschrieb.... Vor etwa drei Wochen sprachen wir das letzte Mal miteinander, ich begleitete ihn auf seinem Heimweg vom Büro in seine Wohnung in der Hohenstaufengasse. Er redete von seinem nahen Ende und wollte ja nur kirchlich versehen in das Jenseits wandern, denn er war fromm, sehr fromm. Aber es flossen doch auch beißende Worte über die politische Situation von seinen Lippen, er war kein Freund der zahllosen Versprechungen, die hinterher unerfüllt blieben oder bleiben mussten.“* [17]

Am Donnerstag den 23. Mai brachte sein Hausarzt, Dr. Felix Kauders, Steinbach, der noch bei vollem Bewusstsein war, in das Purkersdorfer Sanatorium. Er freute sich über den Besuch seiner Angehörigen, seines Bruders Robert, seiner Frau und seines gleichnamigen Sohnes, damals als Einjährig-Freiwilliger eingerückt. Auch verbrachte er zwei Stunden in seinem Lehnstuhl im Freien.

An diesem Tag wurden auch die Wahlen zum Parlament des allgemeinen Wahlrechts abgeschlossen. Die Sozialdemokraten erhielten 1.040.100 Stimmen, die Christlichsozialen 562.869, die Klerikalen 433.825. Als die Ergebnisse bekannt wurden, erzählt König, sei Steinbach schon im beginnenden Todeskampf gelegen. Er, König, habe versucht, sein bereits stark gesunkenes Interesse an der Außenwelt zu wecken, indem er ihm die Wahlresultate ins Ohr schrie. Als er daran die nicht minder laut geschrieene Frage knüpfte, was man mit einem Parlament mit so vielen Sozialdemokraten mache, habe er ihm ein einziges wienerisches Wort ins Gesicht geschrieen: *„Zuspirrn.“* Dann habe er sich mit dem vollen Aufwand von Kraft mit dem Gesicht gegen die Wand geworfen und gesagt: *„Wirst sehen, Wilhelm, mir stirbt Österreich bald nach.“*

Seit Freitag war sein Wahrnehmungsvermögen eingeschränkt, Dr. Kauders ließ einen Priester rufen, länger als anderthalb Tage war der Kranke vom Bewusstsein völlig verlassen. Infolge seiner Bewusstlosigkeit gerieten Speisereste oder Schleim in die Luftröhre, was zu einer Lungenentzündung führte.

---

16 Svarovsky: Steinbach. 183 f.

17 Montags-Revue v. 27.5.1907.

Am 26. Mai morgens ließ der Kaiser Erkundigungen nach dem Befinden Steinbachs einziehen. Es konnte nur noch die Auskunft gegeben werden, dass die Auflösung unmittelbar bevorstehe. Um halb zwei Uhr verstarb er ohne eigentlichen Todeskampf. An seinem Sterbebett weilten sein Bruder, seine Schwägerin und Wilhelm König. Einer letztwilligen Anordnung zufolge wurde an der Bahre von Bezirksarzt Dr. Dubawy der Herzstich vorgenommen.

Das Totenbeschauprotokoll für Dr. Steinbach Emil, Exzellenz, Geheimer Rat, Herrenhausmitglied, 1. Präsident des Obersten Kassationshofes vermerkt als Sterbetag den 26. Mai 1907, als Sterbeort die Adresse Purkersdorf, Wienerstr. 82, als Todesursache Halbseitige Lähmung und Lungenödem. [18]

Die Leiche wurde am 27. Mai nach Wien gebracht und in der Wohnung des Verstorbenen, in seiner geliebten Bibliothek, aufgebahrt. Im Sinne seines Letzten Willens war alles ganz einfach und schlicht. Die Einrichtung der Bibliothek blieb unverändert. Der geschlossene Metallsarg stand auf einem mäßig hohen, schwarzen Katafalk. Oberhalb des Kopfes war in ihn eine Glasscheibe eingelassen, durch die man das Gesicht des Toten sehen konnte. Wenige Blattpflanzen schmückten das Trauergemach. Rechts und links vom Kopfende des Trauergerüstes waren auf roten Samtpolstern die Orden des Dahingeschiedenen ausgestellt.

Im Laufe des Vormittags wurde bereits eine Fülle herrlicher Blumengewinde zur Schmückung des Sarges im Trauerhaus abgegeben. Sie kamen von der Wiener Juristischen Gesellschaft, dem Finanzministerium, dem Justizministerium, dem Obersten Gerichtshof, der Luise Gräfin Taaffe, aber auch seinem Neffen Robert und seinen Betreuerinnen Marie und Pauline.

Um zehn Uhr vormittags fanden sich auf Einladung des Zweiten Präsidenten des Obersten Gerichtshofes, Dr. von Ruber, sämtliche Senatspräsidenten, Referenten und Sekretäre dieser Institution und der Generalprokuratur im großen Sitzungssaal zu einer Trauersitzung ein. Ruber sagte, dass das, was Emil Steinbach in seinem kurzen Leben geschaffen habe, der Geschichte angehöre, dass er seinen Namen groß gemacht habe als Rechtsgelehrter, als Gesetzgeber, als weitausblickender Staatsmann, als Sozialpolitiker. Schließlich las Ruber ein Kondolenzschreiben des Justizministers vor. [19]

Am Abend erhielt Steinbachs Bruder Robert das folgende Telegramm vom Generaladjutanten des Kaisers, Grafen Paar: *„Mit aufrichtigstem Bedauern vernahmen Se. Majestät das gestern erfolgte Ableben Sr. Exzellenz des Präsidenten des Obersten Gerichts- und Kassationshofes, Euer Hochwohlgeboren Bruders, und geruhen Allerhöchst demselben der vielfachen, von dem Dahingeschiedenen in dem aufopferndsten, pflichtgetreuen Tätigkeit gewidmeten Leben erworbenen*

---

[18] Mikrofilm 797, 1907 St.

[19] *Neues Wiener Tagblatt*, 27.5.1907.

Verdienste gedenkend Euer Hochwohlgeboren Allerhöchst deren wärmstes Beileid an diesem Verluste auszudrücken."

Justizminister Klein schrieb: *„Euer Hochwohlgeboren! Durch die Nachricht von dem Ableben Ihres unvergesslichen Bruders tief bewegt, bitte ich Euer Hochwohlgeboren, den Ausdruck meines innigsten Beileides und die Versicherung meiner aufrichtigsten Trauer entgegen zu nehmen. Mit besorgter Teilnahme bin ich den beängstigenden Nachrichten von der Erkrankung und dem Leiden Seiner Exzellenz gefolgt und ich bin nun, da wir vor der erschütternden Tatsache stehen, der Größe des Verlustes mir bewusst, den der Staat, das Justizwesen, die Rechtswissenschaft und die zahlreichen Freunde und Bewunderer des Dahingegangenen durch das Verlöschen dieses universell-bahnbrechend wirkenden Geistes erlitten haben. Ich fühle Ihren Schmerz und Ihre Trauer umso stärker mit, als ich in dem Verewigten, dem ich für Vieles unbegrenzte Dankbarkeit schulde, einen mit stets gütig gesinnten Freund und ein Vorbild unermüdlicher, regster geistiger Arbeit für Staat und Volk verehrte. Sein Gedächtnis wird nicht schwinden und die Lücke, die er zurücklässt, wird uns täglich von neuem lehren, welche gewaltige Kraft in ihm sich verkörpert hat."* [20]

Wie sehr, schreibt Richard Charmatz, der Monarch sich dem gedankenreichen, selbstlosen, reformfreudigen Ratgeber, der als schlichter Dr. Emil Steinbach starb, verbunden und verpflichtet fühlte, erwies der aufsehenerregende Umstand, daß er im Frühjahr 1907 an der Einsegnung seines vertrauten Beraters teilnahm. [21]

Sie fand am 28. Mai 1907 nachmittags in der Schottenkirche statt. Eine riesige Menschenmenge hielt den Platz vor dem Gebäude schon vor 2 Uhr besetzt und bildete bis auf die Freyung und durch die Herrengasse Spalier. Die Trauergäste fuhren vor halb drei bei der Kirche vor und füllten sie bis auf den letzten Platz. Der k.k. Ministerpräsident Max Vladimir Beck kam wie zwei seiner Vorgänger, Graf Thun-Hohenstein und Koerber, der ungarische Ministerpräsident Wekerle, die österreichischen Minister, der alte Rivale Ernst von Plener, nunmehr in seiner Funktion als Präsident des Obersten Rechnungshofes, alle erdenklichen Spitzen des Gerichtswesens und der Verwaltung, die Direktoren der Handelsakademie und der Orientalischen Akademie.

Nach dreiviertel drei fuhr, in offenem Leibwagen, der Kaiser, mit dem Generaladjutanten Grafen Paar, vor. In einer Hofequipage folgte der Flügeladjutant, Major von Spanyik. Der Schottenprälat Leopold Rost empfing mit dem Pfarrer Lambert Herz und der Stiftsgeistlichkeit den Kaiser und reichte ihm das Aspergile. Der Kaiser schritt sogleich auf Josefine Steinbach, ihren Gatten und ihren Sohn zu und drückte ihnen sein Beileid aus. In der Kirche saß der Kaiser auf der Evangelienseite, wo er in einem vorgerichteten Fauteuil Platz nahm. Gleich

---

20 *Fremdenblatt,* 28.5.1907.

21 Charmatz: Mann." *Die Presse,* 24.5.1959.

darauf wurde der mit vielen Kränzen geschmückte Sarg in die Kirche getragen und vor dem Hochaltar vor dem Presbyterium auf eine Bahre gestellt. Nun nahm Schottenprälat Rost mit zahlreicher Assistenz die Einsegnung vor. Die Zeremonie dauerte zwanzig Minuten. Dann wurde der Sarg mit der Leiche auf den Galawagen gehoben und zur Beisetzung auf den Zentralfriedhof gebracht. [22]

Beim Oberlandesgericht in Innsbruck, wo Friedrich Freiherr von Call, ein enger persönlicher Freund Steinbachs als Präsident wirkte, gab es eine eigene Trauerkundgebung. [23]

Im Herrenhaus wurde seiner in der Sitzung vom 17. Juni 1907 mit einer Schweigeminute gedacht.

Der große Karl Menger, einer der Schöpfer der Österreichischen Schule der Ökonomie, hielt den Nachruf auf Steinbach in der *„Neuen Freien Presse."*

„Er hat sich unzweifelhafte Verdienste durch die Bekämpfung zahlreicher Übelstände auf wirtschaftlichem Gebiete, durch die Bekämpfung von Unmoral und Ausbeutung im Verkehr, durch den energischen Hinweis auf die Pflichten des Besitzes ... erworben; die Grenze, bis zu welcher er in der Bekämpfung der wirtschaftlichen Freiheit und des ‚Kapitalismus' zu gehen hatte, war ihm indes nie völlig klar geworden."

Steinbach sei ohne Zweifel ein überaus scharfsinniger und kenntnisreicher Jurist gewesen, seine geschichtliche Stellung sei aber die eines Sozialpolitikers. Auch sei der Vergleich Steinbachs mit Joseph Unger unzutreffend. Unger habe die kläglich zurückgebliebene österreichische Rechtswissenschaft auf die Höhe der Zeit gehoben. *„Entfernt nicht so universell waren die Lebensaufgabe und Leistung Steinbachs auf dem Gebiete der Jurisprudenz. ... Innerlich ein nicht ganz klarer Gegner des Kapitalismus erschienen ihm die sozialen Übelstände wesentlich als Ergebnisse veralteter Rechtsnormen und der den kapitalistischen Interessen dienenden Gesetzgebung. ... Er hat sich darauf beschränkt, in seinen literarischen Arbeiten einzelne Seiten und Institutionen der ‚kapitalistischen Jurisprudenz' zu bekämpfen ... „* [24]

Eine wenn auch nicht große, schreibt die Steinbach wenig gewogene *Arbeiter-Zeitung* am Tag nach seinem Tode, *so doch in manchem Sinne historische Figur stirbt mit Emil Steinbach. Wenige Männer haben in dem letzten Drittel des vorigen Jahrhunderts so viel Einfluss auf die öffentlichen Angelegenheiten in Österreich gehabt wie er. Er war der Sozialpolitiker der Ära Taaffe und in allen über die parlamentarische Augenblickspolitik hinausgehenden Dingen der – wenn auch oft anonym – leitende Mann, bis Taaffe durch die Koalition gefällt wurde. Schon*

---

[22] *„Das Leichenbegängnis Dr. Emil Steinbachs."* In:*Neue Freie Presse* 29.5.1907.

[23] *„Trauerkundgebung beim Oberlandesgericht Innsbruck"*. In: *Innsbrucker Nachrichten* v. 31.8.1907.

[24] Menger, Karl: „Emil Steinbach". In: *Neue Freie Presse,* 28. Mai 1907.

in der Gewerbereform von 1885 hat er seine Hand gehabt, hat an der Kranken- und Unfallversicherung entscheidend mitgewirkt, als letzter Finanzminister des Grafen Taaffe die Valuteregulierung und die Personaleinkommensteuer gemacht. Steinbach gilt unwidersprochen als Vater der Taaffeschen Wahlreform und wurde mit ihr politisch begraben. Ein kluger Kopf, von vielem Wissen, ein scharfsinniger Jurist, war er der eigentliche Urheber aller wichtigen Gesetze jener Zeit. Man hielt ihn für radikal und nannte ihn die rote Exzellenz. In der Tat hatte er sich eine Art von bürokratischem Sozialismus zurechtgelegt, dessen Wurzel der Hass nicht sowohl gegen den Kapitalismus als gegen dessen armselige Träger in Österreich, die alten Liberalen war. Dabei war er ein Bürokrat mit cäsaristischen Gelüsten und hätte gern in Österreich den Bismarck gespielt, nur dass ihm dazu die Tatkraft fehlte. Seine große Kunst war, hinter den Kulissen zu schieben, und das hat er wohl auch noch vielfach getan, nachdem er lange von der politischen Bühne abgetreten war. Die Quelle seines ‚Sozialismus' war nicht die Liebe zu dem arbeitenden Volke, sondern Hass und Bosheit gegen die Träger der Plutokratie, was ihn freilich nicht gehindert hat, als Minister und Gesetzgeber dieser Plutokratie Konzessionen zu machen, so dass sie bei seinem ‚Sozialismus' wohl bestehen konnte. Dabei gab er sich als extrem schwarz-gelb und extrem katholisch und war eine Stütze der Klerikalen, wie er sein Leben lang den Feudalen Handlungsdienste geleistet. Sein Sozialismus war in seinem Ursprung von der ‚christlichen' Art, die Marx als das Weihwasser bezeichnet, womit der Pfaffe den Ärger des Aristokraten – und bei uns zu Lande auch des Bürokraten – einsegnet. Dieser im tiefsten reaktionäre Grundzug des trotz alledem so bedeutenden Mannes hat schließlich dahin geführt, dass er in dem letzten Abschnitt seines Lebens de böse Geist des Obersten Gerichtshofes wurde, den er als sein Präsident zu einer willigen Maschine jeder reaktionären Tendenz heruntergebracht hat.

So war die Persönlichkeit Steinbachs zweideutig und schillernd. Der Zorn der freien Rede war ihm versagt, aber seine kichernde Bosheit hat manche wohltätige Wirkung geübt. Dieser Autoritäre ist ein zersetzendes Element gewesen, diese stärkste intellektuelle Kraft der volksfeindlichen Sippe hat das neue demokratische Österreich gebären helfen. Als todkranker Mann schleppte sich Steinbach am 21. Dezember ins Herrenhaus, um für die Wahlreform zu stimmen. So ist mit ihm eine der bedeutendsten und interessantesten Politiker Österreichs gestorben, dessen positive Leistung, dessen Arbeitskraft und Wissen allein schon genügen würden, ihm einen ersten Platz in der Geschichte dieses Landes zu sichern."

„Steinbach war ein Kulturphänomen von tiefösterreichischer Prägung", schrieb Leo Wittmayer, *„... eine tiefethische Persönlichkeit, zeitlebens beschäftigt mit dem ewigen Widerstreit der Interessen von Individuum und Gesellschaft. ... Er war in den Grundfragen seiner extremsozialen Weltanschauung eine intransigente Natur, beherrscht von einem heißen und edlen sozialen Willen. Dieser soziale*

Wille, gepaart mit hoher schöpferischer Begabung, war begleitet von einem außerordentlichen sozialen Betätigungsdrang, der bei weitem stärker war, als seine asketische Abkehr vom Leben, als seine im persönlichen Verkehr niemals überwundene Weltfremdheit, die in seinem bekannten (nur scheinbar überlegenen) Lächeln zum Ausdruck kam. … Baudelaire denkt sich den Künstler als einen jener großen Vögel, die nur hoch in den Lüften ihre volle Sicherheit finden, während sie auf dem Boden verlegen und unbeholfen bleiben. Ein solcher Künstler war auch Emil Steinbach, dessen hohe staatsmännische Geschicklichkeit auf genialer Intuition beruhte, die ihre Kräfte aus dem Nährboden dieses genialen Willens zog. … Er hatte, wie Gomperz von Sokrates sagt, ein ungewöhnlich mächtig arbeitendes Herz, das seine ganze Triebkraft dazu verwendet, den Kopf kalt zu erhalten, einem Dampfkessel vergleichbar, der ein Eiswerk in Betrieb setzt. … Aus derselben Wurzel entsprang auch sein Glaube an die Allgewalt des modernen Staates, an den Erfolg der unabsehbaren Steigerung seiner Befugnisse, sowie die große Wertschätzung, die Steinbach allen Problem wirtschaftlicher Organisation – sei es im Wege der Gesetzgebung, sei es durch Fortschreiten der Selbstorganisation der modernen Gesellschaft – entgegengebracht hat. … Diese Grundzüge von Steinbachs Persönlichkeit umschreiben im vorhinein das Bild des Juristen Steinbach …. Denn nach den vorstehenden Ausführungen ist im voraus klar, dass seine Veranlagung eine überwiegend rechtspolitische war und dass er das stärkste kritische Zweckbewusstsein auch in die Anwendung des positiven Rechtes tragen musste. … „ [25]

„Steinbach“, schreibt ein Nachrufer in der *Zeitschrift für Staats- und Volkswirtschaft*, *„war nicht ein Jurist wie ein anderer. Er war so ziemlich der erste in Österreich, der es versuchte, in das Jus sozialen Geist zu tragen. … Jhering hat gesagt, dass die großen römischen Juristen die eminentesten praktischen Ökonomen und Geschäftsleute gewesen seien und dass ihre Enkel, die großen deutschen Juristen sich zu Grammatikern, Pedanten und Silbenstechern entwickelt hätten. … Steinbach war unter den wenigen … Und er war mehr als bloß ein Doktrinär. Er war eine kräftige Persönlichkeit und wusste sich durchzusetzen. … Wäre die Steinbachsche Wahlreform schon als sie eingebracht wurde verwirklicht worden, so wären dem Staate die furchtbarsten Krisen erspart geblieben … Kleinliche Bosheit, Dummheit, Kurzsichtigkeit und Ämterjägerei im holden Bunde haben das Reformwerk damals vereitelt und haben Taaffe und Steinbach zu Fall gebracht. Aber er ist gerächt worden. Er hat noch den Tag erlebt, an dem eine radikalere Wahlreform als er sie vorzuschlagen gewagt hatte vom Kaiser sanktioniert und verwirklicht wurde. Er hat das gelobte Land nicht bloß aus der Ferne sehen, sondern auch betreten dürfen. … Bis ans Ende hat man ihm das Kleinbürgerliche,*

---

[25] Wittmayer, Leo: Emil Steinbach †. Ein Nachruf. In: *Allgemeine österreichische Gerichts-Zeitung*. 1. Juni 1907.

materiell beschränkte Milieu angesehen, aus dem er hervorgegangen ist. ... Alle Spitzbuben und Dummköpfe in Österreich hassten ihn und fürchteten ihn. Alle Verteidiger der Privilegien im Staate und in der Gesellschaft bekreuzigten sich bei Nennung seines Namens. Der Gedanke, dass er ‚wiederkommen' könnte flößte ihnen Höllenangst ein. Nun sind sie von dieser Furcht befreit. ... Er braucht kein Monument. Die Sozialgesetzgebung in Österreich, die sanierten Staatsfinanzen, die geregelte Währung und das allgemeine Wahlrecht sind seine Denkmäler. Man braucht sich nur umzusehen, um sie zu erblicken – si monumentum quaeris circumspice! [26]

Heinrich Wittek, Steinbachs Kollege und Freund über die Jahrzehnte, widmete ihm eine umfangreichere Arbeit, aus der wir schon des Öfteren zitiert haben. Zusammenfassend schreibt er: „*Sowie er das ausgedehnte Gebiet der Rechtswissenschaft mit Einschluss der wichtigeren ausländischen Rechtssysteme berufsmäßig beherrschte, im Bereich der volks- und staatswissenschaftlichen sowie der soziologischen Wissenszweige heimisch, in Theologie, Patristik und Geschichte bewandert war und gründliche Kenntnisse im kaufmännischen, finanziellen und Versicherungsfache besaß, entfaltete sich seine stets hervorragende Tätigkeit auf den verschiedenartigsten Gebieten des Rechtslebens und der öffentlichen Verwaltung, zu denen er als Beamter, Minister, Richter und Forscher in Beziehung trat. Unterstützt von einem bewundernswerten Gedächtnisse, das ihm die Früchte einer ausgebreiteten Lektüre stets bereitwillig zur Hand bot, und geleitet von einer auf das Praktische und Erreichbare gerichteten Sinnesart verstand er es, mit durchdringendem Scharfsinn verwickelte Probleme klarzustellen und Schwierigkeiten zu überwinden, an denen jeder andere gescheitert wäre. Ein glücklicher, mit der geistigen Überlegenheit versöhnender Humor blieb ihm bis in die letzte, von schwerem Leiden getrübte Zeit seines Lebens treu. Unermüdlicher Arbeitseifer, rückhaltlose Hingebung an die Berufspflicht bis zur Aufopferung des eigenen Gesundheitswohls waren ihm zu eigen. Sie haben zweifellos dazu beigetragen, seine Lebenszeit zu verkürzen.* [27]

Am 30. Oktober 1907 würdigte Justizminister Franz Klein (1854-1926) Steinbach als gewesenen Präsidenten der Juristischen Gesellschaft in einer Sitzung dieser Institution. [28] Klein, ein Mann von mit Steinbach vergleichbaren Verdiensten, stammt doch Österreichs moderne Zivilprozessordnung von ihm, war auch in der Herkunft ihm höchst ähnlich: Auch er hatte, als Sohn eines Gold- und Silberschmieds (!) eine höchst dürftige Kindheit verbracht, ehe er sich aus eigener Kraft in die höchsten Höhen des juristischen Berufes hinaufarbeitete.

---

[26] G.: „*Emil Steinbach*". In „*Zeitschrift für Staats- und Volkswirtschaft.*" XVIII. Bd. Nr. XXII. Wien, 2.6.1907-

[27] Wittek: Wirken.

[28] „Justizminister Dr. Klein über Steinbach." *Neues Wiener Tagblatt* 31.10.1907.

Klein nun rühmte an Steinbach die ungewöhnliche Weite des Wissens, das schnelle und exakte Erfassen des Problems, das durchdringende, sichere Urteil, die meisterhafte Dialektik, eine großzügige und interessante Beweisführung und den Mut einer überraschenden These. Sein glänzender, hochkultivierter Intellekt habe jede Frage, die er erörterte, erhöht, und seiner Kritik hätten sarkastischer Witz und liebenswürdiger Spott ihre besondere Marke verliehen, ohne dass darunter seine weltmännische Bonhomie gelitten hätte. Mit diesen altmodischen Tugenden eines großen Juristen habe er sich aber nicht begnügt. Ihm sei die Rechtswissenschaft hauptsächlich Werkzeug einer reformatorischen Gesellschaftspolitik gewesen. Hier seien ihm aber zwei Dinge im Wege gestanden: Es habe ihm am Wirklichkeitssinn, am sicheren Gefühl für das Erreichbare und für das erforderliche Anknüpfen an die geistige Verfassung und an den Zwang der gegebenen Verhältnisse gefehlt. Er habe eben die Intuition des Philosophen, nicht die des Staatsmannes des technischen Erfinders oder überhaupt des Tatmenschen besessen. Als Gesetzgeber indes habe ihm die geringe Ausbildung künstlerischen Formempfindens geschadet. Ein Gesetz aber könne nicht einfach niedergeschrieben werden, es müsse nach guten Architekturregeln aufgebaut sein.

Der Rechtstheoretiker Steinbach habe sich vornehmlich von ethischen Momenten leiten lassen, es sei aber eine überaus doktrinäre, ausgeklügelte Welt, die er auf dieser Grundlage errichten wolle. Sein sozialethisches Ideal solle nicht durch gemeinsame, freie Arbeit aller Staatsglieder, sondern vorzugsweise im Wege des Wirkens von Verbänden erreicht werden, deren Leiter das sittliche Niveau der Gemeinschaft angeben, dem die Mitglieder aufgrund eines Verbandsgesamtgefühls nachzueifern hätten. Das Misstrauen in das ethische Wollen und Können des Individuums führe also Steinbach zur Übertragung der sittlichen Steuerung auf leichter lenkbare Körper. Steinbach gehe überhaupt im Einfluss der Ethik auf das Recht oft zu weit. Zwischen staatlichem Recht und Ethik bestünden dauernde innere Unterschiede, und die Gesetzgebung würde die natürlichen engen Grenzen, die dem Rechte innerhalb des Gesamtbereiches des staatlichen und gesellschaftlichen Wollens gezogen sind, nicht ungestraft vernachlässigen.

Wie es Steinbach am Sterbebett vorausgesagt hat: Elf Jahre später starb ihm seine geliebte Donaumonarchie nach. Die von ihm so trefflich eingerichtete Kronenwährung fiel in den Orkus des Kriegswahnsinns. Das allgemeine Wahlrecht, nunmehr auch für Frauen, und auch in Landtagen und Gemeinden, war eine Errungenschaft dieses Umbruchs, auch das von ihm begonnene Sozialversicherungswerk wurde durch Arbeitslosen- und Altersversicherung ergänzt. Aus den Wurzeln seiner Unfall- und Krankenversicherung entstand eines der besten Gesundheitssysteme der Welt. Das österreichische Steuersystem ging freilich, auch in seiner durch Steinbach verbesserten Version, unter. Es ist eine Ironie der Geschichte, dass das widerwärtigste Regime, das unserem Vaterland je unterlaufen ist, gerade auf dem Gebiet der direkten Steuern zweifellos zu einem Fortschritt führte. Er selbst ist in Vergessenheit geraten: Kein Denkmal, kein Straßennamen kündet von ihm, nirgends ist von ihm die Rede. Logisches Nachleben für einen Mann, der sich zwischen alle Stühle gesetzt hat.

Die von ihm schon 1899 veröffentlichte Arbeit *„Zur Friedensbewegung"*soll ans Ende dieser Biographie gestellt werden, weil sie ihm in ihrem skeptischen Optimismus das schönste Denkmal stellt.

„Warum werden die Streitigkeiten der Staaten durch den Krieg, also durch Gewalt entschieden?", fragt er sich, und er weiß die Antwort:*„Weil es für die Streitigkeiten zwischen den Staaten an einem Richter fehlt."*

Am Höhepunkt des Mittelalters habe man die Organisation sämtlicher christlicher Völker als bestehend angesehen. Die Zweischwertertheorie sei 1302 in der Bulle *Unam sanctam* der Papstes Bonifacius VIII. aufgestellt worden, wobei die weltliche der geistlichen Macht unterstand: *Denn nach dem Zeugnis der Wahrheit steht es der geistlichen Gewalt zu, die weltliche einzusetzen und sie zu richten, wenn sie nicht gut ist.*

Mit Renaissance und Reformation *„und dem damit Hand in Hand gehenden Wachstum des individualistischen Gedankens ... schwand auch die Aktualität dieser internationalen Gerichtsbarkeit."* Seither leben die Staaten als *„völkerrechtlich gleichberechtigte Einzelpersonen nebeneinander. Sie schließen Verträge untereinander, deren Verbindlichkeit durch die allseitige völkerrechtliche Anerkennung der stillschweigenden Vertragsklausel „Rebus sic stantibus" vielfach sehr abgeschwächt erscheint ... ihre Streitigkeiten untereinander tragen sie durch Gewaltmittel, namentlich durch Krieg aus ... dass das geltende Völkerrecht ... als die allerindividualistischste sämtlicher Rechtsdisziplinen sich darstellt, noch mehr als das Naturrecht der Reformations- und Aufklärungszeit, welches doch ausschließlich von der Rechtssphäre des Individuums ausgeht."*

Eine Unterbrechung dieses Zustandes sei durch die Heilige Allianz vom 14.-26. September 1815 eingetreten. Hier wollte man sowohl in der Verwaltung der eigenen Staaten als auch in ihren politischen Beziehungen keine andere Richtschnur als die Vorschriften der christlichen Religion nehmen, nämlich Gerechtigkeit, christliche Liebe und Frieden. *„Ob dieser Gedanke überhaupt realisierbar sei, und ob das Mittel zu diesem Zwecke richtig gewählt war, ist hier nicht weiter zu untersuchen." (12)*

Positive Beispiele der internationalen Zusammenarbeit seien die internationalen Post- und Telegraphenverträge, die Vereinigungen zu Schutz des Urheberrechtes, das internationale Eisenbahnfrachtrecht, die Genfer Konvention, und der Versuch, eine ständige Gerichtsbarkeit zwischen den Staaten zu organisieren.

Adolf Trendelenburg sagt: *„Der Staat, dessen Natur es ist, im Verkehr mit anderen Staaten nur an seine Macht zu denken, ist wie der natürliche Mensch,* *der nur sich will, selbstsüchtig, indem er die Schwächeren dienstbar macht, eifersüchtig, weil er die Machtvermehrung und Begünstigung, die ein anderer erfährt, als eigene Schwächung empfindet, undankbar, weil jeder Dank für eine Wohltat die Erinnerung an eine frühere Abhängigkeit und insofern ein Gefühl der Demütigung mit sich führt, je nach den Umständen gewalttätig und listig, um die Zeitläufte bestens auszubeuten."*

Steinbach fragt sich, warum nunmehr die Fragen des Friedens und der internationalen Gerichtsbarkeit auf verstärktes Interesse stoßen. Dazu zitiert er Michel Revon: *„Der Krieg verliert seinen Reiz in dem Maße, als seine Moralität verschwindet ... Der Austausch unsichtbarer Geschoße ist an Stelle des direkten Zweikampfes getreten; die offene Waffe, die den Mann sichtbar angreift, ist durch das weittragende und in der Ferne kaum sichtbare Gewehr ersetzt worden ... Nun gibt es keinen Mut, keine Tugend mehr im Kriege."*

Steinbach pflichtet dem nicht bei, auch vergangene Kriege seien scheußlich gewesen, und auch heute noch schreibe Graf Moltke in seinem berühmten Brief an Professor Bluntschli vom 11. Dezember 1880 ... *„Der ewige Friede ist ein Traum und nicht einmal ein schöner und der Krieg ein Glied in Gottes Weltordnung. In ihm entfalten sich die edelsten Tugenden des Menschen, Mut und Entsagung, Pflichttreue und Opferwilligkeit mit Einsetzung des Lebens. Ohne den Krieg würde die Welt in Materialismus versumpfen."*

Steinbach führt zu der Zeit zurück, als an die Stelle der Lehensheere die Berufsarmeen traten. *„Es bildete sich eben ein Stand, jener der Soldaten, und dieser Fortschritt auf unserem Gebiete entsprach vollständig dem allgemeinen Fortschreiten der Arbeitsteilung und der Differentiation der Stände."*

Mit dem Ende des 18. Jahrhunderts und den Napoleonischen Kriegen seien an die Stelle der Berufsheere wieder die Volksheere getreten, mit der Bemühung allerdings, *„für Offiziere und Unteroffiziere die berufsmäßige Organisation zu erhalten. Die Ursache dieser eigentümlichen, mit der anderweitigen gesellschaftlichen Entwicklung, namentlich auf wirtschaftlichem Gebiete, im Gegensatz stehenden Bewegung lag bekanntlich in der durch die Erfahrungen der napoleonischen Kriege eingetretenen Notwendigkeit der Vergrößerung der Heere."*

„Dieses demokratischen Charakter an sich tragende Institut hat aber zur notwendigen Folge, dass die Gefahren des Krieges, welche in früheren Jahrhunderten in erster Linie von dem verhältnismäßig kleinen Berufsheere getragen wurden, nunmehr auf alle und namentlich auch auf die wirtschaftlich günstiger situierten Klassen der Bevölkerung ausgedehnt wurden.(19f). Die Mobilisierung eines aus der allgemeinen Wehrpflicht hervorgegangenen Volksheeres" treffe *„alle Kreise ohne Ausnahme in härtester Weise"* und sei geeignet, *„einen förmlichen Umsturz aller Verhältnisse hervorzuruf*en, *wobei es sogar zweifelhaft werden kann, ob die zurückbleibenden Arbeitskräfte ausreichen ... die mit derselben verbunde-*

ne enorme Vergrößerung der Heeresmassen bedingte Vermehrung der Kosten der Kriegsrüstung" (21) zu bewältigen.

„Zieht man nun noch in Betracht, dass für den Fall einer Mobilisierung und Kriegsführung der erforderliche Kostenaufwand notwendigerweise zu einer bisher ganz unerhörten Höhe sich steigern muss, über dessen Bestreitung im Vorhinein kaum irgend ein Plan sich aufstellen lässt, dass hiedurch für den unterliegenden Teil schon wegen der Verpflichtung zum Ersatze der Kriegskosten die Gefahr sich ins Unermessliche, häufig geradezu bis zur Bedrohung der staatlichen Existenz steigern muss, dass endlich die unausgesetzten Erfindungen neuer und die Verbesserung bestehender Waffen jedem Einzelnen die Vergrößerung der Kriegsgefahr ständig vor Augen führen ... (22f), dann müsse man sich über eine gewisse Kriegsskepsis nicht wundern.

Vergleiche man zwischen den Rechtszuständen in alter Zeit und dem heutige Völkerrecht, so stelle man fest, dass es damals kein Schuldrecht gegeben habe, sondern Pfand oder Geiselnahme, das Strafrecht sei nur subsidiär gewesen, soweit nicht die Fehde abgeholfen habe. Fehde sei nur außerhalb der Sippe möglich gewesen, als Krieg zwischen Sippschaften, das Gericht nur als Instanz für vertragsmäßige Erledigung von Streitsachen. Die heutigen Verhältnisse seien Ergebnis jahrhundertelanger Kämpfe bis zum ewigen Landfrieden von 1495, *„in welchem alle Unterscheidung zwischen erlaubter und unerlaubter Fehde aufgehoben und aller fernere Gebrauch des Faustrechtes als Landfriedensbruch erklärt wurde" (29).* In der Praxis habe es noch lange gedauert, bis sich dies durchgesetzt habe. Und das nicht zur Gänze, weil zum Zeitpunkt der Entstehung dieses Artikels der Zweikampf als Rechtsinstitut noch bestanden hat. Er ist wohl erst mit dem Ende des Ersten Weltkriegs außer Gebrauch gekommen.

Entsprechend lange, meint Steinbach mit schwärzestem Pessimismus, wird es dauern, bis das Ziel allgemeiner Abrüstung und ewigen Weltfriedens erreicht sein wird. *„Der sicherste Weg, um an menschlichen Institutionen zu verzweifeln",* sagt er mit Felix Stoerk, *liegt im Überschätzen ihrer Leistungskraft.".* Anzeichen gebe es *„in der Richtung auf eine Beschränkung der Mittel der Kriegsführung, anderseits in der Richtung auf Schaffung von Organisationen zur Ausgleichung internationaler Streitigkeiten auf friedlichem Wege" (35).* In der einen Richtung seien es Abkommen zur Ächtung bestimmter Waffen und zur Einschränkung des Beuterechtes, sowie die Genfer Konvention. Das Rundschreiben des russischen Außenministers Murajew vom 12. August 1894 habe den Vorschlag einer teilweisen Abrüstung enthalten. Steinbach führt dann verschiedene praktische Beispiele einer versuchten Schiedsgerichtsbarkeit über Krieg und Frieden an, die aber alle keine Bedeutung erlangten.

„Ohne eine starke, zum Kriege drängende Volksbewegung wird heutzutage kaum mehr ein Staatslenker es wagen, den letzten entscheidenden Schritt zu tun,

wobei es ja immerhin vorkommen mag, dass er selbst ernstlich bestrebt ist, die seinem Vorhaben günstige Volksstimmung hervorzurufen" (46). Steinbach erhofft sich von einem verbindlichen Schiedsverfahren durch befreundete dritte Staaten vor einem Krieg hier Beruhigung und Besänftigung. Hoffnung schöpft Steinbach auch daraus, dass der Krieg zum Rechtsinstitut wird, sich ein regelrechtes Kriegsrecht herausbildet, *„dass nämlich auch in den Krieg allmählich Rechtssätze eindringen und denselben beschränken."*

Steinbach hofft, dass analog zu den Städte- und Ritterbünden des ausgehenden Mittelalters Staatenbünde entstehen, mehrere*Staatengenossenschaften,* wobei die Kriege zwischen diesen *„den Charakter von Weltkriegen annehmen dürften."*

„Das Aufhören der Kriege, der ewige Friede wird gefordert im Namen der Humanität." Entspricht es aber *„dem Fortschreiten der Kultur und der Entwicklung der Menschheit ..., dass der Krieg von der Humanität verdrängt werde?"* (68)Die Kriegsbefürworter wieder meinen, *„die erste Voraussetzung für das Aufhören der Kriege sei die Entsündigung und Vollkommenheit des Menschengeschlechtes schon auf Erden. ... Nirgends in der Entwicklungsgeschichte hat die Ausschließung der Gewalt bei Entscheidung von Streitigkeiten ... das Aufhören der Streitigkeiten selbst zur Folge gehabt. Der Streit ist geblieben, die Entscheidungsmittel sind andere geworden" (70). Krieg* als Hort der Mannestugend, dem will sich Steinbach, auch unter Berufung auf Kant, nicht ganz verschließen. Aber Kant sagt auch: *„Es ist der Handelsgeist, der mit dem Kriege nicht zusammen bestehen kann, und der früher oder später sich jedes Volkes bemächtigt (72).* Die uralte *„Rechtsüberzeugung ..., dass ... die ursprüngliche und ehrenvollste Art des Eigentumserwerbs auf dem kriegerischen Beuterecht beruht" (73).*

„Wenn dagegen die fortwährenden Erfindungen und Änderungen im Kriegswesen in gleichem Maßstabe fortschreiten wie bisher, wenn in Folge dessen die Gefahren und Kosten des Krieges noch lange in gleichem Verhältnisse sich steigern, wenn die Entwicklung des internationalen Verkehrs noch weiter zunimmt und dadurch jede kriegerische Störung stets lebhafter empfunden und insbesondere dadurch die Versorgung reicher und mächtiger Industriestaaten mit unentbehrlichen Rohprodukten gefährdet wird – und wahrscheinlich auch erst dann, wenn für all das in Folge eines oder mehrerer furchtbaren Weltkriege die allerempfindlichsten Erfahrungen vorliegen werden – dann dürfte in der Tat das Zeitalter der Kriege sich seinem Ende zuneigen und an die Stelle der Entscheidung durch die Gewalt auch hier der Vergleich oder der richterliche Spruch treten. ... Eine Weiterbildung der Menschen zu Engeln oder auch nur eine weitgehende Hebung des sittlichen Niveaus wird aber in Folge des Aufhörens der Kriege kaum platzgreifen ... Und auch die Gewalt als solche wird durch das Aufhören der Kriege nicht aus der Welt verschwinden ... denn die Neigung zu ihrer Anwendung ist im Wesen des Menschen tief begründet" (76).

Aber entspricht nicht Krieg dem ganzen Wesen der Natur? Steinbach sieht in diesem Satz einmal eine „*Verwechslung zwischen den Begriffen „Kampf“ und „Krieg*“. Die Kämpfe im Staat und zwischen den Staaten werden nicht ausbleiben, wenn es keinen Krieg mehr gibt. „*In dem ganzen Bereiche unserer natürlichen Erkenntnis sehen wir Kampf und Organisation der Individuen in fortwährendem Wechsel ... Nirgends ist der in seiner Gesinnung höchst anerkennenswerte schrankenlose Idealismus, der bei der Diskussion der Friedensfrage so oft hörbar wird, weniger berechtigt als gerade hier. „Natura non fecit saltus.“ ... Die im Kampfe siegreich gebliebenen Meinungen scheitern an ihrer praktischen Verwirklichung. Aristoteles: „Das Richtige ist das, was die Mitte zwischen dem Zuviel und Zuwenig hält.*“

Lebenslauf Emil Steinbach

11. Juni 1846	Emil Robert Wilhelm Steinbach als Sohn des Wilhelm Anton Steinbach, Goldarbeiter, und der Emilie Augusta, geborene Ofner, in Wien geboren.
1852-1856	Steinbach ist Privatschüler der k.k. Normalhaupt- und Unterrealschule St. Anna
1856-1861	Steinbach besucht die k.k. Oberrealschule am Schottenfelde in Wien, wo er wegen eines Augenfehlers gehandikapt ist.
22. Juli 1863	Steinbach maturiert als Externist am Akademischen Gymnasium in Wien mit Auszeichnung
31. Oktober 1863	Steinbach nimmt sein Studium an der rechtswissenschaftlichen Fakultät der Wiener Universität auf.
14. November 1868	Steinbach schließt sein Studium mit dem Doktorgrad ab.
1867-1874	Steinbach ist in der Advokaturpraxis tätig
24. September 1873	Steinbach wird zum Dozenten für Rechtswissenschaft und Volkswirtschaft an der Wiener Handelsakademie bestellt
4. Dezember 1874	Steinbach tritt seinen Dienst im Justizministerium an.
12. März 1890	Steinbach wird zum Sektionschef ernannt.
2. Februar 1891	Ernennung zum Finanzminister
11.November 1893	Rücktritt als Finanzminister
28. November 1893	Bestellung zum Senatspräsidenten des Obersten Gerichtshofes
11. und 14. Februar 1899	Zweiter Präsident des Obersten Gerichtshofes, Stellvertreter des Präsidenten des Reichsgerichtes. Berufung in das Herrenhaus.
28. August 1904	Ernennung zum Ersten Präsidenten des Obersten Gerichtshofes.
26. Mai 1907	Steinbach stirbt im Sanatorium Purkersdorf.

Literatur von und zu Emil Steinbach

1. Eigene Werke

- Das abstrakte **Schuldversprechen.** Eine zivilpolitische Studie.
- Die **Wirkungen** vertragsmäßiger und letztwilliger Veräußerungs- und Belastungsverbote nach österreichischem Rechte. Separatabdruck aus der Allgemeinen Österreichischen Gerichtszeitung. Wien 1877.
- Über die **Emanzipation** der Frau im Privatrecht. 1877.
- Die **Rechtskenntnisse** des Publikums. Wien 1878
- Über **Eigentum** an Briefen nach dem österreichischen Rechte. Wien 1879.
- Die **Gehorsamspflicht** der Gattin im Laufe der Zeit. Vortrag, 17. April 1879
- Der **Zwang** gegen böse Schuldner. In: Jahresberichte der Wiener Handels-Akademie. Wien 1879.
- Der **Einfluss** des Familienbandes auf das Recht. 15. und 16. Dezember 1880.
- Die **Stellung** der Versicherung im Privatrechte. Wien 1883.
- Zur **Frage** der gesetzlichen Regelung des Versicherungsvertrages. Separatabdruck aus dem Assecuranz-Jahrbuch. VI. Jg. 1885. Bd. I S. 251.
- Über die **Pflichten** des Besitzes. (Vortrag, gehalten im Wissenschaftlichen Club am 5. November 1885.) Abgedruckt in der *Wiener Allgemeinen Zeitung* vom 7. und 8. Februar 1891.
- **„Dr. Julius Glaser"**. In: *Wiener Zeitung* Nr. 3 v. 5.1.1886. S. 3.
- Das **Gesetz** vom 10. Juni 1887 betreffend die Abänderung beziehungsweise Ergänzung einiger Bestimmungen des Executionsverfahrens zur Hereinbringung von Geldforderungen. 3. veränd. Aufl. Wien 1888.
- Die **Grundzüge** des heutigen Rechtes über den Einsatz von Vermögensschäden. Wien 1888.
- **Erwerb** und Beruf. Vortrag gehalten in der Wiener juristischen Gesellschaft am 11. März 1896. Wien 1896.
- **Rechtsgeschäfte** der wirthschaftlichen Organisation. Wien 1897.
- **Arbeiterschutzgesetzgebung** in Österreich. In: Handwörterbuch der Staatswissenschaften. Jena.
- Die **Moral** als Schranke des Rechtserwerbs und der Rechtsausübung. Wien 1898.

- Zur **Friedensbewegung**. Wien 1899.
- **Treu** und Glauben im Verkehr. Eine civilistische Studie. Wien 1900.
- Genossenschaftliche und herrschaftliche **Verbände** in der Organisation der Volkswirthschaft. Wien 1901.
- **Vertretung** der öffentlichen Interessen auf dem Gebiete des Privatrechts. Vortrag, gehalten in der Wiener Juristischen Gesellschaft am 27. November 1901. Wien 1902.
- Der **Staat** und die modernen Privatmonopole. Vortrag gehalten in der Wiener Juristischen Gesellschaft am 17. December 1902. Wien 1903.
- **Treu** und Glauben im Recht der Schuldverhältnisse. In: *Juristisches Literaturblatt.* 14. Februar 1903.
- Aus der **Jugendzeit** hervorragender Männer. Finanzminister a.D. und Vicepräsident des Obersten Gerichtshofes Dr. Emil Steinbach erzählt.“ *Illustriertes Wiener Extrablatt* 1. Jänner 1903
- **Wahrung** der öffentlichen Interessen gegenüber den wirtschaftlichen Korporationen. In: *Monatsschrift für Handelsrecht und Bankwesen*, Berlin. 13. August 1904.
- **Kommentar** zu den Gesetzen vom 16. März 1884 über die Anfechtung von Rechtshandlungen, welche das Vermögen eines zahlungsunfähigen Schuldners betreffen und über die Abänderung einiger Bestimmungen der Konkursordnung und des Exekutionsverfahrens. 3. Aufl. Wien 1905.
- Aus Dr. Emil Steinbach's nachgelassenen **Schriften**. Zur 10. Wiederkehr seines Todestages. Sonderabdruck der *Reichspost.* Wien 1917.
- **Geschichte** der Volkswirtschaft. Ein Überblick. Aus nachgelassenen Schriften. Sonderabdruck aus „Der Arbeitsnachweis“. XIII. Jg. Wien u. Leipzig 1919.

2. Sekundärliteratur

A.F.S.: Äus den **Erinnerungen** eines Malers. 1921.

Andics, Hellmut: **Luegerzeit.** Das Schwarze Wien bis 1918. Wien, München 1984.

Baernreither, Joseph Maria: Der **Verfall** des Habsburgerreiches und die Deutschen. Hrsg. v. Oskar Mitis. Wien 1939.

Bérenger, Jean: Die **Geschichte** des Habsburgerreiches 1273-1918. 2.Aufl. Wien, Köln, Weimar 1996.

Blasius, Dirk: Lorenz von Steins **Lehre** vom Königtum der sozialen Reform und ihre verfassungspolitischen Grundlagen. In: Ernst Forsthoff [Hrsg] Lorenz von Stein, Gesellschaft, Staat, Recht. Frankfurt/M, Berlin, Wien 1972.

Bleuel, Hans Peter: Ferdinand **Lassalle** oder der Kampf wider die verdammte Bedürfnislosigkeit. Frankfurt/M. 1982. S. 338 ff.

Brentano, Lujo v.: *„**Arbeitseinstellungen** und Fortbildung des Arbeitsvertrages“*. In: *Schriften des Vereins für Socialpolitik, Bd. 45, S. 19.*(Bd 1, § 58)
Brügel, Ludwig: **Geschichte** der österreichischen Sozialdemokrate. Wien 1922
Bülow, Oskar: **Gesetz** und Richteramt. 1885.
Burckhard, Max: Drei **Abhandlungen** von Dr. Emil Steinbach. Wien 1899.
Charmatz, Richard:
– **Lebensbilder** aus der Geschichte Österreichs. Wien 1947. S. 137 ff.
– Der **Mann**, der Franz Joseph bekehrte. In: *Die Presse,* 24. Mai 1959. S. 17 f.
– Minister Freiherr von **Bruck**. Leipzig 1916
– Österreichs innere **Geschichte** von 1848 bis 1907. Leipzig 1909
Czedik, Alois: Zur Geschichte der k.k. österreichischen **Ministerien** 1861-1916. Teschen, Wien, Leipzig 1917
Czeike, Felix: Historisches **Lexikon** Wien in 5 Bd. Wien 1992.
Dernburg, Heinrich: **Lehrbuch** des Pandektenrechtes, 1884 ff.
Deutsch, Julius: **Geschichte** der österr. Gewerkschaftsbewegung. Wien 1929
Ebert, Kurt: Die **Anfänge** der modernen Sozialpolitik in Österreich. Die Taaffesche Sozialgesetzgebung für die Arbeiter im Rahmen der Gewerbeordnungsreform (1879-1885). Wien 1975. (Studien zur Geschichte der österr. ungar. Monarchie Bd. XV)
Elbogen, Friedrich: „Dr. Emil **Steinbach**“ *Neues Wiener Journal,* 28. Mai 1907.
Fehrnpach, Emmerich: „Der **Schöpfer** der Kronenwährung. Erinnerungen an den Finanzminister Dr. Emil Steinbach.“ In: *Wiener Zeitung,* 1. Juni 1952.
Forsthoff, Ernst [Hrsg] Lorenz von **Stein** Gesellschaft – Staat – Recht. Frankfurt/M, Berlin, Wien 1972.
Friedjung, Heinrich: **Österreich** von 1848 bis 1860. Stuttgart u. Berlin 1908.
Fritz, Wolfgang: Für Kaiser und Republik. Österreichs **Finanzminister** seit 1848. Wien 2003.
Gierke, Otto:
– Das deutsche **Genossenschaftsrecht**, 4 Bde, Berlin 1868-1881
– Deutsches **Privatrech**t, 3 Bde, Leipzig 1895.
– **Naturrecht** und Deutsches Recht, Frankfurt 1883.
Grandner, Margarete: Conservative **Social Politics** in Austria, 1880-1890. University of Vienna Working Paper 94-2, Wien 1994. http://www.cas.umn.edu/wp942.htm
Gratz, Alois: Die österreichische **Finanzpolitik** von 1848-1948. In; Hundert Jahre österreichischer Wirtschaftspolitik. Hrsg. v. Hans Mayer. Wien 1949.
Hawlik, Johannes: Der **Bürgerkaiser**. Karl Lueger und seine Zeit. Wien, München 1985.
Heer, Friedrich: Der **Kampf** um die österreichische Identität. Wien, Köln, Weimar 1981.

Jhering, Rudolf v.:
– Der **Kampf** ums Recht 1872
– Der **Zweck** im Recht. 2 Bde. 1877-1883.

Kästner, Karl-Hermann: Anton **Menger** (1841-1906). Tübingen 1974.

Kamitz, Reinhard: Die österreichische **Geld-** und **Währungspolitik** von 1848 bis 1948. In: Hundert Jahre österreichischer Wirtschaftsentwicklung 1848-1948, hrsg. v. Hans Mayer. Wien 1949

Kettern, Bernd: Wilhelm Emmanuel v. **Ketteler**: in Biographisch-Bibliographisches Kirchenlexikon. Bd. III. 1992

Klein, Franz: „Justizminister Dr. Klein über **Steinbach**." *Neues Wiener Tagblatt*, 31.10.1907.

Klönne, Arno: Die deutsche **Arbeiterbewegung,** Geschichte, Ziele, Wirkungen. München 1989.

Klopp, Wiard: **Leben** und Wirken des Sozialpolitikers Karl Freiherr von Vogelsang. Wien 1930.

Knauer, Oswald: Das österreichische **Parlament** 1848-1966. Wien.

Knoll, Reinhold: Zur **Tradition** der christlichsozialen Partei. Ihre Früh- und Entwicklungsgeschichte bis zu den Reichsratswahlen 1907.

Kohler, Josef: **Shakespeare** vor dem Forum der Jurisprudenz. Würzburg 1883.

Kolmer, Gustav: **Parlament** und Verfassung in Österreich. Wien-Leipzig 1909.

König, Wilhelm: **Skizzen** zu einem Charakterbild Emil Steinbachs. (Separatabdruck aus dem Jahrbuch der Österreichischen Leo-Gesellschaft.) Wien 1931.

Kreisky, Bruno: Zwischen den Zeiten. **Erinnerungen** aus fünf Jahrzehnten. Berlin u. Wien o.J.

Langer, Adalbert: **Männer** um die österreichische Zivilprozeßordnung 1895. Frankfurt/M ... 1990. (Rechtshistorische Reihe 71.)

Lotmar, Philipp: Der unmoralische **Vertrag** insbesondere nach gemeinem Rechte. Leipzig 1896.

Lassalle, Ferdinand: Die indirecte **Steuer** und die Lage der arbeitenden Klassen. Eine Verteidigungsrede vor dem K. Kammergericht zu Berlin gegen die Anklage, die besitzlosen Klassen zum Haß und zur Verachtung gegen die Besitzenden öffentlich angereizt zu haben. Zürich 1863. 136 S.

März, Eduard: Österreichische **Industrie**- und Bank **politik** in der Zeit Franz Josephs I. Wien 1968.

Mayreder, Rosa: Das **Haus** in der Landskrongasse. Wien

Menger, Anton:
– **Beiträge** zur Lehre von der Execution
– **System** des österreichischen Civilprozessrechtes in rechtsvergleichender Darstellung. 1. Bd. 1876.

– Das **Recht** auf den vollen Arbeitsertrag in geschichtlicher Darstellung. [Ursprüngl. 1886] 4. Aufl. Stuttgart u. Berlin 1910.
– **Gutachten** über Vorschläge zur Errichtung einer Eidgenössischen Hochschule für Rechts- und Staatswissenschaften. 1889
– Das bürgerliche **Recht** und die besitzlosen Volksklassen [Ursprüngl. 1890]. Darmstadt 1968.
– Neue **Staatslehre** 1903
– **Volkspolitik** 1905
– **Sittenlehre** 1905.
Menger, Karl: „Emil **Steinbach**". In: *Neue Freie Presse,* 28. Mai 1907.
Neuwirth, Joseph: Die **Speculationskrisis** von 1873.
Niebauer, Anton: „Persönliche **Erinnerungen** an Finanzminister Steinbach."- In. *Neue Freie Presse,* 28. Mai 1907.
Ofner, Julius: Emil **Steinbach**. In: Die Wage. X.Jg Nr. 22 Wien 1. Juni 1907.
Philippovich, Eugen v.: *„Organisation der Berufsinteressen".* In: *„Zeitschrift für Volkswirtschaft, Socialpolitik und Verwaltung"* , Bd 8.
Plener, Ernst v.:
– Die englische **Fabriksgesetzgebung**, Wien 1871.
– **Erinnerungen**. Stuttgart und Leipzig 1921.
Pressburger, S: Das österreichische **Noteninstitut** 1816-1966. Wien 1972.
Redlich, Joseph. Kaiser **Franz Joseph** von Österreich. Berlin 1929.
Reiter-Zatloukal, Ilse: Das **Rechtsstudium** an der Wiener Juristenfakultät von den Anfängen bis zur Gegenwart. http://www.juridicum.at/content/view/1028/124/
Rizzi, Hans: Karl Freiherr von **Vogelsang**. In: Neue Österreichische Biographie ab 1815. Bd. II. Wien 1925.
Röntgen: **Streifzüge** durch die Gerichtssäle. VII. Excellenz Dr. Emil Steinbach, zweiter Präsident des Obersten Gerichtshofes und des Reichsgerichtes. In: *Das Barreau.* 15. April 1900.
Schäffle, Albert:
– **Kapitalismus** und Sozialismus mit besonderer Rücksicht auf Geschäfts- und Vermögensformen. Vorträge zur Versöhnung von Lohnarbeit und Kapital. Tübingen 1870.
– Aus meinem **Leben.** 2 Bde.- Berlin 1905
Schmoller, Gustav v.: **Grundriss** der Allgemeinen Volkswirtschaftslehre.
Schneider, Konrad: **Treu** und Glauben im Recht der Schuldverhältnisse des Bürgerlichen Gesetzbuches. 1903.
Schönborn, Friedrich. **Begegnungen.** *Deutsche Revue.* Sept. 1907.
Schumpeter, Joseph: Eugen von **Böhm-Bawerk.** In: Neue österreichische Biographie 1815-1918, 1.Abt. 2.Bd. Wien 1925. S. 63 ff.

Sieghart, Rudolf: Die letzten **Jahrzehnte** einer Großmacht. Berlin 1932.

Singer, I.: „Graf **Taaffe** als Demokrat“ *Neues Wiener Journal,* 13. September 1927.

Skalnik Kurt: Karl **Lueger**. In Neue Österreichische Biographie ab 1815. Bd. XII. 1957. Wien, München, Zürich 1970.

Sperl, Hans: Franz **Klein**. Jherings Jahrbücher 1928. *VIIIf*

Spitzmüller, Alexander:

– Emil **Steinbach.** Neue österreichische Biographie. Bd. II

– „... und hat auch **Ursach,** es zu lieben.“ Wien ... : 1955

Stammler, Rudolf:

– Das Recht der **Schuldverhältnisse** in seinen allgemeinen Lehren: Studien zum Bürgerlichen Gesetzbuch für das Deutsche Reich. 1897.

– Die **Lehre** vom richtigen Recht

Sternberg, Moritz: „Dr. Emil **Steinbach**“. In*: Gerichtshalle.* 51. Jg. Nr. 35, Wien 2.6.1907.

Stintzing, Roderich, **Geschichte** der dt. Rechtswissenschaft 1880-1910.

Svarovsky, Eduard: Emil **Steinbach**, sein Leben und Werk. Staatswiss. Diss. Wien 1963.

Talos, Emmerich: Staatliche **Sozialpolitik** in Österreich. Rekonstruktion und Analyse. 2. Aufl. Wien 1981.

Tietze, Hans: Die **Juden** Wiens. Geschichte, Wirtschaft, Kultur (erstmals Wien, Leipzig 1933). Wien 1987.

Tschuppik, Karl: **Franz Joseph** I. Hellerau bei Dresden 1928.

Wagner, Adolph: Die **Ordnung** des österreichischen Staatshaushaltes ... 1863. Eingel. u. komment. v. Horst Knapp. Hrsg. v. Hannes Androsch, Helmut Haschek u. Franz Vranitzky. Wien 1984.

Weinzierl, Erika:

– Aloys Prinz **Liechtenstein** (1846-1920) NÖB XIV.

– The Jewish **Middle Class** in Vienna in the Late 19th und Early 20th Centuries. University of Vienna, Working Paper 01-1 October 2003.

Wininger, S.: Große Jüdische **Nationalbiographie.** 5.Bd. Leipzig o.J.

Wittek, Heinrich: Emil Steinbachs **Wirken**. Separatabdruck aus der *Österreichischen Rundschau.* Bd. XI, H. 6

Wittmayer, Leo:

– Emil Steinbach †. Ein **Nachruf**. In: *Allgemeine österreichische Gerichts-Zeitung.* 1. Juni 1907.

– Emil Steinbach als **Sozialphilosoph**. Wien 1907.

Wolfsgruber, Cölestin: Joseph Othmar Cardinal **Rauscher**, Fürsterzbischof von Wien. Sein Leben und Wirken. Freiburg i.B. 1888.

Zapf, Johann: Die **Wirtschaftsgeschichte** Wiens unter der Regierung ... Kaiser Franz Joseph I: Wien 1888.

Zöllner, Erich: **Geschichte** Österreichs. 8. Aufl. Wien, München 1990.

Zweig, Egon: „Dr. Emil **Steinbach:** Die Moral als Schranke des Rechtserwerbs und der Rechtsausübung. Wien. Manz 1898. 107 S." In: Juristische Blätter. XXVIII. Jg. Nr. 3. 15.1.1899.

3. Ungezeichnete Zeitungsartikel zu Steinbach

„Sectionschef Dr. Steinbach". *Wiener Zeitung* v. 3. Oktober 1889.

Neues Wiener Tagblatt v. 27.5.1907

„Der Wechsel im Finanzministerium" *Wiener Abendblatt* 4. Februar 1891

„Finanzminister Dr. Steinbach". *Wiener Allgemeine Zeitung", 5.* Februar 1891

„Dr. Emil Steinbach †". *Österr. Volkszeitung Wien,* 27. Mai 1907.

„Das Leichenbegängnis Dr. Emil Steinbachs" In:*„Neue Freie Presse"* v. 29.5.1907.

„Eine Erinnerung an Dr. Emil Steinbach." In: *„Badener Zeitung"* v. 29.5.1907.

„Ein Staatsmann Österreichs." In: *Budapester Tagblatt* 29. Mai 1907

„Aus Österreich-Ungarn".- In:*„Neue Preußische Zeitung"* Berlin, 10.6.1907.

„Wie Präsident Steinbach die erste Krone in Umlauf brachte." In: *„Bohemia",* Prag, 29.5.1907.

„Dr. Emil Steinbach †" In: *„Döblinger Nachrichten"* v.8.6.1907.

„Das Leichenbegängnis Dr. Emil Steinbachs." In: *Neue Freie Presse* 29.5.1907.

„Trauerkundgebung beim Oberlandesgericht Innsbruck". In: *Innsbrucker Nachrichten* v. 31.8.1907.

4. verwendete Periodika

Wien:

Arbeiter-Zeitung, Arbeitgeber-Zeitung, Das Barreau, Deutsches Volksblatt, Döblinger Nachrichten, Extrablatt, Figaro, Der Floh, Fremdenblatt, Gerichtshalle, Humoristische Blätter, Illustrirte Kronen-Zeitung, Illustriertes Wiener Extrablatt, Das interessante Blatt, Monatsblätter des Wissenschaftlichen Club, Montags-Revue, Neue Freie Presse, Neues Wiener Journal, Neues Wiener Tagblatt, Neuigkeits-Weltblatt, Österr. Richter-Zeitung, Österr. Volkszeitung, Österr.*ung. Eisenbahnblatt, Österreichs Illustrirte Zeitung, Reichswehr, Der Salon, Sonn- und Montagszeitung, Sonntags-Blatt für Stadt und Land, Vaterland, Die Wage, Wiener Bilder, Wiener Luft, Wiener Zeitung, Die Zeit ,Zschr* f. *Notariat und Gerichtsbarkeit, Zschr. f. Staats- u. Volkswirtschaft*

Übrige Monarchie:

Bad Aussee:*Steirische Alpenpost;* Baden b. Wien: *Badener Zeitung,*Brünn: *Mährischer Volksbote, Mährisch-, Schlesischer Correspondent;*Budapest: *Budapester Tagblatt, Pester Lloyd;* Czernowitz: *Czernowitzer Zeitung;* Gmunden: *Salzkammergut-Zeitung;* Gablonz: *Gebirgsbote;* Graz: *Grazer Tagblatt, Grazer Tagespost;* Hohenstadt: *Deutsche Wacht;* Innsbruck: *Innsbrucker Nachrichten, Neue Tiroler Stimmen;* Klagenfurt:*Freie Stimmen, Kärntner Tagblatt;* Linz: *Linzer Volksblatt;*

Prag: *Bohemia, Prager Abendblatt, Prager Tagblatt, Prager Zeitung;* Reichenberg:*Deutsche Volkszeitung;* Sarajewo: *Bosnische Post;* Triest: *Triester Zeitung;* Warnsdorf: *Abwehr;* Znaim:*Znaimer Volksblatt.*

Ausland:

Neue Preussische Zeitung Berlin, Bucarester Tagblatt, Dresdner Anzeiger, Kölnische Zeitung, Leipziger Tagblatt,The Times, London

Dokumente

1. Nachlass Steinbach im Besitze von Frau Christa Esterhazy (NSt)

1.1. Dokumente

- Taufschein Emil Steinbach, 12. Juni 1846.
- Zeugnisse der k.k. Normalhaupt- und Unterrealschule bei St. Anna vom 27. September 1853 und 10. August 1854.
- Halbjahreszeugnisse der k.k. Oberrealschule am Schottenfelde in Wien v. 1856-1861.
- Dupuis, Eduard: Zeugnis über die Erlernung der franz. Sprache v. 2. Oktober 1861.
- Maturitätszeugnis Akademisches Gymnasium in Wien v. 22. Juli 1863.
- Universität Wien: Rechtshistorisches Staatsprüfungszeugnis v. 28. Juli 1865.
- Universität Wien: Judizielles Staatsprüfungszeugnis v. 22. Juni 1867.
- Universität Wien: Staatswissenschaftliches Staatsprüfungszeugnis v. 8. Oktober 1867.
- Universität Wien: Zeugnis über das Rigorosum aus den politischen Wissenschaften und dem zivilgerichtlichen Verfahren v. 29. November 1867.
- Universität Wien: Zeugnis über das Rigorosum aus Naturrecht, österr. Strafrecht und Strafprozess v. 19. März 1868.
- Universität Wien: Zeugnis über das Rigorosum aus österreichischem bürgerlichen Recht, Handels- und Wechselrecht.
- Dr. Stanislaus Neymister: Zeugnis vom 30. Dezember 1869 über die Tätigkeit als besoldeter Amts-Conzipient in der Zeit vom 19. November 1867 bis 30. Dezember 1869.
- Bestellung zum Dozenten für die rechtswissenschaftlichen Fächer an der Handelshochschule Wien vom 24. September 1873.
- Dr. Wilhelm Obermayer: Zeugnis vom 25. Juni 1874 über die Tätigkeit als Konzipient in der Zeit von 1. Jänner 1870 bis 25. Juni 1874.
- Zeugnis über die Advokatenprüfung beim k.k. Landesgericht in Wien vom 6. Oktober 1874.

- Dekret über die Ernennung zum Ministerial-Vizesekretär im k.k. Justizministerium vom 4. Dezember 1874.
- Dekret über die Bestellung zum Professor der National-Ökonomie und des Handels- und Wechselrechtes an der Wiener Handelsakademie v. 29. September 1877.
- Dekret über die Ernennung zum Mitglied der judiziellen Staatsprüfungskommission vom 4. Oktober 1877.
- Dekret über die Ernennung zum Ministerialsekretär vom 19. November 1877.
- Auftrag, als Vertreter des Justizministeriums an einer internationalen Konferenz im Reichseisenbahnamt in Berlin teilzunehmen vom 5. April 1878.
- Dekret über die Ernennung zum Sektionsrat vom 19. November 1879.
- Minister Dr. Alois Prazak: Anerkennungsschreiben betr. die Teilnahme an den Beratungen über das neue Gewerbegesetz vom 29. Dezember 1880.
- Dekret über die Ernennung zum Mitglied der rechtshistorischen Staatsprüfungskommission v. 18. August 1881.
- Auftrag, an der Berner Konferenz zur Regelung des internationalen Eisenbahnfrachtverkehrs teilzunehmen vom 14. September 1881.
- Dekret über die Verleihung des Titels und Charakters eines Ministerialrates vom 19. Dezember 1882.
- Dekret über die Ernennung zum ao. Professor für Nationalökonomie und Finanzwissenschaft an der k.u.k. orientalischen Akademie vom 20. September 1884.
- Dekret über die Ernennung zum Ministerialrat extra statum vom 5. Dezember 1884.
- Dekret über die Verleihung des Ritterkreuzes des Leopoldordens vom 23. Juni 1886.
- Dekret über die Verleihung des Titels und Charakters eines Sektionschefs vom 6. November 1887.
- Dekret über die Ernennung zum Sektionschef vom 12. März 1890.
- Dekret über die Ernennung zum Ersten Vizepräses der staatswissenschaftlichen Staatsprüfungskommission.
- Dekret über die Ernennung zum Finanzminister vom 2. Februar 1891.
- Dekret über die Ernennung zum Geheimen Rat vom 20. August 1891.
- Dekret über die Verleihung des Österreichischen kaiserlichen Ordens der Eisernen Krone Erster Klasse vom 28. Juli 1892.
- Dekret über die Enthebung vom Amt des Finanzministers vom 11. November 1893.
- Dekret über die Ernennung zum Senatspräsidenten extra statum des Obersten Gerichtshofes vom 25. November 1893.
- Dekret über die Ernennung zum 2. Präsidenten des Obersten Gerichtshofes vom 11. Februar 1899.

- Dekret über die Ernennung zum Stellvertreter des Präsidenten des Reichsgerichtes vom 22. Mai 1899.
- Dekret über die Berufung zum Mitglied auf Lebensdauer des Herrenhauses des Reichsrates vom 17. September 1899.
- Dekret über die Ernennung zum 1. Präsidenten des Obersten Gerichtshofes vom 28. August 1904.
- Testament Dr. Emil Steinbach vom 19. Mai 1898.

1.2. Korrespondenzen u.a.

- Gedicht Emil Steinbach: „Ich liebte sie, warum auch nicht“, vom 25. Jänner 1868.
- Brief Emilie und Robert Steinbach an Emil Steinbach vom 6. April 1874.
- Brief Emilie an Emil Steinbach vom 19.Juni 1874.
- Postkarte Emil Steinbach an C.H. Hobach vom 26. September 1883.
- Sonett Emil Steinbach: „Es fiel mir niemals leicht, das Versemachen“ o.D.
- Telegramm Dr. Paul Goldhaber, Bürgermeister der Stadt Brody, betr. Verleihung der Ehrenbürgerwürde.
- 15 Postkarten Emil Steinbach an Josefine Steinbach und Robert Steinbach vom 5. September bis 4. Oktober 1898.
- Gedicht Emil Steinbach „Der Pelzmärtel bin ich“.

2. Sonstige Dokumente

- Österr. Verwaltungsarchiv: Akt Justizministerium Nr. 351 Pers v. 4.12.1874
- Akt 1231 M.J. 21. März 1888, Fasc. I.P. 2 a Arbeiterunfallversicherung.
- Schreiben des k.k. Ministers der Justiz vom 12. März 1890, Öst.A. 97, Praes.Bd. I. S. 194 ff.
- Gesetz vom 30. März 1888 betreffend die Krankenversicherung der Arbeiter, RGBl. Nr. 33 v. 6. April 1888.
- Schreiben des k.k. Ministerpräsidenten vom 24. Juli 1891, Zl. 735/M.P.
- St.A., 1.1c.1892, Personal-Daten, FM. Präs. Ktn. 3237 (Gehälter der Spitzenkräfte).
- Personalstammbogen Dr. Emil Steinbach, Staatsarchiv, Karton 193 Justizministerium Präs. Stw. Varia St (Ste).
- Totenbeschauprotokoll 1907 St., Mikrofilm Nr. 797.
- Parte der Familie vom 27. Mai 1907.

Namensverzeichnis